elle était une fois

collection dirigée par Marie-Josèphe Guers

DU MÊME AUTEUR

Lévi-Strauss ou la structure et le malheur,
essai, Seghers, 1970.

Le pouvoir des mots,
essai, collection « Repères sciences humaines », Mame, 1974.

Miroirs du sujet, essai, collection « 10/18 », 1975.

Les fils de Freud sont fatigués,
essai, collection « Figures », Grasset, 1978.

Bildoungue, roman, Christian Bourgois, 1978.

L'opéra ou la défaite des femmes,
essai, collection « Figures », Grasset, 1979.

Vies et légendes de Jacques Lacan,
essai, collection « Figures », Grasset, 1981.

La sultane, roman, Grasset, 1981.

Rêver chacun pour l'autre, essai, Fayard, 1982.

Le Maure de Venise, roman, Grasset, 1983.

Bleu panique, roman, Grasset, 1987.

Le goût du miel, essai, collection « Figures », Grasset, 1987.

Gandhi ou l'athlète de la liberté,
essai, Gallimard, collection « Découvertes », 1989.

La syncope : philosophie du ravissement,
essai, collection « Figures », Grasset, 1990.

En collaboration :

Pour une critique marxiste de la théorie psychanalytique,
avec Pierre Bruno et Lucien Sève, Éditions sociales, 1973.

La jeune née, avec Hélène Cixous, « 10/18 », 1975.

Torero d'or, avec François Coupry, Hachette, 1981.

CATHERINE CLÉMENT

ADRIENNE LECOUVREUR

ou

le cœur transporté

ROBERT LAFFONT

ISBN 2-221-05485-7

Pour Daniel Toscan du Plantier

Prologue

Un soir, à la brune, une voix de femme se mourait.

C'était l'un de ces divins chants de mort dont l'opéra est coutumier, l'une de ces extases où le *bel canto* s'achève en un exquis et lumineux murmure, une disparition légère, au-delà de la souffrance, sublime...

L'héroïne à la belle agonie s'appelait Adrienne Lecouvreur. L'opéra écrit par Cilea à l'aube du XXe siècle avait repris son nom en italien : *Adriana Lecouvreur*. Cela m'évoquait une robe à la Watteau, aux beaux plis cassants de taffetas, pas davantage. D'elle je savais à peine qu'elle avait été comédienne, amoureuse, et empoisonnée. Autour de son image flottait l'ombre du maréchal de Saxe, son amant ; c'était tout. Les opéras et leur musique racontent mal les histoires, mais ils pénètrent le cœur sans crier gare. C'est grâce à ce moment d'émotion qu'Adrienne Lecouvreur est entrée dans ma vie.

D'abord l'opéra ne me quitta plus.

J'y découvris tout à la fois le mouvement sautillant de la furieuse période de la Régence, les coulisses de la Comédie-Française et les intrigues de couloir, les masques et bergamasques des grands de la Cour ; je m'enchantai d'écouter passer, au premier acte, Adriana Lecouvreur dans son costume de Roxane, répétant pensivement son rôle dans le *Bajazet* de Racine. Je frémis en l'entendant déclamer une tirade de *Phèdre,* ou plutôt, en italien, *Phaedra*, qui commence par un « parlé » et s'achève en chant sauvage. Et comme il arrive lorsqu'un opéra commence à vous posséder l'âme, je fus envahie par cette femme sans la connaître.

L'intrigue paraissait ordinaire. La comédienne, nécessairement soprano, aimait un jeune inconnu inévitablement ténor ; ce tendre amoureux traînait derrière lui une jalouse maîtresse qui ne pouvait être que mezzo-soprano. Le ténor ne parvenait pas à empêcher la mezzo d'envoyer à la soprano un bouquet de violettes empoisonnées. Lorsqu'elle reçoit l'envoi de fleurs, Adriana ne croit plus à l'amour, et gémit tristement sur les pauvres violettes, dernier reste, croit-elle, d'un amour enfui, et elle y plonge son visage, respirant une mort qui vient presque aussitôt, exaltée et chuchotante. L'air dit « des fleurs » est un des sommets de l'œuvre, et l'un des grands morceaux d'anthologie du répertoire des opéras. Accessoirement, la mezzo empoisonneuse portait le nom d'une grande dame de la Cour, la princesse de Bouillon, et le ténor n'était autre que le futur maréchal de Saxe, Maurizio di Sassonia, en italien.

J'allai jusqu'au théâtre San Carlo à Naples pour voir l'œuvre à la scène ; j'ai des souvenirs de toiles peintes flottant au gré des courants d'air, et d'une cantatrice brandissant un mouchoir prétentieux avec lequel la pauvre femme faisait des mines Régence ; la pacotille était partout, dans les voix comme sur les guéridons. Seules les violettes et leur musique ne me trahirent pas.

La mauvaise soirée napolitaine me détacha d'Adriana mais me donna un vif désir de connaître davantage la véritable Adrienne Lecouvreur.

Surprise ! Quand l'opéra raconte un coup de foudre entre la comédienne et un jeune guerrier travesti en anonyme étudiant, l'histoire, sous la Régence, me découvrit une longue liaison publique entre un adolescent glorieux mais mal dégrossi, et une vieille maîtresse : mon Adrienne. C'est la duchesse de Bouillon, l'empoisonneuse, qui tint dans la vie de Maurice de Saxe le rôle de l'impudente et fraîche jeunesse. Et puis, absent de l'opéra, je vis surgir Voltaire à son âge charmant, papillonnant avec grâce autour des deux héros. Avec lui apparaissait un tout autre décor que les guéridons et les pampilles, un décor d'ombres et de neiges, de diplomatie et de police, un monde affairiste et politique qui aboutit à la mort de l'innocente Adrienne, et à l'un des faits divers les plus énigmatiques du XVIIIe siècle français.

Non, ce n'était pas l'éternelle histoire d'un amour impossible entre un ténor et un soprano. C'était bien autre chose : une affaire d'État, une intrigue de Cour, et le sacrifice volontaire d'une femme au cœur ardent et triste. Je pressentis qu'Adrienne n'était pas vraiment de son temps ; au beau milieu de la fantasque légèreté de la Régence, elle était l'héroïne d'un drame romantique avant l'heure. Ni le futur maréchal de Saxe ni Voltaire n'expliquaient l'étrange gravité d'une femme qui semblait dans le même temps banale et possédée. Mais qui la possédait ?

Ce ne pouvait être simplement un beau soudard assez fou ; cependant, sait-on le pouvoir de la beauté d'un homme... Néanmoins Adrienne était comédienne. Et si l'opéra la transforme en amoureuse déçue, le théâtre a conservé d'Adrienne Lecouvreur le souvenir d'une actrice qui transforma la tragédie et introduisit une véritable révolution dans l'art de la diction.

Adrienne Lecouvreur fut aussi – ou d'abord – possédée par le théâtre.

Aujourd'hui, à la Comédie-Française, au bout de l'escalier surplombé par le grand portrait rouge de la sombre Rachel, entre des beautés inconnues aux décolletés boursouflés, Adrienne Lecouvreur en veuve de Pompée lève les yeux au ciel pour l'éternité du théâtre.

La maison de Molière avait déjà, quand Adrienne y fit son entrée, des règles ; entre autres, celles qu'exige la troupe. Pour ce dernier mot, je veux dire celui de « troupe », ne messied pas une petite allure militaire, discipline, camaraderie et querelles ; le théâtre s'y vit comme une guérilla, bastions et guérites, grands gestes forains et picaresques, piques de mots, et l'on va sur scène comme on monte à l'assaut. C'est dans cette forteresse passionnée qu'Adrienne Lecouvreur en un tournemain changea l'histoire du théâtre.

Comment ? On ne le sait pas précisément, pas plus qu'on ne connaît la diction de Molière. C'est à peine si Antoine Vitez avait pu calculer que le temps d'une représentation d'une pièce de Molière avait considérablement augmenté avec les siècles. On en est réduit aux témoignages, pléthoriques et laudatifs, sans autres explications. Ce que l'on sait en revanche, c'est qu'Adrienne vécut au XVIIIe siècle comme vécurent au XIXe siècle les divas de l'opéra romantique : célèbre, adulée, diffamée, et poursuivie sans relâche par le revers de ses succès. Une manière de Callas avant l'heure ; *avant l'heure,* derechef.

Il y avait dans le caractère de cette femme quelque chose de l'ordre du pressentiment ; une affaire d'anticipation historique.

Or précisément ce ne sont ni son génie ni le maréchal de Saxe qui la firent passer dans la légende. C'est encore autre chose.

Ce fut posthume, et terrifiant.

Si terrifiant, si légendaire qu'au milieu du XIXe siècle Eugène Scribe et Ernest Legouvé s'emparèrent de la belle et en firent l'héroïne du drame qui devait ensuite devenir en 1902 la matrice de l'opéra de Cilea. Rachel, en 1849, créa le rôle. Les Lecouvreur légendaires se succédèrent ainsi jusqu'à Yvonne Printemps qui, avec Pierre Fresnay en Maurice de Saxe, fut la dernière Adrienne, celle du cinéma.

Mais entre-temps, une autre actrice historique, plus illustre encore que la fine Rachel, s'était emparée d'Adrienne. Au point d'écrire une longue pièce en cinq actes, qui fut jouée une fois sur la colline de Chaillot, avant que ne surgisse le théâtre qui devait devenir celui de Vilar et de Vitez et treize fois au théâtre auquel elle avait donné son nom.

Sarah Bernhardt fut l'auteur de cette œuvre dont elle fut, naturellement, l'interprète. Adrienne, Rachel, Sarah... Un flambeau se passait comme de la main à la main, de siècle en siècle, à travers le théâtre.

Je cherchai comment se perpétua la légende.

Je voulus comprendre comment Adrienne posséda Sarah, assez pour la transformer en auteur dramatique. En guise de réponse m'arriva un songe.

Quelqu'un avait raconté la véritable histoire d'Adrienne Lecouvreur à Sarah Bernhardt. Quelqu'un qui savait à quel point la pièce de Scribe et Legouvé s'était éloignée de la vérité du réel. Quelqu'un qui avait hérité de la mémoire d'Adrienne, et qui pouvait franchir la belle fausseté théâtrale, le mythe.

Quelqu'un qui écrivait pour le théâtre, et qui pouvait désirer rencontrer une jeune actrice débutante, Mlle Bernhardt. Le 5 mars 1870, Sarah créa le rôle d'Hélène dans la dernière pièce écrite par George Sand, *L'Autre*.

Et George Sand était justement l'arrière-petite-fille du maréchal de Saxe, qui engrossa par hasard une mauvaise comédienne du nom de Marie Rinteau. Aurore Dupin, qui ne descendait en rien de l'illustre Adrienne, reçut cependant un peu de l'héritage du théâtre; elle aima d'amour Marie Dorval, et écrivit pour la scène jusqu'au terme de sa vie. Je me mis à rêver.

La jeune actrice qui allait prendre, dans *L'Autre*, le rôle important d'Hélène pouvait avoir voulu rencontrer son vieil auteur; George Sand, qui savait tout, aurait pu avoir l'envie de lui raconter l'histoire d'Adrienne.

Soudain, je les vis toutes deux.

La bonne dame de Nohant alourdie par l'âge, à l'heure du pardon qui fait la trame de sa dernière pièce, et la jeune débutante aux frisons roux : George Sand et Sarah Bernhardt. L'une raconte à l'autre la vérité sur cette tragédienne de légende qui aurait pu, qui aurait dû être son aïeule et qui mourut d'amour pour le maréchal de Saxe.

Les branches nues des vieux tilleuls se voient de la fenêtre; l'herbe est jaunie par l'hiver finissant. Il reste encore sur la pelouse trois roses de Noël entourées de feuilles pourries; les crocus sortent déjà leur nez pointu, et la vieille dame a l'œil vif. C'est peut-être son dernier printemps; *L'Autre* sera créée dans quelques semaines, et il y a devant elle cette jeune femme, l'actrice éternelle avec son air un peu sauvage, mi-chaton, mi-fée.

La vieille dame soupire; elle a passé le temps d'aimer, pas même cette toison fauve de jeune comédienne. « C'est si bête, un théâtre, pense-t-elle. Que toutes ces figures-là sont bêtes. »

Pourquoi subitement commence-t-elle à lui parler ?

C'est un soir, à la brune ; une voix de femme s'élève.

I

La chaux vive

« C'est plus qu'une œuvre d'art, disait Michelet
à propos de ce portrait,
c'est comme une reine de douleur,
une de ces rencontres qu'on regrette
avec une personne unique qui ne reviendra plus,
dont on est séparé par la seule malignité de ce temps... »
(Portrait d'Adrienne en Cornélie dans *La mort de Pompée.*
Gravure d'après Ch. Coypel. Cl. Roger-Viollet.)

Nohant, 1870.

ASSEYEZ-VOUS, mademoiselle.

Comme vous êtes jeune ! Je ne me souvenais pas que vous fussiez si rousse ; un chat, voilà ce que vous êtes, mon enfant. Votre lettre me dit que vous m'avez aperçue au théâtre de l'Odéon, cachée derrière les décors... Et c'est alors, m'écrivez-vous, que vous avez éprouvé le désir de rendre visite au vieil auteur dramatique de la pièce que vous allez créer.

C'est vrai, George Sand aime le théâtre. J'aime les comédiens, je les aime comme les bois et les champs ; le parfum gras des fards, les coulisses où l'on échange des propos furtifs et des exclamations vite étouffées, l'invisible poussière que l'on respire derrière les toiles peintes sont des charmes puissants dont me prive l'âge aujourd'hui. J'aurai tout au long de ma vie adoré le théâtre, mademoiselle ; vous voyez, je ne cesse d'écrire en son honneur.

Si vous n'aviez pas été comédienne, vous aurais-je reçue ? Je ne sais. Mais vous êtes une actrice ; avec vos fourrures et votre museau menu vous m'apportez l'air de la ville, celui de la scène et ses légers trésors d'insolence. Et puis je suis touchée que vous ayez voulu visiter le vieux troubadour bien calme que je suis devenue. Cette campagne est paisible, n'est-ce pas ? Eh bien, vous verrez, j'y ai mon propre petit théâtre, au milieu de ces frondaisons. Nous irons tout à l'heure avant le crépuscule ; la nuit tombe vite en hiver, et il faudra vous couvrir.

Que regardez-vous ? Ces portraits sur le mur ? Ah, je vois qu'on vous aura dit quelque chose. Vous cherchez le théâtre ; vous avez raison ; il s'y cache...

Celui-ci ? C'est mon arrière-grand-père.

Oui, cette cuirasse d'argent, barrée par le cordon de soie qui bouffe autour de la hanche, cette peau de panthère mouchetée, ce poing vaillamment posé et ce fier regard enjôleur, tout cela appartient au beau maréchal de Saxe, le vainqueur de Fontenoy. Je descends d'un guerrier ; vous ne le saviez pas ? Oh, certes, l'arbre généalogique n'est pas très respectable ; et mon illustre aïeul n'épousa pas celle qui donna naissance à ma grand-mère. Marie Rinteau n'était qu'une petite comédienne, une passade de vieillesse pour le célèbre soudard ; peut-être même n'eut-il pour elle aucun sentiment. Car Maurice de Saxe eut toutes les femmes et n'en aima aucune. Ce n'était pas son talent. Mais approchez-vous ; il le mérite.

N'est-ce pas qu'il est superbe ? Pourquoi n'ai-je pas hérité ce nez bien droit et cette fière bouche au lieu de lèvres tombantes et de ce nez qui m'embarrasse ?

Il vous contemple avec gourmandise, mademoiselle. S'il était vivant nous succomberions vous et moi, oui, même moi malgré mon grand âge ; apparemment c'était le sort commun des femmes qu'il croisa sur sa route.

L'autre portrait à ses côtés ?

Oui, regardez-la bien. Vous devez la connaître. Vous

avez joué à la Comédie, il me semble ? Là-bas, on la vénère comme une sainte ; son image est partout. Vous l'avez vue en buste, et les mains sur le cœur ; vous l'avez peut-être aperçue, imposante dans une robe immense à nœuds rouges, et verte comme ma rivière. Même si vous n'êtes passée qu'en oiseau, vous n'avez pas pu échapper à ce doux regard tendre.

Comme vous la regardez !

Elle fut la maîtresse du beau maréchal de Saxe... Ou plutôt non, mademoiselle, ce n'est pas ainsi qu'il faut dire. Mon aïeul n'était pas, quand il la rencontra, le glorieux guerrier qui honora la France, non ; il n'était qu'un bâtard de roi cherchant fortune à Paris, un beau Saxon qui courait les filles. Il n'était encore que Maurice de Saxe. Elle aima Maurice de Saxe.

Et je crois bien qu'elle en mourut, mademoiselle.

C'est une histoire que je n'ai jamais racontée.

Avez-vous lu *Consuelo* ? Ce long roman que j'ai fait n'est pas bien conduit ; il part à l'aventure, et l'intrigue est aussi sinueuse que les courbes des ruisseaux dans mes champs. Mais si je vous en parle, c'est que j'y ai mis beaucoup de cette femme dont je vois bien que vous cherchez le nom dans votre oublieuse petite tête de fauvette. Mon héroïne à moi est brune, et cantatrice ; ce portrait qui vous regarde est blond, et c'est celui d'une comédienne puisque vous l'aurez vu aussi entre les quatre murs d'un théâtre. Mais la petite personne que je compare à un singe maigre lorsque commence mon roman ressemble à notre devinette ; et si j'ai continué d'écrire cet ouvrage, bâti à la diable et sans plan, où l'on trouve la matière de deux ou trois romans, c'est que je rêvais de la blonde maîtresse de mon grand-père, mademoiselle. Et du siècle où ils vécurent : siècle étrange qui commence par des chansons, se développe dans de bizarres complots et s'achève par de formidables retournements...

Je les ai enfin réunis sur ce mur, Adrienne Lecouvreur et Maurice de Saxe.

Comme ils se sont aimés, comme ils se sont déchirés... Ce furent donc de vrais amants, ma chère; tel est l'amour, il détruit.

Lorsque j'étais enfant on ne me parlait pas d'elle. Par décence, j'imagine; on avait honte. Sans doute, leur passion avait été publique; mais c'est une autre qu'il avait rendue mère. J'adorais l'image de mon grand-père de Saxe, ses folies, son château de Chambord; j'étais fière de ses batailles et du tombeau que Pigalle édifia pour lui à Strasbourg. Je ne connaissais pas l'amour qu'Adrienne lui portait; j'ignorais même qu'elle s'appelât Lecouvreur, mademoiselle; on ne disait pas les noms des reines de comédie dans les couvents de mon enfance.

Je la découvris au théâtre; rien ne pouvait lui être plus fidèle.

Vous souvenez-vous de la pièce écrite par Scribe et Legouvé? Ils lui donnèrent comme titre le nom d'Adrienne Lecouvreur. C'est là que je la découvris, sur la scène du théâtre de la République; ainsi s'appelait alors la Comédie-Française à laquelle vous eûtes l'honneur d'appartenir. Les deux auteurs raffolaient de la brillante et futile époque de la Régence; ils donnèrent à mon ancêtre un rôle charmant et trop flatteur, et ressuscitèrent sa touchante maîtresse. Je versai sur son sort des larmes abondantes. J'étais loin de me douter que Scribe et Legouvé, emportés par leur passion théâtrale, n'avaient écrit que du mélodrame.

Rachel, votre incomparable ancienne, créa le rôle. Il

lui fit peur; elle n'aima pas le personnage d'Adrienne : ce n'est pas à vous, mademoiselle, que j'expliquerai les superstitions des comédiens. Mais Rachel fut sublime, et surtout pour la mort. Après la première de la pièce, elle était encore toute troublée : elle dit à Legouvé que dans la scène de l'agonie, elle s'était beaucoup émue. Pas sur Adrienne, mademoiselle : mais sur elle-même. La grande Rachel se voyait mourir dans sa propre chambre, elle croyait jouer sa propre fin, et quand il lui fallut dire : « Adieu, triomphes du théâtre! Adieu, ivresse d'un art que j'ai tant aimé! » elle pleura pour tout de bon.

Hélas, mademoiselle, Rachel ne se trompait pas : elle mourut à trente-sept ans. Au mêmc âge qu'Adrienne. Vous savez comme le funèbre obsède les actrices.

Il est vrai que c'est sa mort qui la rendit célèbre. Vous avez encore en mémoire, je pense, la façon dont Scribe et Legouvé arrangèrent la chose au théâtre. Une grande dame de la Cour, éprise de Maurice de Saxe et jalouse d'Adrienne, lui envoie un bouquet de fleurs empoisonnées... Ce complot obscur lui ramène son amant perdu mais lui apporte une mort tragique et brutale. Adrienne en mourant se prend pour Melpomène, ne reconnaît plus Maurice et meurt illuminée par le théâtre du ciel où s'envole son âme délivrée.

Quelle injustice, mademoiselle!

On se souvient d'elle parce qu'elle est morte empoisonnée! On vénère sa mémoire à cause d'un scandale qui la tua! De ses amours il ne reste que la figure trompeuse de mon célèbre aïeul, qu'une duchesse le lui dispute et qui la trahit... Mais son art? Et le théâtre?

De son art on ne dit presque rien, mademoiselle. Voyez Rachel : c'est la future morte qui l'émeut; ce n'est pas l'actrice. Et lorsque je découvris le charmant fantôme d'Adrienne je m'en tins d'abord à ces apparences.

Mais en secret je l'appelais « ma fausse grand-mère ». J'aurais voulu que ce fût elle la vraie, et non Marie Rinteau, dont je devinais que son seul talent résidait dans ses charmes. Je pressentais en Adrienne le génie que je prêtai à ma Consuelo. Ce sont des femmes qui touchent à l'art et qui savent aimer, mademoiselle ; artiste ou amante, pour elles c'est tout un. Voilà, vous le devinez, qui me regarde d'assez près.

Scribe n'aimait que les chansons.

Vous vous demandez ce que vient faire là le goût singulier d'un auteur ?

Mais c'est qu'Adrienne est dans une chanson, mademoiselle. Ou plutôt, on crut l'y retrouver. Cherchez, si vous en avez, dans vos souvenirs de couvent. N'avez-vous jamais fredonné la chanson du roi qui veut voir toutes ses dames ? Et la première qu'il a vue lui a ravi son âme... Vous y êtes. Allez au dernier couplet.

La reine a fait faire un bouquet
La reine a fait faire un bouquet
De trois roses joli-i-es
Et la senteur de ce bouquet
A fait périr Marquise.

Vous souvenez-vous ?

On crut que mon aïeul était le roi, et Marquise Adrienne. Rien de tout cela n'était vrai. La marquise de la chanson était la belle Gabrielle, qu'aima le roi Henri IV ; la reine Marie de Médicis l'aurait fait empoisonner avec ce fameux poison qui venait des Borgia ; mais on avait oublié toute l'affaire, et les chansons se moquent bien de l'histoire.

Scribe, je vous l'ai dit, était passionné de chansons.

On le vit assez quand il entra à l'Académie française, dont les murs n'avaient jamais encore retenti du roi d'Yvetot ou des roses de la Marquise. Savez-vous ce qu'il disait alors de la chanson ?

« Seule digue contre la corruption qui déborde de toutes parts, elle défend la France qu'on laisse avilir, elle brave les lettres de cachet, et crayonne sur les murs de la Bastille ces refrains vengeurs qui poursuivent jusque dans le sérail de Versailles et les ministres et le roi, et bien plus encore les hardies courtisanes qui régnaient alors... »

Et c'est à la chanson qu'il attribue ce pouvoir révolutionnaire, mademoiselle. Je ne m'étonne point qu'il ait fait d'Adrienne une victime de la Cour, lâchement empoisonnée par « une hardie courtisane » de la noblesse. Le malheur est que ce n'est point toute la vérité, mademoiselle. Et l'autre malheur, plus grand encore, est que la triste fin de l'héroïne fait oublier la grandeur de son âme; l'arbre cache la forêt.

Voulez-vous que je vous dise enfin ? Le bouquet était de violettes, et non pas de roses jolies. Comment croire aux chansons ? L'on a raison de s'écrier, lorsqu'on ne croit pas une rumeur : « Chansons ! »; le vrai est tout juste à l'opposé.

La marquise empoisonnée avait tant charmé Scribe qu'il en oublia la tragédie d'Adrienne. Il la ressuscita mais ce n'était pas elle. Il la fit mourir sur scène, mais sa véritable mort fut plus terrible encore.

Au vrai c'est cette fin tragique qui transforma Adrienne en légende; et cette fois le bon Scribe n'y est pour rien.

Mais je me trompe, mademoiselle... Ce n'est point sa mort; c'est son enterrement.

Je vous vois toute pâle... Je vous attendais là. Avant de vous recevoir dans ma verdure je ne vous connaissais guère; mais il me semble qu'on m'a murmuré à l'oreille l'histoire d'un cercueil de satin blanc où vous aimez dormir. Est-il possible ?

Je devine à votre air qu'il n'est que trop vrai. Si je vous parle d'Adrienne c'est à cause de ces quatre planches étroites que vous emportez partout avec vous, et auxquelles elle n'eut pas droit.

Imaginez la scène, mademoiselle; vous n'êtes plus au théâtre. Elle vient d'expirer.

Son corps amaigri repose sur le lit fraîchement changé. M. de Voltaire dans la pièce s'agite vainement, comme quelqu'un qui cherche une tabatière et ne la trouve pas; M. d'Argental, immobile dans un fauteuil, les mains jointes, demeure abattu. Et le beau Maurice de Saxe, mon léger grand-père, sanglote doucement; comprend-il qu'il perd son seul amour ? Je n'en suis pas sûre, mademoiselle. Mais enfin il verse des larmes; c'est l'un des rares cadeaux qu'il lui fit.

Le curé de Saint-Sulpice, qu'on avait fait venir pour les derniers sacrements, avait refusé les saintes huiles; elle était morte sans le pardon de l'Église. Le scandale déjà était considérable. Adrienne Lecouvreur n'était-elle pas la plus grande comédienne de son temps ?

Nous commençons d'oublier ce temps où l'Église refusait aux comédiens de France le cimetière de leur dernier repos. L'Église ne cédait pas : les comédiens, en se montrant sur la scène d'un théâtre, avaient fait montre d'une épouvantable débauche. Non qu'ils se soient livrés à des orgies; non, c'est le métier en lui-même qui emporte sa malédiction, depuis l'aube de nos âges. Monter sur des tréteaux, c'est perdre son âme; et l'inspiration des comédiens ne saurait être que satanique.

Sous la Régence, l'on avait trouvé des accommodements avec le ciel ; on léguait de grosses sommes au curé de la paroisse, et sur son lit de mort l'on renonçait solennellement aux délices de l'affreux métier dont on s'était rendu coupable. Oui, mademoiselle, pour jouir d'un coin de terre bénie il fallait, avant le dernier soupir, renier le théâtre. Ce sont là mœurs cruelles et stupides ; l'Église est coutumière de ces sauvageries.

Adrienne avait imité ses camarades, et s'était conformée aux usages de son temps : elle avait légué mille livres au curé de Saint-Sulpice.

Mais elle refusa le repentir, et se proclama comédienne jusqu'à son dernier souffle. Mille livres ne suffirent pas à fléchir le prêtre orgueilleux. Elle rendit l'âme en bénissant son seul amour. Melpomène mourut sans absolution.

Voilà ce qui enrageait M. de Voltaire ; voilà pourquoi il marchait de long en large dans l'appartement d'Adrienne. Puis, la nuit venue, les trois hommes s'en furent, et le vrai drame commença.

Jusque-là ce n'était rien encore. Une comédienne avait expiré sous les yeux de son amant et sans les sacrements de l'Église. Ce n'était pas assez pour faire scandale.

Adrienne était assez renommée pour que la Comédie décidât aussitôt de faire relâche ; les funérailles furent annoncées pour le lendemain, le 23 mars 1730. Lorsque j'y pense, voyez-vous, je m'y vois, debout dans la rue, devant une de ces affiches de théâtre, placardées dans tout Paris, et qui n'annonçaient ni *Phèdre* ni *Bérénice*, mais tout simplement « Relâche », avec un grand bandeau de deuil noir. C'était le petit matin ; Adrienne était morte la veille.

Mais Paris, mademoiselle, Paris ! La ville s'enflamma en un jour, et se mit à gronder. Adrienne empoisonnée! La duchesse, sa rivale, coupable! On en parlait dans les salons, on murmurait à la Comédie, la Cour s'émut; Voltaire aussi. Il exigea que l'on ouvrît le pauvre corps d'Adrienne, qui fut aussitôt livré aux médecins.

En hâte, on sortit ce cœur qui avait tant souffert, on procéda à l'autopsie; on rendit les résultats publics: Adrienne était morte d'une « inflammation des entrailles ». Le diagnostic n'excluait pas l'empoisonnement; Voltaire le sentit, exhorta les comédiens du Théâtre-Français à exiger une inhumation chrétienne. On remit le cadavre mutilé sur son lit de mort; le jour tomba.

Adrienne était seule dans sa maison où ne restait plus que son valet; c'est par lui que l'on sait la suite.

Car il y eut une suite, mademoiselle, et qui fait frémir.

Pendant la nuit, deux fiacres anonymes s'arrêtent devant la maison. Trois hommes en noir y pénètrent comme des voleurs; ils montent jusqu'à la chambre. L'un d'eux est le maître; il ordonne à ses sbires d'envelopper la morte dans un drap, et on la descend ainsi, comme un paquet de linge, sans précaution, jusqu'aux voitures qui attendent dans l'obscurité. Le valet voit que les portefaix plient le corps de sa maîtresse, pour qu'elle passe la porte; déjà, elle est roide. Les exécuteurs l'installent dans le fiacre comme pour partir en promenade; et les deux voitures disparaissent.

On sut plus tard qu'elles s'étaient arrêtées sur un terrain vague au bord de la Seine. Quelques coups de bêche, un trou rapidement creusé; Adrienne fut jetée là. Puis la chaux vive brûla ce qui restait d'elle. Les portefaix refermèrent la terre qui s'était entrouverte pour ce sacrilège. Le maître des portefaix se nommait Laubinière; il avait agi sur ordre du ministre Maurepas. Quand le jour se leva, il ne restait plus rien d'Adrienne Lecouvreur.

Ah, je vous vois troublée, mademoiselle; vous êtes au bord des larmes, c'est bien. Elle n'eut pas votre cercueil de satin blanc, pas même quatre mauvaises planches de sapin. N'est-ce pas horrible, cette chaux qui en un instant racornit la chair vive encore, et dissipe dans la terre un cœur si aimant? D'autres vont à la fosse commune, où au moins l'on est en compagnie, entre pauvres morts sans le sou. Mais elle! Adrienne n'était nulle part; Adrienne avait disparu.

Quand Voltaire et d'Argental se rendirent rue Visconti pour accompagner au cimetière le corps de leur amie, ils ne trouvèrent que le valet qui pleurait, et le mouchoir d'Adrienne abandonné sur une marche de l'escalier. Nul ne savait où avait été commis ce crime contre une morte; Adrienne n'eut donc pas de tombe.

Son doux fantôme allait commencer de troubler les vivants. D'Argental était tendre; il se contenta de pleurer Adrienne, et chercha jusqu'à sa mort l'endroit où on l'avait brûlée; quelque cinquante ans plus tard il fit apposer une plaque là où ses rêves imaginaient que son corps avait fondu dans la terre. Mais Voltaire!

Voltaire ne s'en remit jamais. Ce fut à cette occasion qu'il fit l'une de ses plus belles guerres; avec Adrienne disparue il alluma une torche brûlante, et incendia pêle-mêle l'Église, Paris, le monarque, le royaume... En Angleterre on venait d'enterrer en grande pompe une comédienne dans l'abbaye de Westminster; à Paris, on détruisait dans l'ombre le cadavre d'Adrienne à la chaux vive !... Tenez, prenez ce livre sous son portrait ; c'est cela. Écoutez :

Que vois-je ? C'en est fait, je t'embrasse et tu meurs !
Tu meurs ! On sait déjà cette affreuse nouvelle :
Tous les cœurs sont émus de ma douleur mortelle.
J'entends de tous côtés les Beaux-Arts éperdus
S'écrier en pleurant : Melpomène n'est plus !
Que direz-vous, race future
Lorsque vous apprendrez la flétrissante injure
Qu'à ces Arts désolés font des hommes cruels ?
Ils privent de sépulture
Celle qui...
Etc.

Les vers ne sont pas bons, mademoiselle. Mais qu'on ne vienne pas dire qu'il n'eut pas de cœur, celui qui les écrivit ! Musset, tu t'es trompé, et le hideux sourire que tu haïssais tant n'était pas libéré de la tendresse humaine... Voltaire ne s'en tint pas là ; dans *Candide* encore Adrienne le hante ; elle apparaît sous les traits de « Mademoiselle Monime » ; il écrit à peu près, je le cite de mémoire, qu'on lui refusa ce que les gens appellent les honneurs de la sépulture, « pourrir avec tous les gueux du quartier dans un vilain cimetière ». Et ceci dont je suis sûre, quand il parle des reines du théâtre parisien : « ...on les respecte quand elles sont belles, et on les jette à la voirie quand elles sont mortes. »

Voltaire redouta le sort d'Adrienne ; il eut grand-peur d'être jeté sous la chaux.

Voyez-vous le hasard du monde : le destin justement lui réserva le même sort. On découpa son cadavre ; son cœur fut mis dans l'or, son crâne dans un bocal ; mais quand on le transporta au Panthéon, les pioches éventrèrent son cercueil. Et saviez-vous que des impies exhumèrent le squelette du grand homme ? On le vola en pleine nuit ; on dispersa ses os sur les rives de la Seine. Et comme si les ombres des sbires de Laubinière avaient soufflé aux sacrilèges les gestes qu'ils devaient faire, on versa sur les restes de Voltaire la même chaux vive qui avait brûlé Adrienne.

Vous détournez la tête, mademoiselle... Sur ce chapitre de la chaux vive je n'en ai pas encore terminé. Mon aïeul subit aussi la malédiction de sa maîtresse. Mais il était soldat, et courageux.

Quand il dicta son testament, le maréchal de Saxe dédaigna le tombeau des vainqueurs. Je sais par cœur les dernières lignes, mademoiselle, de ce testament qu'on ne respecta point. Vous jugerez vous-même de l'étrangeté des choses.

Les mots cependant sont clairs :

« Quant à mon corps, je désire qu'il soit enseveli dans la chaux vive, si cela se peut, afin qu'il ne reste bientôt plus rien de moi dans le monde, que la mémoire de mes amis. »

Seul à désirer le sort de son amante, mon aïeul eut droit au tombeau de Pigalle, où pour l'éternité il contemple sa propre gloire, cependant que des Cupidons insolents soulèvent le couvercle de son cercueil de marbre en lui décochant leurs sourires. Ce vœu ultime était pourtant la dernière preuve qu'il eût jamais donnée de son amour pour elle. L'histoire fut plus malicieuse que le guerrier ; il voulait la chaux, c'est Voltaire qui l'obtint. Le glorieux maréchal voulait disparaître, il devint statue.

« Si cela se peut », avait-il dicté avec son fort accent allemand. Cela ne se pouvait pas.

Vous le voyez, ma chère petite, ce sont ces funérailles qui firent toute la légende d'Adrienne. On oublia sa gloire d'artiste ; et l'on ne garda en mémoire que la chaux vive, la rivale qui l'empoisonna, et l'infidèle qui la trompa.

Mais d'elle, que restait-il ?

Après cet enterrement scandaleux vinrent les huissiers ; ils dressèrent l'inventaire de ses biens. Dans ses armoires de théâtre on trouva ses robes de scène, des habits à la romaine, des longues jupes à la turque ; j'imagine que vous savez mieux que moi ce que signifient ces mots charmants. On m'a parlé aussi d'un petit chapeau noir, garni de points d'Espagne en argent, avec un plumet blanc ; et je songe souvent à cette coiffe qu'elle porta peut-être, qui sait, dans *Le Comte d'Essex*, quand elle tenait le rôle de la Reine vierge...

Chez elle, rue Visconti, l'on trouva des babioles de coquette, des vêtements délicieux, un jupon de mousseline brodée doublée de toile de coton, et un petit manteau de lit à bouquets, doublé de taffetas blanc... Oh, ce petit manteau, mademoiselle, ce manteau de lit... Vous verrez ; il a sa propre histoire.

Au théâtre ce sont des satins, des velours ; dans sa maison on trouve du coton et de la mousseline. Blanche, à l'image de sa pureté ; comme la chaux dont la blancheur s'accorde avec le plumage immaculé de cette grande aigrette sauvage qui s'envole à tire-d'aile sur les troubles étangs de son époque...

Regardez son portrait maintenant ; je le veux.

Car nous n'avons encore rien dit d'elle ; je ne vous ai parlé que de son cadavre évanoui.

Vous la voyez ici en Cornélie, dans le *Pompée* de Pierre Corneille.

On ne verrait plus aujourd'hui ces regards éplorés et levés vers les cieux ; on ne représenterait plus ces globes laiteux et ces yeux retournés. D'un geste emphatique elle entoure de ses beaux bras l'urne qui contient les cendres de son époux ; mais elle a de belles boucles, et la peau claire.

Regardez de plus près ; les portraits sont souvent menteurs. Le menton est assez lourd, le cou, massif. Après qu'elle fut morte, *Le Mercure de France* écrivit aimablement qu'elle était « de taille assez médiocre » ; on devine en effet une femme petite et maigre. Il est vrai que *Le Mercure* rend hommage à son corps, bien fait, et surtout, à sa grâce. Les tons pastel lui vont bien ; dans la grande toile qui la représente en robe d'apparat, elle baigne dans une froide lumière d'émeraude que l'on dirait enneigée. Elle a les cheveux blonds ; je les imagine cendrés, avec des reflets obscurs ; peut-être sur ce portrait sont-ils poudrés de blanc. Adrienne devait être une petite personne poétique avec une bouche de cerise.

Comment une si chétive créature devint-elle la plus grande tragédienne de son temps ? Elle n'avait pas de vraie beauté ; elle n'avait pas la taille élancée, sa figure était simple et son allure ordinaire. Même sa voix, dit-on, n'était pas forte. Et si l'on reconnaît la douceur que lui prête Sainte-Beuve, on ne comprend pas qu'elle ait pu ensorceler les cœurs. Il faut autre chose, mademoiselle, et qui n'est dans aucun portrait. Ce genre de femme doit tout à son regard ; une apparence insignifiante dissimule les feux de l'âme, et ce sont les yeux qui charment.

Sur ses portraits on lui a souvent fait des yeux petits, de la couleur du tabac, légèrement fendus en amande, doux et piquants, mais sans grandeur. Mais l'on pressent la flamme ; et la molle langueur qui fit la noblesse de son art se voit malgré les prétentions de la pose. Un croquis pris à la hâte pendant une représentation de *Phèdre* vous la montre sombre sous de grands voiles, avec un regard de mort. Qu'il y a loin, mon enfant, de la charmante Adrienne en robe de velours vert à cette tragique image !

Ses yeux, quand elle entrait en scène, changeaient de forme et de couleur ; ce n'était plus ce regard de châtaigne, c'était un feu dont vous n'auriez su dire s'il était de sang ou de mer. Il est des regards si profonds qu'on n'en connaît plus la couleur. A Consuelo, la zingarella de mon roman, je n'ai pu éviter la noirceur des prunelles ; mais Adrienne n'était pas de ce type que mon ami le peintre Delacroix a si justement rendu. Non, elle était blonde, et charmante, et pâle. De cette pâleur de lait qui n'était pas la mode de l'époque, mais qui annonçait celle de ma jeunesse et les langueurs de nos héroïnes déchirées. Le regard d'Adrienne n'en brillait que mieux.

Sous le médaillon, regardez bien : vous lirez une inscription, comme on pourrait trouver sur la tombe qu'elle n'eut pas ; c'est Piron qui l'écrivit.

J'eus trois dons que jamais l'art ensemble n'allie
Le Terrible, le Tendre et le Majestueux.

Est-ce assez bien trouvé ? Le Terrible pour les fureurs de Phèdre et les malédictions de Camille, le Majestueux pour Andromaque et Monime, et le Tendre pour Bérénice... Le Tendre, mademoiselle, le Tendre surtout !

Lorsque Sainte-Beuve rendit compte de la pièce de Scribe et Legouvé, c'est sur la tendresse qu'il s'attarda. Le charme, le romanesque, un destin plein de désir et d'amour, un modèle de dévouement, un malheur touchant, que sais-je encore...

Non que ce soit faux, mademoiselle. Mais enfin il

faut revenir au théâtre, et à l'art. Consuelo sans son chant n'aimerait pas Albert, et n'en serait pas aimée. Adrienne sans la tragédie est une héroïne de chanson, un de ces personnages que l'on trouve dans les feuilletons de Paul Féval. Sans le théâtre on ne la comprend pas. Eh quoi ? Elle aima, elle fut trahie, elle en mourut, on complota la disparition de sa dépouille, et ce serait là tout ?

Savez-vous ce qu'était une comédienne au siècle où vécut Adrienne ?

Une fille publique enregistrée à la police ; une prostituée qui vivait en reine. On n'était pas comédienne si l'on n'était pas entretenue. Autour d'Adrienne, les autres actrices mènent grand train et vivent en débauchées ; ceux de la Cour sont leurs alliés, leurs clients et leurs maîtres. Oh, je ne vous peindrai pas en Adrienne une vertu sans tache, mon enfant, je vous ferais sourire ; et le monde où vous vivez vous offre encore trop d'exemples de ces pratiques. Mais enfin un jour elle aima, elle changea de vie, et Paris le sut. On la moqua, on la plaignit ; mais on la respecta. La Lecouvreur n'est pas comme les autres, disait-on ; car elle était fidèle et trompée comme une épouse légitime.

Songez, mademoiselle : elle aura vu le siècle s'affoler et se mettre à spéculer ; autour d'elle, on joue gros, on s'enrichit en un jour, ce sont les suicides, les scandales, les prodiges et les catastrophes, le Mississippi de M. Law et les émeutes au Palais-Royal, Manon Lescaut que l'on conduit au bagne et des Grieux qui la suit. La Raison naîtra de ce cloaque où fleurit l'amour d'Adrienne.

Elle aurait pu vivre cette vie dissipée ; elle aurait dû se soumettre à sa condition ; et elle n'obéit pas. On dirait qu'elle n'est pas atteinte par la corruption qui l'entoure; elle s'échappe de son temps et s'en va comme une jument évadée de l'enclos; aucune des souillures de son temps ne l'atteint.

Il faudra le poison pour en venir à bout.

Voyez-vous ces arbres que la nuit commence à effacer, ces vallons, ces bosquets ? La douceur française est là tout entière.

L'enfance d'Adrienne ne connut rien de tel. C'étaient les plaines de Champagne, l'horizon à perte de vue, des champs plats, un monde rude et triste. Quand il pleut, la boue est partout; les chemins sont autant de fondrières; pour seul spectacle, les nuages passent sous le vent. C'est une autre France, celle des champs de guerre et de la misère. Son père appartenait à une famille aisée; Adrienne n'aurait pas dû connaître la pauvreté.

Mais Robert Couvreur, artisan chapelier, ne tenait pas en place; une étrange inspiration le poussait sur les routes, et sur les champs de foire où, sous prétexte d'aller vendre ses chapeaux, il s'enivrait. Un jour tout allait bien, il chantait, l'univers était gai; le lendemain il buvait, il était pris de furie, il cognait, le monde était détruit. L'on m'a raconté qu'Adrienne naquit sur le chemin d'une de ces foires où il devait se rendre; à cause de cette enfant qui venait au monde il resta là, le temps de quelques beuveries, sans doute. Puis il s'en fut ailleurs, et erra.

Cette vie incertaine et nomade, cette enfance voyageuse décidèrent doublement du caractère de la petite Adrienne : elle désira toute sa vie un foyer dont elle fut privée, mais elle garda au cœur le goût des grands espaces déchirés dont la tragédie est le reflet. Entre le bonheur et le risque elle balança toute sa vie. Le bonheur d'une famille contrariait le théâtre ; et la tragédie interdisait le calme. Voyez cette enfant qui suit la course folle de son père : là germe en secret sa destinée de comédienne.

Nous ne sommes plus au temps où les comédiens s'en allaient par les routes et plantaient leurs tréteaux sur les places des villages, ou dans les granges, au milieu des bottes de paille et des choux du marché. Nous n'y sommes plus, mademoiselle, mais sentez-vous encore un menu tressaillement de plaisir quand vous faites vos malles pour une tournée en province ?

Est-ce en mémoire de mon aïeule comédienne qui suivit son beau maréchal jusque dans les batailles ? Pour moi, je connais ce frisson ; je n'ai pas pu m'arrêter longtemps, fût-ce dans le plus bel endroit du monde. Il faut partir, monter en diligence, respirer l'air du petit matin, s'endormir au rythme des sabots, arriver décoiffée, et découvrir une vie nouvelle. Le grand voyage des comédiens commence avec ces errances ; pour bien jouer, mon enfant, ne faut-il pas haïr jusqu'à l'idée même d'un foyer ? Le seul foyer sera celui du théâtre ; on y fait des rencontres, on y fait la conversation, on y tombe amoureuse... Mais bientôt l'on s'en va. Il n'est pas un comédien qui ne rêve d'un bon et solide bâtiment où enfin il pourrait poser ses effets ; il n'en est pas un qui ne désire partir. Ces voyages-là sont des épreuves, mademoiselle ; mais elles ont un charme incomparable. Gautier en a tiré son *Capitaine Fracasse* ; et j'ai mis dans *Consuelo* les délices d'une vie buissonnière, les haltes dans les forêts près des sources, les surprises, les frayeurs, toute la poésie d'une existence sans foyer. Et je n'ai pas trouvé d'autre fin possible pour l'histoire de ma zingarella cantatrice qu'une vie bohémienne au grand air ; je regrette de ne pas ainsi terminer mes jours.

Le voyage qu'Adrienne connut dans son enfance n'eut rien de ces attraits. Elle connut l'épreuve de l'errance, mais non ses charmes : trop de violence l'environne. Pourtant je ne peux me défaire d'une idée qui m'obsède. C'est là, dans ce chariot de misère, qu'elle trouva son destin.

Trop de signes que vous découvrirez avec moi indiquent qu'elle pouvait se détacher du monde, comme une enfant qui voit passer le ciel au-dessus de sa tête. Il faut qu'elle ait éprouvé en effet le besoin de s'échapper; il faut qu'elle ait tant souffert qu'au lieu de baisser la tête elle l'ait au contraire relevée, et qu'elle ait laissé ses yeux se perdre dans l'immensité du vide. Son fol amour, bientôt désespéré, et la passion qu'elle mit dans ses rôles sont trop forts; et l'on a raison de voir en elle une sorte de sainte. C'est une mystique qu'il faudrait dire, mademoiselle; le mot n'est pas exagéré.

Et son père est fou.

Un soir il menace de tuer des ouvriers dans une auberge; une autre fois il tire des coups de fusil sur des passants. Le vin le rend dangereux. Il n'est pas méchant, dit-on de lui; c'est ce que l'on dit toujours des ivrognes. Un matin, après une mauvaise nuit, il secoue sa femme qui cherche à se cacher; il la saisit à bras le corps, aperçoit un billot, saisit sa hache et menace la mère d'Adrienne avec des cris furieux! Il l'oblige à poser sa tête sur le bois, et fait mine de la décapiter... L'enfant est là, elle voit tout.

Le bruit attira les voisins; la malheureuse finit par reconnaître que son mari avait failli la tuer. Et l'on voudrait que pareille scène ne soit pas déjà de la tragédie ?

On disait d'Adrienne Lecouvreur, quand elle devint l'immense comédienne que nous savons, qu'elle n'était pas bonne dans la comédie ; Marivaux ne lui allait pas. Je ne m'en étonne point ; il n'y eut rien dans son enfance pour l'y préparer. Mais du tragique elle connut toutes les fureurs ; et les simulacres du père Couvreur sont aux sources mêmes de son art.

Quand il fut vieux, elle ne l'abandonna pas. Sa mère était morte en donnant le jour à une seconde fille. Veuf, Robert Couvreur n'eut plus personne à ses côtés pour freiner son goût de l'ivresse ; et malgré l'argent que lui envoyait sa célèbre fille il vivait dans la pauvreté. Un jour il boucha la cheminée de sa chambre avec une couverture, y mit le feu avec soin, et escalada la fenêtre pour se sauver. Pauvre Couvreur ! Ce sont là gestes de vieillard ; il faut un bien grand désespoir pour en venir à ces folies. Pourquoi serait-il demeuré immobile, lui qui n'avait cessé de voyager ?

Lorsqu'elle apprit la nouvelle, Adrienne eut des mots terribles. Elle s'écria : « Voilà le cruel ! »

Cela s'entend doublement, mon enfant. Voilà qui est cruel ; ou encore, le voilà, le cruel. Je gage que ce seront les deux sens à la fois. Le cruel, c'était son père ; et avec lui, tous les autres hommes. Jamais la Lecouvreur ne fut si grande que dans *Bérénice* :

Cruel, je vous viens voir pour la dernière fois...

Mais ce n'est pas Titus qu'elle évoque quand elle pleure sur le cruel ; c'est son père, l'ivrogne incendiaire, qui n'est « ni mort ni sauvé », dit-elle encore : elle avait raison, mon enfant. Robert Couvreur était fou.

Je ne suis pas sûre que seul le devoir que l'on doit aux parents l'ait attachée à cet homme farouche et sombre. Ceux qui succombent à l'ivresse ont aussi des emportements d'affection, des embrassements touchants ; Adrienne assista aux violences paternelles mais elle fut l'objet passager de sauvages tendresses. Un jour de fête des Rois, Robert Couvreur était dans cet état de gaieté qui accompagne l'alcool; il n'avait pas encore touché le fond de l'ivrognerie. Il trouva la fève dans la galette et regarda la petite Adrienne avec attendrissement : il fabriqua une couronne avec des genêts secs et la lui posa sur la tête : « La reine boit ! » criait-il en riant comme un enfant. Et il la souleva de terre avec de grands baisers fous.

Comment devient-on comédienne, mademoiselle ? Comment l'êtes-vous aujourd'hui ? Pour moi, je sais que j'aurais pu le devenir sans le goût du romanesque qui m'échauffait le cœur; les cérémonies secrètes qui firent la joie de mon enfance, les histoires que je me racontais auraient pu faire de moi une actrice. On ne me trouva pas assez belle, le rêve s'effaça, je me mariai. Mais si j'ai tant écrit c'est pour avoir connu, petite, le spectacle de la violence.

Je ne vous dis pas que la petite Adrienne trouva le goût du théâtre dans les embrassements de son ivrogne de père; mais dans la folie de Robert Couvreur le drame était de la partie, et le même feu dévore le père et la fille. Robert Couvreur ne décapita pas sa malheureuse épouse, et ne blessa pas les passants : il jouait avec la vie. Devant ce triste jeu, Adrienne éprouva sans doute de grandes frayeurs et de secrètes joies, et les peurs lui donnèrent le goût des frémissements du théâtre. D'où viendraient ces larmes adorables qu'elle versait sur scène, et que le public acclamait ? Regardez ces beaux yeux éplorés, et reconnaissez là le legs que lui donna son père.

Adrienne, sans doute l'ignorez-vous, écrivait parfois des vers. Ce n'est pas de l'art; non, ce sont de petites pièces rimées comme on en écrivait en son temps, une poésie facile et quotidienne. J'ai ce poème, avec les lettres qu'elle écrivit à mon aïeul; on les retrouva dans ses papiers. Voyons... Le voici.

Quand je naquis, la Nature et l'Amour
Voulant tous deux s'égayer tour à tour
Après avoir disputé sur vingt choses
Qui me feraient sortir de mon sujet
Firent ensemble le projet
D'essayer leur pouvoir sur une créature...

Nous y sommes; voyez comment elle dépeint sa famille.

Tout auprès d'eux, voyant une masure
Où résidaient la misère et l'aigreur
L'emportement, la grossière fureur
Un enfant qui venait de naître :
Bon, dirent-ils, rien ne pouvait paraître
Qui fût plus propre à remplir nos desseins.

On ne saurait exprimer plus clairement le sentiment d'un miracle : rien n'aurait dû la faire comédienne, sans la conspiration divine de la Nature, qui lui donna du génie, et l'Amour qui l'inspira : la Nature la fit comédienne, l'Amour lui offrit Maurice. Avec lui surgissaient les douleurs, et la mort que nous savons.

On ne devine pas, lorsqu'on voit cette peau laiteuse, les fureurs qui dévoraient son corps.

Après sa mort on écrivit trois phrases qui me glacent le sang : « Elle finit comme une chandelle; on l'a ouverte; on lui a trouvé les entrailles gangrenées. »

Car la tragédienne admirable souffrit toute sa vie de grands flux qui la vidaient comme un lapin à qui on arrache l'œil pour le saigner plus vite. Triste maladie qui la rendait honteuse! La pure, l'amoureuse

Adrienne avait la gangrène dans le corps, et les entrailles enflammées.

L'excellent Riccoboni, qui faisait l'amoureux dans la troupe des Italiens, écrivit dans une touchante oraison funèbre : « S'il arrive à la charmante Lecouvreur de pleurer ou de se plaindre, elle remue tellement les cœurs qu'on est obligé de s'attendrir et de pleurer avec elle... »

Écoutez ce qui va suivre, mon enfant : « Elle possède au suprême degré ce qu'on nomme des entrailles : elle va d'abord au cœur et le frappe vivement avec une justesse, une intelligence impossibles à décrire... »

Voici le même mot encore : entrailles ! Adrienne touchait les cœurs mais c'était au prix d'un corps qui se vidait. Elle était d'entrailles comme d'autres étaient de robe ou d'épée ; de ce nœud infâme sortaient ses plus grandes émotions. Le poison qu'on lui administra l'atteignit au point où elle souffrait déjà ; et la gangrène lui venait de l'enfance.

La gangrène, la grande peur ! C'est une noire pourriture, le corps vivant qui se décompose, c'est le vieux roi Louis XIV qui voit une tache sombre sur sa jambe et comprend qu'il va mourir de cette lente corruption qui remonte jusqu'au cœur et l'arrête. Adrienne mourut gangrenée de l'intérieur ; et cette âme pure habitait un corps pourri. C'est là, dans ces entrailles noircies, et dans la honte qui la tenait alitée, que je veux voir le goût du blanc, et les jupons de mousseline. Sur la scène elle est d'or et de pourpre, mais chez elle le linge est sans tache ; et les entrailles torturées suffisent à rappeler la vie de la chair.

Vous me trouvez sans doute bien funèbre. Non, mademoiselle ; je cherche à imaginer les souffrances d'une âme enflammée à qui son corps échappe de toutes parts, et qui vécut l'art du théâtre dans les douleurs. Je ne veux pas d'une Adrienne sanctifiée par un amour malheureux ; il s'agit d'autre chose, que seule explique la tragédie. Pour le tragique, le père Couvreur fut un cadeau des dieux ; avec ses ivresses il sema les graines du théâtre. Mon aïeul vint plus tard jouer le rôle de l'Amour.

Au moins, la mort d'Adrienne par quoi j'ai commencé son histoire n'aura pas passé inaperçue. Je songe à ma pauvre Dorval, ou à Mlle Georges. Marie Dorval disparut à près de soixante ans, l'année qui suivit la révolution républicaine : l'année même où Rachel prenait le rôle d'Adrienne dans la pièce de Scribe et Legouvé. A son enterrement, c'est Alexandre Dumas qui me l'a raconté, il était seul avec Victor Hugo.

Ils virent aussi une grosse femme en noir, obèse, qui marchait en soufflant avec difficulté : c'était justement Mlle Georges.

L'empereur, pour qu'elle ne mourût pas de faim, lui concéda plus tard la gérance d'un vestiaire à l'Exposition universelle. Il y a peu, Georges, l'admirable actrice oubliée, mourut dans la misère.

Ce fut peut-être la chance d'Adrienne que d'avoir été frappée en pleine gloire par une mort gangrenée et d'ignominieuses funérailles. Personne n'écrira jamais une pièce de théâtre à la gloire de la mort de Dorval ; et Mlle Georges en gérante de vestiaire n'a pas tiré une seule larme du spectacle de sa déchéance. Et vous, mademoiselle, avec vos frisons roux, votre belle jeunesse et votre cercueil qui vous suit partout, pouvez-vous prédire comment vous finirez vos jours ?

Allons ! Secouons la mélancolie. Prenez mon bras, sortons ; je vous montrerai le petit théâtre de Nohant.

Et nous reviendrons doucement. Le crépuscule nous entoure déjà de ses apaisements ; il y aura du feu dans la cheminée. Vous resterez pour la nuit, mon enfant ; du génie d'Adrienne je ne vous ai conté que les commencements.

II

La lune de laine

Si la représentation de l'hôtel du Gué,
où Adrienne Couvreur, qui ne s'appelait pas encore Lecouvreur,
fit ses débuts au théâtre,
ne comportait pas d'Achille avec emplâtre,
ni d'Ulysse au bras cassé, le malheureux Minou,
premier partenaire d'Adrienne Lecouvreur sur la scène
où ils jouaient ensemble l'un Polyeucte, l'autre Pauline,
s'évanouit de peur au milieu d'une réplique.
(Éventail représentant les « Petits comédiens ». Cl. Bulloz.)

TENEZ, ma chère enfant, asseyons-nous un peu. Ce théâtre de fortune est le lieu qui convient au fantôme d'une actrice ; il fait noir et l'on y voit à peine. Allumez cette bougie ; la flamme vacillera, et nos ombres animeront la scène. Et si l'on vous effleure le cou, ce ne sera rien qu'une chauve-souris plus aveuglée que vous.

Le théâtre qui vit les débuts d'Adrienne n'était pas même aussi vrai que le mien ; ce furent tréteaux d'aventure. N'allez cependant pas vous imaginer notre petite fille enlevée par des bohémiens, et dansant la moresque avec des comédiens ambulants ; Adrienne n'était pas non plus, comme l'Isabelle du *Capitaine Fracasse*, la fille secrète d'un duc et d'une comédienne. Non, elle fut bien ce que je vous ai dit : la triste enfant d'un père à demi fou et d'une mère apeurée. Et le chemin qui la conduisit au théâtre, elle le fraya seule.

Marie Couvreur, l'épouse du chapelier, avait une sœur à Paris. Dans sa détresse, la mère d'Adrienne vit là un possible secours ; un soir que son mari était ivre elle parvint à le convaincre de rejoindre la grande ville.

La tante d'Adrienne s'appelait Madeleine Bouly ; elle était blanchisseuse rue Férou. On se mettra là avec elle, en se serrant ; et il faut à Marie une autre femme à ses côtés, une sorte de seconde mère qui rassurera l'enfant : Marie Couvreur, épuisée, n'y parvient plus ; et elle a peur. Couvreur devant le monde ne pourra plus la maltraiter aussi aisément ; elle sera protégée des coups et des couteaux. Une blanchisserie, c'est plein de repasseuses et de laveuses ; et les pratiques passent à toute heure. La rue Férou lui apparaît comme un havre de calme et de paix.

La blanchisserie de Mme Bouly n'est pas dans le Paris des riches, celui des robes de soie et des senteurs parfumées ; c'est le Paris du peuple, où les ordures sont dans les rues et où l'on marche souvent dans la boue. Le quartier vit à l'ombre de l'église Saint-Sulpice ; les venelles sont étroites et bruyantes ; les voitures passent avec de grandes éclaboussures. Et la ville effraie l'enfant qui n'a jamais vu de si hautes maisons, autant de lumières, tant de monde affairé à courir, et qui n'a jamais entendu tant de vacarme.

Mais la blanchisseuse, mademoiselle, fut la bonne fée d'Adrienne.

Il est de ces femmes fortes qui vous secouent, vous attirent sur leur vaste poitrine et y enfouissent vos chagrins. Mme Bouly était dans l'épanouissement tranquille d'une quarantaine gaillarde ; comme elle était rebondie, elle respirait fort, et soupirait beaucoup. D'un coup d'œil elle vit le père Couvreur et son air abattu ; elle remarqua les yeux gonflés et rouges, le violet sur les joues ; elle aperçut à ses côtés une femme vieillie qui baissait la tête, et ne reconnut pas sa sœur. Puis elle vit Adrienne, en jupon rouge, les cheveux en broussaille et le visage gris de poussière, enveloppée d'une mante déchirée.

La bonne blanchisseuse fit l'un de ses gros soupirs, poussa les cris qu'imposaient les circonstances, posa là ses piles de chemises et ouvrit grands les bras ; Adrienne se retrouva couverte de caresses et de baisers sonores. En un tournemain les hardes étaient défaites, la fillette plongée dans un baquet de bois plein d'eau chaude ; le pain frais était sur la table, et dans la blanchisserie de la rue Férou les repasseuses et les laveuses s'attendrissaient sur Adrienne au bain au milieu des vapeurs et des exclamations. Songez, mademoiselle, à l'émotion d'une enfant qui a couru les routes, connu la faim et le froid, et qui n'était guère lavée... Soudain la voici enroulée dans un drap chaud, frottée par une grosse femme dont les yeux brillent de tendresse. Adrienne est arrivée.

Et c'était justement l'époque de la foire Saint-Germain.

Des foires, Adrienne en avait tant vu... Mais c'étaient des foires de gros bourg, avec des hommes lourds qui entraînaient le père Couvreur là où l'on pouvait boire. Adrienne les avait en horreur ; les meuglements des bestiaux, les cris des charretiers, le froid humide et la paille partout, et puis son père titubant avec des grognements de sanglier, voilà ce qu'était une foire. Quand la blanchisseuse décida d'emmener sa nièce à la foire pour fêter l'arrivée de l'enfant à Paris, Adrienne eut un mouvement de recul.

C'est là pourtant qu'elle fut pour la première fois au théâtre.

C'était un tohu-bohu épouvantable. Les laquais couraient en tous les sens, les équipages vous écrasaient, les chaises à porteurs se renversaient avec des bruits effrayants, les cochers se disputaient, les soldats se frayaient un chemin avec leur rapière, on entendait des sifflets, des tambourins, des trompettes, des fifres, des sonnettes, c'était un tintamarre à faire fuir. Ajoutez les infirmes, les mendiants, les marchands d'oublies que l'on nommait les « oublieux », les limonadiers, et vous aurez une faible idée du spectacle qui attendait la petite Adrienne. C'était pire que les foires de campagne ; au moins chez les paysans elle connaissait les animaux, mais qu'est-ce que c'était donc que cette petite bête velue avec des yeux humains, qui mangeait une pomme avec des mains d'enfant, et attrapait avec une longue queue les branches des arbres ? Heureusement qu'elle était attachée avec une chaîne ! Et pourquoi portait-elle une jupe à volants ?

Le montreur de singe fit sauter sa bête à terre et la fit danser en cadence. L'enfant se rassura.

Alors, levant les yeux, elle vit des robes comme elle n'en avait jamais vu : des jupes brillantes qui traînaient dans la poussière et que relevaient des mains très blanches jaillies des poignets de dentelle. Alors elle aperçut sur les chapeaux des cavaliers les plumes, qu'elle ne connaissait pas ; les femmes portaient sur le visage des masques qu'elles tenaient avec une longue tige, et sur leur gorge luisaient des boules nacrées.

Le jour était au peuple, mais quand la nuit venait c'était au tour de la noblesse de se montrer à la lueur des flambeaux. Les rois n'y venaient plus ; le vieux roi Louis XIV moins encore que les autres ; mais c'était un rassemblement de grandes dames et de princes du sang, qui aimaient à s'encanailler, et trouvaient leur amusement dans les batailles rangées entre leurs pages. En descendant de leurs carrosses les dames de soie laissaient voir des rubans, des dentelles...

Ce fut la première fois qu'Adrienne fit connaissance avec les vêtements qui seraient un jour les siens, dans cet autre monde inconnu. Elle ne se doutait pas que ces mêmes duchesses aux jupes de satin l'assassineraient pour finir.

Passé les premières peurs, ce fut l'enchantement. On vendait de tout à la foire Saint-Germain. Des broderies au petit point de Gênes, des diamants d'Alençon, des bonnets à la siamoise, de l'ambre gris, de la porcelaine... Les Provençaux vendaient des fruits étranges, ronds et jaunes, avec une peau luisante ; un Turc aux grosses moustaches noires proposait un baume de Perse, on marchandait ici des oiseaux, là des jouets, des dragées, des sucreries de toutes sortes que la tante s'empressa de fourrer dans la bouche de la petite. Partout on jouait aux dés. La blanchisseuse, qui s'arrêtait à chaque pas, passa vite devant la boutique où l'on proposait du café. « Boisson du diable ! » dit-elle d'un ton docte.

Et elle entraîna sa nièce dans une foule qui se pressait à l'entrée d'une baraque.

A l'intérieur on se taisait. Sur une table, une femme de belle allure tournait sur elle-même au son de petits violons ; quand l'œil s'habituait on voyait qu'elle avait trois épées fichées au coin de chacun de ses yeux, et les épées tournaient, tournaient si vite qu'on n'apercevait que des éclairs. Cette illustre personne qui fit les beaux jours de la foire s'appelait, je crois, Gertrude Boun, ou Boon, je ne sais ; mais on ne la connaissait que sous le nom de la « *Belle Tourneuse* ».

La tante regardait, ravie ; mais la petite était si stupéfaite de ses découvertes qu'elle ne manifesta aucune émotion. Était-ce horrible ? Était-ce beau ? C'était cruel et magnifique. La tante, déçue, attendit des joies enfantines qui ne vinrent pas ; même si l'on est petit, l'on ne passe pas si aisément du malheur à l'extase. La blanchisseuse soupira derechef.

Il était tard; la nuit était bien avancée, mais l'on continua. Adrienne regardait tout avec un étonnement muet. La tante avisa un magicien coiffé d'un chapeau pointu. Pour le rejoindre il fallait passer par une rangée de crapauds empaillés, de squelettes et de gros lézards; un chat noir dormait à ses pieds. La tante donna un sou pour savoir l'avenir d'Adrienne; le sorcier fixa la petite sauvageonne à peine éveillée de sa tristesse, et vit qu'elle avait de beaux yeux.

Il lui prédit qu'elle serait riche; qu'un grand seigneur tomberait amoureux d'elle; qu'elle aurait des jupons de soie et des perles; qu'elle serait célèbre.

« Mais comment cela ? » demanda la blanchisseuse enchantée.

Le mage leva un doigt vers le ciel.

« Le théâtre, chère dame! Le théâtre! »

La tante haussa les épaules et prit sa nièce par les mains. Il n'y avait aucune chance pour que cette enfant maigrichonne fasse un jour une comédienne. Adrienne n'avait pas de grâce.

C'est à elle que j'ai pensé en décrivant ma Consuelo enfant. La taille n'avait pas de rondeur, le visage était blême et triste, la fillette avait un air sérieux, indifférent à toutes choses; elle n'avait pas même frémi devant la Belle Tourneuse.

Adrienne, d'une petite voix, demanda ce qu'était le théâtre. La blanchisseuse, avec un autre soupir, l'arrêta deux pas plus loin.

« Tu veux voir ton avenir ? Regarde devant toi, sur les tréteaux. C'est cela, le théâtre. »

Et la petite aperçut une dame en robe vermillon, avec des bas blancs et une collerette autour du cou, et qui, derrière le dos d'un barbon au nez de cuir, lançait des baisers à un jeune garçon au regard vif. Adrienne ne compris rien à la scène; le barbon se mettait en colère, criait d'une voix grinçante, et menaçait de son bâton. Il fut rossé; le public rit de bon cœur et applaudit les comédiens qui saluèrent avec des révérences. La Colombine aperçut cette enfant blonde et frêle qui la regardait comme une madone, et lui sourit. Qui donc auparavant avait souri à la petite Adrienne?

Colombine et Scaramouche lui semblèrent les plus beaux qu'elle ait jamais vus. Son visage s'éclaira; elle savait désormais ce qu'était le théâtre; c'étaient un jupon rouge et un sourire de femme. La tante la prit par les épaules.

« Retourne-toi un peu? Mais tu souris, ma parole! »

Et la bonne femme emmena la petite coucher; après tout, le mage avait peut-être dit vrai. Lorsqu'elle souriait, Adrienne n'était plus la même.

La blanchisseuse avait des principes. Le bonheur d'Adrienne dura peu. Sa tante décida, pour son bien, de placer la petite sauvage chez les sœurs de l'Instruction chrétienne : on les appelait aussi les sœurs de la Très Sainte Vierge, et c'était tout près de la rue Férou, rue du Guindre. Elle y apprendrait à lire et à écrire, on y ferait son éducation; ni le père Couvreur ni sa femme n'eurent leur mot à dire; c'était fait. Il était temps de remédier aux carences de la famille Couvreur, et de transformer cette paysanne en une bourgeoise que l'on pourrait marier selon son rang.

Avez-vous été élevée dans un couvent? Alors vous savez comme moi les élans des jeunes filles et les violentes adorations dont elles sont possédées. Vous avez, vous aussi, des souvenirs passionnés où s'accrochent des prénoms perdus, vous avez oublié à qui appartenaient ces bras jetés autour du cou, cette tête qui sanglotait sur votre épaule et les baisers qui couraient sur votre peau frissonnante. Le couvent est austère, mais il est tendre...

Adrienne connut d'abord les pas feutrés sur les planchers de bois, le silence peuplé de froissements de toile et les chuchotements des prières; elle dut se lever à l'aube, et coucher sur des lits fort durs. Dans les commencements elle eut des regrets; la rue Férou était plus gaie.

Puis elle apprit le calme, le goût de la retraite et de l'étude; elle était comme toujours, une enfant sage qui ne montrait rien de sa passion. Elle cessa d'être sauvage, et devint simplement réservée; elle n'était pas de ces couventines qui chantent comme des pinsons et courent avec des cris joyeux; elle aimait lire sous les charmilles, et se retrouvait à la nuit, seule, oubliée, loin de la grande bâtisse où s'allumaient une à une les chandelles du soir. Adrienne ne s'ennuyait jamais; aux offices elle rêvait, et en perdait jusqu'au chant; les religieuses la grondaient souvent et la trouvaient absente. Elle grandit soudain, et devint une fine et longue jeune fille que l'on ne remarquait guère, sauf quand elle se mettait à sourire.

Lorsque j'étais au couvent, la plus laide des religieuses s'appelait Hélène. C'est le prénom de votre rôle dans la pièce que vous allez jouer, mon enfant; il me vient de cette héroïne de chair et d'os, cette religieuse extatique qui enflamma mon adolescence. Elle était d'une maigreur effrayante; mais quand elle priait, une lumière que je trouvais divine éclairait ses yeux ingrats. On la disait phtisique; elle mettait sa vie en danger par des austérités incessantes, et en adorant Dieu se rendait adorable. Je m'épris d'elle sans savoir ce qu'était l'amour; j'aurais voulu réchauffer ses pieds froids quand elle se couchait sur le marbre dans la chapelle, lui donner le souffle qui lui manquait et j'essuyais ses lèvres quand il y venait du sang.

Sans doute Adrienne eut-elle son Hélène, mademoiselle. Il faut bien que déjà elle ait peuplé son cœur, et je ne veux pas croire que mon aïeul ait fait grand-chose d'autre que réveiller en elle les sentiments enfouis qui lui venaient de son couvent; car rien n'égale ces affections passionnées auxquelles les hommes ne savent pas répondre. Il y faut un engagement entier et le goût de l'absolu : et c'est là qu'elle le trouva d'abord. Comme moi, il faut qu'Adrienne ait aussi goûté à Dieu; je l'imagine, ployée devant la croix, les bras allongés sur les dalles, en proie aux frissons qu'elle apporta plus tard au théâtre...

Son confesseur s'inquiète; l'âme de cette enfant est trop ardente, et le feu est trop vif qui commence à s'embraser enfin. Comme cela arrive souvent, on lui interdit les trop longues prières, les macérations excessives, les jeûnes volontaires; les couvents n'aiment point les âmes exacerbées et redoutent les cœurs désordonnés, surtout s'ils s'éprennent de Dieu. C'est l'époque où le vieux roi Louis se repent de sa jeunesse folle; l'époque où il est devenu bigot; l'époque où Mme de Maintenon a donné le ton à Saint-Cyr, où le théâtre sent le soufre et où l'on doit prier pour ses péchés, à défaut, pour ceux du souverain qui n'en finit pas de vivre sa vieillesse. Et à l'exemple de la Maintenon, on lit sous les arbres des pièces édifiantes et sérieuses.

Je ne peux me défaire de l'image d'une longue fille maigre qui, en vêtements gris, lit à haute voix Racine en marchant sur les feuilles mortes. Racine s'était assagi; il avait écrit *Athalie, Esther*; à son tour il s'était repenti. La Colombine de la foire Saint-Germain avait fait place aux femmes sacrifiées; nous étions bien loin du théâtre, mademoiselle.

Et pourtant il faut que son cœur se soit fortifié là, avec les vers de Racine, comme on apprend à se servir d'un couteau. Adrienne ne sait rien de l'amour des hommes; mais elle comprend, confusément; c'est tout l'art des jeunes filles. La poitrine se gonfle de sanglots retenus, qui ne s'adressent à personne et saluent le jour, un oiseau, une feuille qui tombe. On est amoureux sans savoir qui l'on aime, on pleure à propos d'une amie qui sourcille, on se prépare. On ne sait pas encore pour quelles noces.

Et au-dehors vit le monde, mademoiselle.

Adrienne n'était pas enfermée; elle allait voir sa famille rue Férou. C'était là que brusquement se retrouvaient les cris et les rires de la blanchisserie, l'agitation des rues et le souvenir de Colombine. La tante attrapait sa nièce, la couvrait de caresses, étudiait du regard la poitrine, désespérément plate, la peau, qu'elle jugeait blême, et la bourrait de douceurs; elle maudissait toujours le café, mais raffolait du chocolat, qu'elle dégustait en se tachant le coin des lèvres, avec de petits soupirs de volupté. C'était un luxe parisien dont elle faisait profiter Adrienne : entre le couvent et la tante l'enfant balançait. D'un côté, c'étaient de secrètes ardeurs et une solitude enflammée; mais de l'autre c'étaient le chocolat et le sourire de Colombine.

La blanchisseuse, parmi ses pratiques, comptait un comédien qui s'appelait Le Grand. Il n'appartenait pas à ces gloires illustres dont le nom a survécu, et je vois que vous écarquillez les yeux... Ne cherchez pas; il ne vous rappellera rien. Il n'en faisait pas moins partie de la troupe des Comédiens du Roi, où il tenait les premiers rôles. Un jour, par mégarde, il oublia sur une pile de linge un ouvrage de Racine. Adrienne le vit, voulut rattraper l'homme qui avait déjà disparu. Elle ouvrit le volume et commença de lire.

Ah, mademoiselle, c'était l'autre Racine! Il s'agissait bien des lamentations d'Esther et des imprécations d'Athalie... Comme s'il s'agissait d'un rêve, Adrienne s'assit lentement dans un coin; on ne l'entendit plus. Et le monde autour d'elle s'évanouit.

Adrienne lisait *Bérénice.*

Vous souvenez-vous de cette reine abandonnée? Mais je m'égare, mon enfant : quelle comédienne ne la connaîtrait en effet... Vous êtes trop jeune encore pour avoir pris ce rôle; quand viendra le premier fil blanc sur votre chevelure rousse, vous serez Bérénice à votre tour. Il vous faudra vous tordre l'âme comme une tresse de cheveux mouillés, mademoiselle, et lui faire exprimer toute la douleur dont elle est capable. Cette douleur de Bérénice atteint Adrienne en plein cœur.

D'abord elle ne comprend pas l'histoire de cette femme trop aimée et qui va souffrir sans raison. Il n'y a pas dans *Esther* de ces cris passionnés; Adrienne s'étonne des duretés de l'hésitant Titus, elle redoute avec la reine exilée un danger qu'elle ne connaît pas. Le mot « empereur » ne lui rappelle qu'un vague Arlequin qu'elle a vu sur les tréteaux de la foire Saint-Germain, et qui faisait mille tours dessous une pancarte où il était écrit : *Arlequin, Empereur de la lune.* Est-ce que la lune et Rome se ressemblent? Et que veulent dire ces mots, Titus est amoureux?

Il y a là de l'obscurité. Mais la fillette baigne dans une musique qu'elle reconnaît, et sent des émois douloureux. Oui, l'enfant Adrienne aura éprouvé sans comprendre les cruautés du doute, les illusions de la reine de Palestine, son désespoir. Si l'on voulait la séparer de l'Hélène inconnue que je lui soupçonne, elle serait aussi malheureuse que la reine Bérénice.

Elle a oublié la blanchisserie; elle n'entend plus les cris de la rue ni les bavardages des laveuses; elle ne voit plus les poules à ses pieds dans la paille. Elle est à Rome, par une nuit qui voit le couronnement de Titus, avec les torches de la foire Saint-Germain, et Bérénice porte une robe avec une traîne de satin...

Une main se pose sur son épaule.

« C'est donc toi, petite, qui m'as volé ce livre... Mais il me semble que tu le lis? Réponds-moi! Comment t'appelles-tu? »

C'était l'acteur Le Grand revenu sur ses pas, et qui cherchait son livre égaré. Mais Adrienne entendait à peine; quand il lui releva la tête, Le Grand vit des yeux baignés de larmes, des yeux qu'il n'oublia jamais. Elle n'avait pas dix ans; elle lisait Bérénice, et elle pleurait!

Le Grand s'assit sur le banc, et lut à côté d'elle, d'une voix douce :

Hélas, pour me tromper je fais ce que je puis...

« Et cela te fait pleurer, petite? Sais-tu seulement ce qu'est le théâtre? Allons, donne-moi ce livre; ce n'est pas de ton âge, et l'on n'aimerait pas te voir lire ces choses-là. Allons! »

La blanchisseuse accourut, et gronda Adrienne; elle allait ennuyer M. Le Grand; on ne prend pas les affaires des pratiques, et puis, qu'est-ce que cela, lire en dehors du couvent? Elle le dirait aux religieuses, et l'on verrait de quel bois on se chauffe.

Il fallut bien rendre le livre. La blanchisseuse regarda s'éloigner sa nièce et comme toujours soupira.

« Ah! monsieur Le Grand! Elle n'est pas ordinaire, celle-là! Je ne sais ce que nous allons faire d'elle, avec ses rêveries et son air de sournoise... »

Le Grand se récria. Il connaissait Madeleine de

longue date. Sans doute avait-il un peu partagé son lit de temps en temps ; assez pour la rassurer en lui prenant la taille.

« Elle aura de beaux yeux, vous verrez, Madelon ; et de cela nous verrons ce que nous pouvons faire, je m'en porte garant », décréta l'acteur, embrassant la blanchisseuse dans le cou.

La blanchisseuse soupira comme à son ordinaire et, d'une tape sur le dos, fit prestement rentrer l'enfant dans la maison. Il n'était pas bon que Le Grand regardât la petite de trop près.

Il courait toutes sortes d'histoires sur le compte de M. Le Grand. Le comédien revenait de la Cour de Pologne, il avait joué devant l'électeur de Saxe ; il n'avait pas froid aux yeux, et c'était un farceur. N'avait-il pas, un jour qu'il jouait le rôle de Thésée, arrêté tout net la représentation et harangué le parterre qui le conspuait ? Il se savait mieux doué pour la comédie, le rôle d'un demi-dieu ne lui convenait guère, d'ailleurs il s'ennuyait lui-même. C'est tout cela qu'il dit aux spectateurs médusés ; puis il acheva son discours en leur envoyant, superbe, une phrase qui le fit huer : « En outre, messieurs, il vous est plus facile de vous identifier à moi que pour moi de me charger de vous ! »

Et il ôta son casque à plumes avec un grand salut.

Une autre fois, à un mendiant qui lui chantait un *De profundis*, comme on fait pour remercier d'une aumône...

« Vraiment, l'ami, fit l'acteur, me prenez-vous pour un cadavre ? A la place de votre *De profundis*, ce serait bien de changer en *Domine salvum fac regem*, Dieu sauve le roi, puisque je joue leurs rôles à l'un et à l'autre deux ou trois fois la semaine ! »

Le mendiant ne rit pas. Mais les amis de l'acteur à

qui il destinait cette boutade s'esclaffèrent : Le Grand était un comique.

Quand il lui dit que la petite aurait un beau regard, la blanchisseuse crut à une plaisanterie.

Puis elle n'y pensa plus.

Adrienne sortit du couvent à treize ans; elle aiderait sa tante à la blanchisserie. Mme Bouly eut bien du mal à lui apprendre le métier; la fillette se trompait dans les piles, mélangeait les jabots et les jupons, rêvait dans les dentelles et se faisait houspiller deux à trois fois par jour. Il n'y avait plus de promenades sous les charmilles; le calme du jardin avait disparu, ainsi que les élans des jeunes filles. Adrienne n'avait personne à qui parler; elle était plus seule qu'elle ne fut jamais.

« Voilà encore ma rêveuse, grondait sa tante. Mais que peux-tu faire toute la journée à lorgner les nuages ? Secoue-toi ! Te voilà avec un livre à la main, je parie ! Il n'est plus temps de lire, ma petite. Est-ce que je lis, moi ? »

Mais Adrienne lisait. Rien ne pouvait l'empêcher de lire, sauf la nuit quand on soufflait les chandelles pour tout le monde. Et même dans le noir, comme nous maintenant que la bougie s'éteint, elle se répétait les vers qu'elle avait lus.

Laissez-nous dans l'obscurité, mademoiselle. Pour conter un premier amour, l'ombre est plus favorable que le jour.

Car il arriva ce qui devait arriver, mon enfant. Un jour, un commis qui venait chercher du linge s'arrêta et la vit plongée dans un livre; il avait son âge, et tout ce que je sais de lui, c'est qu'il s'appelait Stéphane et qu'on le surnommait Minou.

Minou savait lire aussi; il ne tarda pas à comprendre

que pour gagner les faveurs de la nièce de la blanchisseuse, il fallait en passer par les livres.

Chaque fois qu'il passait dans la cour où Adrienne pliait les draps, il lui chuchotait un vers pris dans une tragédie, qu'il avait soigneusement répété le matin pour ne pas l'oublier. Minou avait raison, mon enfant : Adrienne en effet s'étonna, et s'aperçut qu'il y avait là un jeune homme qui savait des vers. Il n'était pas trop mal tourné; elle prit l'habitude de lui sourire. Cela devint un jeu; elle lui répondait avec un autre vers, sorti de sa mémoire et qui n'allait jamais. Étrange dialogue, mademoiselle : ils se parlaient en vers qui ne voulaient rien dire.

Puis un jour les vers s'accordèrent. Les deux enfants eurent un sourire radieux. Le jeu changea de tournure; désormais, c'était chaque jour un pan de tragédie, bientôt une scène; cela n'en finissait plus, et la blanchisseuse se fâchait. Minou parvint à donner un rendez-vous à celle que déjà il appelait sa bien-aimée; l'innocente Adrienne n'y vit point de mal, et les voilà au Luxembourg, sous les marronniers, se tenant par la main.

Il fallut au pauvre Minou une formidable mémoire pour faire sa cour en vers, mais il s'y appliqua. Adrienne était enchantée; il lui semblait qu'elle était retournée au couvent, et que Minou ressemblait à ses amies perdues.

Ce ne fut pas cette fois-là qu'il osa lui parler en prose.

Mais au troisième rendez-vous Minou posa un baiser sur la joue d'Adrienne. Elle ne dit rien, et ce fut lui qui rougit. C'était comme si elle n'avait rien senti; elle demeura silencieuse, puis levant ses beaux yeux tranquilles elle lui demanda si c'était encore du théâtre.

Minou ne sut que répondre, et finit par acquiescer. Ce ne pouvait être que du théâtre ; et s'il sortait du jeu, il effaroucherait celle qu'il voulait charmer.

« Alors, si nous faisons du théâtre, je veux bien te rendre ton baiser. »

Et elle approcha ses lèvres arrondies en forme de baiser, sans toucher la peau de Minou.

Savez-vous comment on appelle le moment du premier baiser ?

Vous connaissez les noces de coton, celles d'argent, celles d'or... Elles sont, dans l'institution du mariage, l'occasion de belles solennités privées et de douces fêtes de famille ; quand l'âge vient les enfants entourent leurs parents, et l'on s'attendrit. Mais le premier baiser est une noce inconnue. On l'appelle « *la lune de laine* ».

Il fallut encore de longues semaines avant qu'Adrienne et Minou célébrassent leur lune de laine. Mais un jour le jeu alla si loin que leurs lèvres enfin s'atteignirent.

Adrienne n'eut jamais d'autres noces que celles-ci, mon enfant : le baiser de Minou sous les marronniers du Luxembourg. Ils étaient fiancés, cela allait de soi. Le cœur de Minou éclatait ; l'air était soudain transparent, Adrienne cette fois rougissait, c'était l'amour, mademoiselle.

Non, j'ai tort, ma chère enfant. Minou, vous l'allez voir, était amoureux...

Mais notre Adrienne était encore au théâtre. Puisqu'ils s'aimaient d'amour, et puisque c'était fait, ainsi sont les enfants, il fallait le déclarer publiquement, décida-t-elle. Il fallait faire vraiment du théâtre, avec de vrais costumes, et sur de vrais tréteaux. Minou s'enthousiasma ; oui, on allait dévoiler à travers le théâtre cet amour qui lui était dû.

Ils réfléchirent longtemps avant de choisir *Polyeucte*. La chose était moins risquée qu'une de ces pièces sulfureuses où des reines languissaient pour des empereurs qui les délaissaient; et Bérénice attendrait.

Pendant de longues semaines ils apprirent leurs rôles; Adrienne serait Pauline, et Minou Polyeucte puisque c'était le rôle de son époux. La chose allait de soi.

Adrienne au milieu des piles de chemises chuchotait les vers de Corneille. Et Minou en venant chercher les paquets lui parlait à l'oreille, mais c'était toujours du Corneille. Les rendez-vous du Luxembourg furent bientôt consacrés à la grande affaire de la distribution : il fallait trouver des acteurs pour les autres personnages, et surtout, dénicher un Sévère qui ferait l'amoureux.

Minou s'aperçut un peu tard que le pauvre Polyeucte, s'il est héroïque, n'était pas le mieux fait pour déclarer sa flamme; il tenta vainement de récupérer Sévère à son profit, montra à son amoureuse sur les pages du livre ce qui était imprimé. « Sévère, aimé de Pauline... » Mais Adrienne ne voulut rien savoir. Minou serait Polyeucte, époux de Pauline; le jeune homme en fut désespéré.

Il finit par trouver un étudiant désœuvré et que l'entreprise amusait; il prit grand soin de ne pas le choisir trop bien fait. Puis l'un après l'autre il conduisit dans la blanchisserie les apprentis comédiens qui composeraient la petite troupe. Adrienne réfléchit, toisa les jeunes gens, répartit les rôles, et donna à chacun sa partie.

On répétera dans la cour du voisin qui vient de partir en province; on placera deux tréteaux, une table bien solide, trois bancs; Adrienne a volé un vieux rideau troué qui fera merveille.

On ne va plus au Luxembourg. On travaille.

Et c'est ainsi qu'un jour la blanchisseuse trouva ces enfants qui jouaient au théâtre, dans une cour de la rue Férou, entre les rosiers et les chats.

Aux fenêtres elle voit les têtes des voisins qui écoutent; Adrienne dit la tragédie avec une voix qui, déjà, atteint l'âme. Les poings sur les hanches, la blanchisseuse retient les gronderies qu'elle s'apprêtait à crier; elle s'assied et écoute à son tour. La prophétie du mage était donc véritable ? Adrienne pourrait donc devenir une actrice ?

Mme Bouly sortit sur la pointe des pieds pour ne pas les déranger; les enfants ne l'avaient pas vue. Et elle attendit Le Grand avec une légère fébrilité. Il ne vint que le lendemain.

« Monsieur Le Grand! s'écria-t-elle. Venez avec moi; il le faut. Je voudrais vous montrer quelque chose. »

Et elle l'entraîne dans la cour du voisin.

Adrienne est dans la scène pendant laquelle Pauline résiste à l'amour adultère qui l'entraîne vers Sévère.

Il y a là toutes les voisines, l'une avec son enfant qui braille dans ses bras, et qu'elle tente vainement de calmer; les chats se poursuivent en miaulant, un coq chante sur un petit tas de fumier; au loin, on entend passer le marchand d'eau qui crie, et des gamins qui se chamaillent. Adrienne est toute décoiffée dans sa robe grise de couventine; un de ses souliers bâille sur un pied nu.

Mais elle se moque de son apparence et n'entend rien du bruit. La jeune voix s'élève, unique.

Un je ne sais quel charme encor vers vous m'emporte...

Comme elle dit cela... En face d'elle le gros adolescent qui tient le rôle de Sévère s'est barbouillé tout le menton de noir pour se faire une tête de Romain ; il roule des yeux effarés pour mieux exprimer son amour ; Minou, sur le banc, ronge son frein.

Mais Adrienne ne voit pas son amoureux qui souffre ; elle n'aperçoit pas la fausse barbe de bouchon brûlé sur les bonnes joues rouges de son partenaire ; elle n'entend que le rythme de son propre cœur qui l'entraîne.

Vient la fin de la célèbre scène qui fit pleurer la Cour du grand roi ; Sévère et Pauline se séparent, assurés de leur amour et certains qu'il est impossible. L'enfant Sévère s'époumone :

Adieu, trop vertueux objet, et trop charmant...

Caché derrière l'embrasure du portail, M. Le Grand se tient les côtes et rit de bon cœur. Il n'a jamais été à pareille fête : des gamins qui font du théâtre ! Mieux encore, de la tragédie ! Et du Corneille, encore ! Voilà qui passe l'imagination... Le jeune Sévère a crié le vers selon l'art de l'époque ; il déclame, il est très fier. C'est au tour d'Adrienne de répliquer.

Mais c'est dans un soupir qu'elle répond, comme si elle se parlait à elle-même...

Adieu, trop malheureux et trop parfait amant...

Pour le coup Le Grand ne rit plus.

La blanchisseuse écrase une larme avec le coin de son tablier. Dans le silence passe le sifflement aigu d'un martinet. La scène n'est plus Paris, mademoiselle ; c'est Métilène, capitale de l'Arménie, c'est le souffle du désert et l'Orient extrême, les cyprès et les murets de pierre sèche ; et l'on voit souffrir la vertueuse épouse d'un chrétien qui sera bientôt martyr. Le vent tragique a tout envahi. Même le cœur féroce du comique Le Grand qui, saisi d'étonnement, comprend en un instant le miracle qui s'accomplit sous ses yeux.

Le destin d'Adrienne vient de se jouer.

Le Grand tire la blanchisseuse par le bras, et lui parle tout bas : cette aventure est à n'y pas croire, mais c'est entendu, il faut que cette pièce soit jouée. Qu'elle laisse les enfants répéter ; qu'elle n'accable pas sa nièce de travail, le temps que ce petit théâtre aille jusqu'à son terme. Elle trouvera bien ici et là de vieilles fripes pour les costumes ; lui se chargera d'amener le public. Il viendra voir où en sont les répétitions de *Polyeucte* et décidera lui-même de la date de la représentation publique. La blanchisseuse attentive acquiesce sagement. Ah, et puis il ne faudra pas dire à la petite que M. Le Grand est venu l'écouter ; cela pourrait l'effrayer.

L'acteur s'en fut nonchalamment ; il avait son idée.

Le soir même il dînait chez la présidente du Gué, grande dame de la magistrature, férue de théâtre et de nouveauté ; au demeurant, elle avait fort bon cœur. C'est l'un de ces dîners où l'on se tient dignement ; l'on y échange d'honnêtes propos ; la présidente est éclairée mais prude. On cause, par petites tables ; au milieu des éclats de voix et des tintements de verres, Le Grand attend qu'on lui demande, c'est la coutume, les derniers potins de la Comédie qui n'en est pas avare. Et c'est ce qui se passe.

« Que dit-on de neuf à la Comédie, monsieur Le Grand ? » lui demande la brave présidente d'un air gourmand.

Le Grand tourne et retourne son verre comme s'il contemplait le reflet du vin, et se tait.

Car c'est un acteur, mademoiselle; et je gage que vous savez aussi préparer ces effets.

« Je suis comme le Misanthrope du grand Molière, mesdames; je préfère *J'aime mieux ma mie ô gué* à tout le théâtre de Paris », dit-il au milieu d'un grand silence.

Cette énigme surprend; on l'interroge. Il répond qu'en effet, au jeu de la Champmeslé dans une pièce de Racine, il préfère des enfants qui jouent Corneille dans une cour de la rue Férou.

Comme on sait la réputation de Le Grand, on rit beaucoup; mais il insiste... La présidente lui demande s'il a rêvé; il jure qu'il a vu jouer *Polyeucte* à deux pas de chez elle, dans la rue Férou. Et il raconte les prouesses d'Adrienne avec une telle conviction que la présidente, en battant des mains joyeusement, se met de la partie, et veut l'aller voir : M. Le Grand a obtenu ce qu'il voulait.

Le lendemain, les enfants qui répétaient *Polyeucte* ne virent pas, tant ils étaient absorbés, M. Le Grand entrer dans le fond de la cour. A son bras s'appuyait une dame masquée, et qui retenait son souffle. La présidente du Gué fut conquise; la représentation aurait lieu dans la cour de son hôtel; elle lancerait les invitations, et posterait ses suisses à l'entrée.

La cour de la rue Férou s'était peuplée de badauds; la rumeur avait couru dans tout le quartier qu'il ne fallait pas manquer la nièce de la blanchisseuse en train de répéter du théâtre. Un jour Le Grand, qui venait surveiller l'avancement des répétitions, tendit l'oreille. Il y avait là sur un banc un vieil habitué de la Comédie, et qui grognait : cette petite ne dit pas les vers comme il faut qu'ils soient dits, il faut de la déclamation, il faut une voix qui tonne, et le voilà qui s'y essaye avec de grands moulinets de bras, en levant sa canne à grand bruit...

« Bon, songe Le Grand. Il va déranger ma petite. »

Mais rien ne peut distraire Adrienne. Toute pâle, elle fixe un vide en face d'elle; on la dirait suspendue. Ah, que n'ai-je été comédienne, mon enfant! Je connais un peu de ces émotions-là; j'ai souvent vu Dorval dans cet état que je vous décris et que vous connaissez, j'en suis sûre. Je les trouve parfois la nuit en noircissant des pages; mais sans public, l'émotion se dilue.

Le Grand voit que sa « petite » n'a pas bronché; il se sent fier, sans raison. Si l'habitué est venu, c'est que la rumeur est bonne.

La blanchisseuse sera priée de conduire Adrienne à l'hôtel du Gué; la présidente veut lui trouver de quoi lui faire un costume convenable. Une grande agitation règne chez la blanchisseuse, qui ne cesse de soupirer, jauge sa nièce, la soupèse, la palpe, et s'émerveille de l'aventure.

« Tiens-toi droite, lui dit-elle sur le chemin. Ne baisse pas la tête... Dirait-on que tu vas jouer Pauline, vraiment! Et puis, l'on n'est pas si laide après tout... »

La présidente à son tour s'empare de la jeune fille, l'embrasse, la caresse, tâte sa taille, ses seins et envoie chercher une vieille robe de chambre à parements de taffetas jonquille qui fera l'affaire pour le costume de Pauline. Une camériste papillonne autour d'Adrienne, et pince le tissu pour l'ajuster; la présidente a ce qu'on appelle dans les campagnes des avantages, alors qu'Adrienne n'a toujours pas de poitrine; elle sera toute sa vie un peu plate. Enfin, au bout d'une heure on vient à bout de la robe; on place en travers du buste une longue écharpe céladon pour donner un air romain à cette tenue improvisée. Reste la coiffure.

La présidente rêve un instant, et retrouve trois marabouts blancs que l'on accrochera aux boucles. Poudrées, elles seront parfaites.

La blanchisseuse contemple avec ravissement la nouvelle Adrienne. Ses cheveux sont pleins de farine; la robe de chambre a sous les aisselles des taches brunies; les franges d'or de l'écharpe sont un peu ternies, mais la jeune fille est belle. Belle comme jamais ne l'a vue Mme Bouly sa tante.

M. Le Grand s'est chargé de propager l'événement; il est sûr d'avoir attiré des fervents de la Comédie que cette affaire amuse. Pour plus de sûreté, la présidente a fait imprimer de petites affiches où le nom d'Adrienne Couvreur, qui n'est pas encore Lecouvreur, sera écrit en grosses lettres, pour la première fois.

Ah, ces affiches, mon enfant!

Tout le mal est venu de ces affiches.

Le grand jour était venu; l'affairement était extrême, la blanchisseuse et ses servantes couraient partout pour attacher ici un voile, là une toge; il fallait veiller à tout, ne pas faire chuter les lumignons de la rampe, ne pas se prendre le bas des robes dans les pieds des laquais qui disposaient les bancs dans la cour de l'hôtel du Gué, rassurer Sévère qui tremblait de peur, et Minou qui n'en menait par large... Il ne fallait pas compter sur Adrienne : nichée sur une marche, à l'abri du passage, elle répétait son texte, les yeux rivés à la nuit qui tombait.

Il vint en effet du monde; Le Grand avait réussi. La Cour, la ville, la Comédie étaient là; c'était un public qui parlait fort et qui s'habillait bien; la petite scène improvisée plut beaucoup, et l'on s'apprêta à se laisser charmer quoi qu'il advienne.

On ne critique pas des enfants qui jouent au théâtre ; on s'émerveille.

Mais, comme les voisins de la rue Férou, les spectateurs venus pour rire découvrent Adrienne pour de vrai.

Elle respire enfin le souffle muet du public, elle l'entend vivre dans le noir, c'est comme si soudain elle tenait leur cœur dans le creux de ses mains... Elle pleure ; Pauline sera admirable, il le faut. Il faut que ces inconnus versent à leur tour des larmes dans l'obscurité...

Le grand silence du vrai théâtre est descendu dans la cour de l'hôtel du Gué. C'est à ce moment précis que l'on entend des coups qui frappent au portail, rudement.

Minou, le fameux Minou, était justement dans un vers qui n'était pas facile.

Soutiens-moi, Fabian, ce coup de foudre est grand !

On rit sous cape ; le coup de foudre frappe à la porte ! Minou n'y tient plus, et glisse à terre, évanoui. On n'a pas même le temps de lui porter secours que la porte s'est ouverte de force.

Le croiriez-vous, mademoiselle ? Ce sont les exempts du lieutenant de police qui font une entrée stupéfiante au milieu des spectateurs. De loin, ils crient des choses que les enfants ne comprennent pas : qu'on arrête la représentation, qu'ils ont un ordre écrit, et que le spectacle est interdit !

La présidente est rouge de colère ; qui ose ainsi troubler ces innocents amusements ?

Mais l'ordre qu'on lui met sous les yeux est formel. Il y est écrit noir sur blanc que seuls les « Comédiens du Roi » ont le droit de jouer *Polyeucte*. Le roi leur a concédé ce privilège auquel ils n'entendent pas renoncer.

Le public proteste, crie au scandale... Chansons! Les exempts de police ne peuvent pas céder. Le Grand demeure silencieux. L'un de ses camarades aura vu la petite affiche, ou bien le vieil habitué grincheux qui levait sa canne l'autre jour aura apporté au théâtre le papier collé du mur. Les Comédiens du Théâtre-Français appliquent le règlement; le temps n'est pas si loin où ils devaient, eux aussi, se battre pour défendre leur maison. Le Grand, qui sait tout cela, se tait. Il a toujours son idée en tête.

Les enfants pleurent, ils ont peur; la blanchisseuse pousse des soupirs à fendre l'âme; le père Couvreur menace de loin avec une voix avinée, et, dans un coin de la cour, un médecin s'occupe à saigner le pauvre Minou pour le faire revenir de son évanouissement. Adrienne sanglote.

C'est une si grande bousculade que l'exempt menace de conduire tout le monde chez le lieutenant de police. Dès lors, l'un après l'autre s'en vont les invités de la présidente du Gué qui demeure interdite : il n'est pas d'autre mot.

Le Grand n'attend même pas que cessent les pleurs des enfants. Il se laisse tomber sur le banc à côté de la présidente accablée, et c'est lui qui lui souffle à l'oreille l'idée qui la fait se lever, comme mue par un ressort. Le Temple! Bien sûr, l'Enclos du Temple!

Savez-vous ce qu'était le Temple, mademoiselle? Je suis sûre que vous l'ignorez; il m'a fallu un certain temps avant d'en comprendre le pouvoir.

C'est un lieu en vérité bien étrange. La grande ombre de l'ordre des Templiers n'y est plus qu'un confus souvenir; mais de leur puissance disparue demeurent quelques traces. L'Enclos du Temple est doté d'une franchise et d'un droit. La franchise autorise les artisans à exercer leur métier en échappant aux contraintes royales; quant au droit, il était d'asile, et permettait aux opprimés de fuir les injustices. Certes, voleurs et assassins n'y trouvaient point refuge; mais les endettés pourchassés y avaient depuis longtemps leurs aises.

Quand la présidente du Gué décide de transporter *Polyeucte* dans l'Enclos, c'est un vaste jardin bordé d'agréables maisons : là vivent les libres artisans, et, dans des appartements loués par l'autorité du Temple, les débiteurs et les joueurs, en toute tranquillité. Les esprits éclairés s'y retrouvent; on peut y donner libre cours aux critiques contre le roi et ses excès. On y philosophe volontiers; on y fait de la musique et du théâtre. En dépit de règles rigoureuses, c'est un endroit fort à la mode; au demeurant les contraintes, quoique très respectées, étaient faibles. Il était interdit de dissimuler son nom, sa qualité; on ne pouvait y accueillir des femmes de mauvaise vie; on n'avait pas le droit d'y porter l'épée, non plus que le bâton.

Et cependant, mademoiselle, en ce temps-là régnait sur l'Enclos du Temple un bien grand débauché. Le grand prieur Philippe de Vendôme était ce qu'on appelait à l'époque un libertin. Ce mot pouvait s'entendre en deux sens, dont l'histoire n'a retenu qu'un seul. On était libertin si l'on luttait contre la religion, et si l'on se battait pour les Lumières de la Raison; le héros de mon roman *Consuelo*, Albert de Rudolstadt, est un libertin si l'on veut. L'on était aussi libertin si l'on menait une vie de débauche; et tel était le grand prieur de Vendôme, qui ne se couchait jamais sobre, et jamais seul. Mais s'il lui arrivait d'expulser, c'était pour favoriser une évasion, jamais pour livrer au roi un présumé coupable. Il aimait les arts et la vie. Il avait tant excédé les limites de son pouvoir qu'il avait été exilé loin du Temple. Mais son esprit y demeurait; l'entreprise de la présidente ne pouvait manquer de réussir.

Dès le lendemain on transporta les draperies romaines et les jeunes acteurs dans les jardins du Temple; personne, sauf le grand prieur lui-même, ne pouvait désormais les en chasser. Mme Bouly tordit un peu le nez; son Adrienne dans un pareil endroit, une enfant si jeune et si pure!

Le Grand calma ses inquiétudes; il veillerait sur la petite. Et si elle voulait vraiment devenir comédienne, elle en verrait bien d'autres...

On donna trois représentations de *Polyeucte* dans l'Enclos. Piqués au vif s'y retrouvèrent tous les spectateurs de l'hôtel du Gué, auxquels vinrent s'ajouter les débonnaires habitants du Temple. Les Comédiens enragèrent mais n'y pouvaient rien. Le public trouva délicieuse l'enfant qui jouait Pauline; de belles dames lui offrirent des dragées en lui caressant la tête.

Adrienne avait découvert l'épuisement heureux qui suit la représentation; ses jambes flageolaient, elle se sentait faible, près de tomber, cependant qu'autour d'elle ces grands seigneurs la flattaient de compliments avec leur parler précieux... Ce soir-là elle fit connaissance avec l'odeur sucrée de leurs parfums; elle ne devait plus l'oublier. Qu'avait-elle fait cependant? Presque rien; elle avait joué Pauline dans *Polyeucte* : une tragédienne était née.

Adrienne n'avait que treize ans, mademoiselle.

Personne ne s'empressa autour du malheureux Minou qui vit disparaître l'étoile de ses nuits au milieu des velours et des soies des seigneurs. La lune de laine était finie. Dans l'ombre, M. Le Grand attendait son heure.

« Trop sensible, murmurait-il entre ses dents ; si elle continue à se mettre tout entière dans ses rôles, elle s'usera. Tout doux, maintenant, mademoiselle Couvreur, tout doux... Je vais vous réfréner cette passion-là. »

Le soir même, il proposa à la blanchisseuse de prendre la petite en pension chez lui, pour la former à l'art du théâtre. Mme Bouly devint écarlate, et se récria :

« Vous n'y pensez pas, mon ami ! Et que dira le monde ? Adrienne est jeune fille, elle peut être belle, et vous... »

Le Grand coupa tout net.

« Moi ? Mais je suis pourvu, ma chère ! J'ai ce qu'il me faut sous mon toit ; je vous demande mille fois pardon de devoir vous le dire avec cette franchise, c'est vous qui m'y poussez... D'ailleurs vous le savez ; ne faites pas cette mine fâchée. »

La blanchisseuse convint qu'en effet elle n'ignorait rien de la jeune maîtresse qui vivait avec M. Le Grand. Un de ces gros soupirs familiers fut le signe de son consentement. On en parlerait aux parents pour la forme ; mais il y avait beau temps que le père Couvreur et son épouse ne prenaient plus de part aux décisions concernant la petite.

Cependant la blanchisseuse a le sens de la famille et celui de l'élévation ; il lui faudra des garanties, et un emploi au théâtre. Le Grand promet ; il jure, il s'engage. Mme Bouly se résigne, et l'affaire est conclue.

Adrienne ne sait pas encore qu'elle vient de sortir de l'enfance.

C'est ici que je vous laisserai, mademoiselle, au

moment où commencent ses vrais apprentissages. Nous reprendrons tout à l'heure après souper ; car je sens qu'il est tard, et l'on doit s'inquiéter.

J'aperçois à travers la porte la lueur d'une lampe qu'on apporte ; on vient nous chercher. Aidez-moi à me relever ; et retournons chez nous.

III

« Nemours »

Quand Adrienne Lecouvreur fait ses débuts en province,
le style théâtral est encore empreint
de la raideur compassée qui convient
à la fin du règne de Louis XIV.
Et déjà elle se fait connaître par sa diction « naturelle » ;
une vraie révolution au théâtre.
(Cl. Bulloz.)

Nous voici de nouveau seules, mademoiselle. Je ne sais si son ombre nous inspire le respect ; je n'imagine pas raconter l'histoire d'Adrienne devant qui que ce soit excepté vous, chère petite. Le théâtre... Il faut que ce soit le théâtre, décidément. Je ne veux partager ces secrets qu'avec vous ; il y a du testament dans l'amitié que je vous porte ; vous êtes sans le vouloir une sorte de légataire, et c'est vous et moi que le hasard et les dieux ont choisies pour cette aventure.

Défaites vos souliers, mon enfant ; la nuit avance, il ne fait pas chaud, mais le feu dans la cheminée flambe et nous sommes toutes deux dans l'obscurité. Je veux voir vos bas fins et même vos petits pieds nus ; le doux fantôme que j'évoque n'en sera que plus familier. Personne ne veille plus que nous, et il ne reste, pour nous servir, que ces petites flammes tremblantes et courtes. Juste ce qu'il nous faut, mademoiselle Sarah.

Nous étions restées au moment où la jeune Adrienne s'en va chez l'acteur Le Grand pour y apprendre l'art du théâtre.

On n'introduit pas impunément Adrienne Couvreur sous son toit, mademoiselle. Elle n'y fera rien de mal, assurément ; mais enfin elle est ce qu'elle est, et une autre femme habite déjà la maison. Nul ne sait ce que Le Grand préméditait vraiment avec cette confrontation. Ce qui est sûr, c'est qu'il y avait là sa jeune maîtresse Catherine; elle avait vingt ans, elle était blonde, elle avait son destin assuré, et commençait une assez brillante carrière de fille galante. Nous savons aussi, je ne crois pas vous l'avoir dit, qu'elle avait été servante chez la présidente du Gué, où Le Grand l'avait rencontrée, qui l'avait trouvée à son goût. Et j'ai tout à fait oublié de vous signaler qu'elle était également une vague parente de la blanchisseuse, et donc une lointaine cousine d'Adrienne Couvreur.

Telle était d'ailleurs la raison pour laquelle la blanchisseuse ne pouvait rien ignorer : Catherine était la fille perdue de la famille. Le Grand avait compté sur l'existence de Catherine pour rassurer Mme Bouly; et puisqu'il avait déjà séduit l'une des filles de la tribu des Bouly, la seconde serait en sûreté. L'argument avait touché juste, puisque Adrienne entrait chez lui.

Catherine était vive et sotte. D'un coup d'œil elle vit l'enfant de treize ans, et jugea la fillette mal fagotée, maigrichonne, peu plaisante en vérité, mais avec un feu dans les yeux dès qu'elle relevait la tête. Et Catherine aussitôt se méfie de la novice qu'on lui amène.

Qu'est-ce que cela ? Une enfant encore, certes, mais une élève de Le Grand, et qui sait lire ? Catherine ne savait pas lire; tout son art était dans sa toilette. La petite Adrienne, sitôt franchi le seuil de la maison, lui fait horreur; c'est une mijaurée qu'il faut chasser. Il ne faut pas longtemps avant que les hostilités éclatent.

L'une est gaie, ronde, charnue comme un abricot; l'autre est silencieuse et mince, avec un feu liquide dans les yeux. Catherine voit bien le regard de son amant aller de l'une à l'autre; même s'il ne le veut pas, l'acteur établit des comparaisons. Elles ne sont pas à l'avantage de la pauvre Adrienne...

C'est sur ce terrain que la jeune maîtresse de Le Grand va se battre. Il n'est pas de jour qu'elle ne se moque de la pupille de l'acteur : est-elle assez vilaine avec son éternelle robe de laine grise ? Et ces gros souliers, dirait-on pas une paysanne, et d'ailleurs, qu'est-elle d'autre en vérité ? Catherine, par la blanchisseuse, a entendu parler des folies de Robert Couvreur et des voyages en Champagne...

« Fille d'ivrogne ! lui crie-t-elle dès que Le Grand a le dos tourné. Ton père n'est qu'un rien du tout qui se saoule tous les soirs... Et cela voudrait devenir comédienne ? Mais regarde-toi, ma pauvre fille ! »

Et comme Adrienne a quelquefois le teint jaune, elle la traite aimablement de « cédrat ».

Le premier jour que Le Grand entendit Catherine se moquer des souliers d'Adrienne, il prit la petite par la main et sortit ; ils revinrent avec des chaussures neuves, des escarpins de dame avec une boucle d'argent. Catherine bouda. Le soir, elle se refusa à son amant.

Et le lendemain, elle recommença, en prenant garde d'attendre que Le Grand fût parti.

Quand la petite apprend un rôle, Catherine fait, d'un geste de la main, voler le livre à l'autre bout de la pièce ; elle se met à chanter pour l'empêcher de réciter ; elle ne lui laisse pas un instant de répit. Adrienne ne dit rien ; son père l'a habituée à des traitements plus rudes, et elle sait comment on y résiste. Simplement, elle reste triste, avec un regard plus humide encore ; et son sourire a disparu.

Adrienne tiendra bon : le théâtre est à ce prix.

Voyant que rien ne vient à bout de la jeune fille, Catherine commence à lui pincer la peau jusqu'au sang. Chaque fois qu'elle passe derrière elle, elle lui tord cruellement le bras. Adrienne se jette en arrière brusquement mais ne verse pas une larme.

Alors Catherine se lasse, et s'en va promener.

Il ne fallut pas longtemps à Le Grand pour apercevoir sur les bras d'Adrienne de grandes taches bleuâtres cernées d'ocre.

« Qu'est-ce que cela ? » lui demande-t-il en pressentant le pire.

« Ce n'est rien; je me suis cognée hier au soir. »

Il n'obtiendra jamais que cette réponse laconique.

Puis tout de même il se convainc de la culpabilité de Catherine.

Mais lorsqu'il le lui dit, Catherine éclate en violents reproches : avait-il besoin aussi d'emmener sous son propre toit cette sainte nitouche à l'œil marron, et qui fait des mines pour le séduire ? Adrienne se prend pour une grande dame... Eh bien oui, Catherine est jalouse! Les hommes, ma chère enfant, ne résistent jamais à cet argument-là; et Le Grand cesse aussitôt de gronder cette petite femme dont il est fort amoureux.

Il l'aime bien, sa perruche. Il l'a surnommée Angélique, parce que, lorsqu'elle lui fait des scènes, il se prend drôlement la tête entre les mains et récite à tue-tête un bout du *Georges Dandin* de Molière. « Vous l'avez voulu, vous l'avez voulu, Georges Dandin, vous l'avez voulu, cela vous sied fort bien et vous voilà ajusté comme il faut... »

Mais parfois, lorsqu'elle se calme et qu'elle rêvasse, il l'appelle aussi Cléopâtre parce que son prénom à lui est Marc-Antoine.

Pas un instant il ne songe aux charmes d'Adrienne; en elle il ne voit que la future actrice, et s'il rêve, c'est aux débuts qu'elle fera un jour sur la scène de la Comédie, avec lui.

Adrienne sera longtemps persécutée; elle se cognera fort souvent, et les marques noires continueront à fleurir sur ses bras. Mais elle s'entête, et travaille dur; Catherine la contraint aux travaux ménagers malgré la présence d'une servante et d'une cuisinière qui la plaignent, mais se taisent. La jolie Catherine est haïe; mais on la craint.

Les scènes entre Le Grand et Catherine deviennent quotidiennes.

Jusqu'au jour où Catherine claque la porte et ne reparaît plus.

Elle a trouvé un autre amant au cours de ses promenades. C'est un certain marquis de Courtevaux, et Le Grand est fort abattu.

Il est triste trois jours. Le quatrième il regarde Adrienne avec d'autres yeux.

Que n'a-t-on dit sur ce couple étrange qui vécut ensemble une longue année... Nous sommes en 1705, mademoiselle. Et c'est l'année suivante, en 1706, qu'un jeune homme vif comme un cabri fit ses premières armes de libertin dans l'Enclos du Temple. Il s'appelle Arouet, et ceux du Temple s'amusent avec sa jeunesse comme ils firent avec celle d'Adrienne, comme on fait avec des chatons, et sans perversité.

Mais je m'égare encore, et M. de Voltaire entrera plus tard dans le récit que je vous fais.

Vous croyez qu'Adrienne fut la maîtresse de Le Grand ? Je le lis dans vos yeux. La rumeur en effet n'épargna pas la réputation d'Adrienne; et il est probable que Le Grand, délaissé par Catherine, se soit épris de son élève. On peut imaginer qu'il l'ait d'abord caressée; Adrienne avait tant besoin de tendresse! L'on voit bien en effet comment Le Grand aurait égaré les mains plus loin que ne le permet la décence, qu'il aurait soulevé les jupes d'Adrienne... Et l'on peut croire que la soumise jeune fille n'aurait rien osé dire.

Enfin, que représente le pucelage d'une roturière campagnarde, mon enfant ? Rien. Cela ne compte pas ; Adrienne le sait, elle a déjà compris le monde et s'apprête à tout accepter. La blanchisseuse lui aura dit d'être gentille et de ne pas ennuyer M. Le Grand, qui est son bienfaiteur...

Oui, tout plaide pour cette hypothèse. Et cependant je ne le crois pas, moi.

Et si au contraire, quand ils se retrouvèrent seuls, il avait découvert peu à peu les affreuses frayeurs que lui causait son père ? Et s'il avait compris qu'il ne fallait pas briser ce cristal déjà fêlé ? Qu'il la mette dans son lit, et c'en est fini de la voix sublime ; sa passion se serait détruite au toucher. Le Grand se savait petit et gros ; pour une Catherine un peu sotte et légère, cela pouvait passer, mais pour Adrienne, il fallait de vraies amours.

Je crois plutôt qu'il renonça, bon gré mal gré, et le cœur lourd. Et qu'il retourna plus souvent à la blanchisserie de Madeleine Bouly.

Adrienne est trop transparente ; Le Grand ne troublera pas l'eau de la fontaine. Mais il est vrai qu'il ne fait rien pour dissiper les ambiguïtés de la situation ; au contraire, il les accentue.

On l'y pousse. Le marquis de Courtevaux l'invite un soir à souper ; Le Grand accepte de s'y rendre, et trouve là, comme on pouvait s'y attendre, son ancienne maîtresse ; Catherine trône sur un sofa en grand apparat, noyée sous les broderies et les soies. Nonchalamment, elle lui tend sa main à baiser ; on verra si l'acteur Le Grand, ce grand comique, sait jouer les rôles de cocu.

Pardonnez la trivialité de ce mot que je n'oserais écrire, mais que la sotte fut capable de penser à voix haute... Le Grand ne pipe mot; mais le jour suivant il rend l'invitation au marquis.

Quand le marquis passe le seuil de la porte, Le Grand lui demande, avec une humilité excessive, si monsieur le marquis, venu avec sa belle amie, accepterait qu'une fille de la campagne soit présente à ce même dîner, et il avertit qu'elle sera vêtue simplement.

Adrienne portait ce soir-là une robe de nankin à rayures bleues sur fond blanc, et un fichu de coton noué sur la poitrine.

« Oh! fit le marquis, qui est cette enfant, mon cher? La fille de votre cuisinier, sans doute, ou de votre couturière?

– Nenni, répondit Le Grand en belle humeur, c'est la nièce de ma blanchisseuse. C'est-à-dire, comme vous le savez, la cousine de la belle dame qu'il vous a plu de me voler, et c'est cette fille qui réunit en sa personne toute l'affection que j'ai pour sa famille; c'est elle seule qui me console de la perte de sa parente. »

Catherine rougit dans ses dentelles; le marquis fut bien obligé d'accepter le bon mot du plaisant, et Le Grand fut enchanté. Il s'était vengé; mais voulez-vous, après cela, qu'on ne le croie pas l'amant de la jeune fille? Les servantes le chuchotent en allant au marché; et lorsqu'on les voit ensemble à la promenade, bras dessus bras dessous, Adrienne appuyée mollement sur l'épaule de son tuteur qui la regarde avec tendresse, on ne saurait imaginer autre chose. Le monde, vous le savez, a la vue basse.

Pourtant tout le génie de Le Grand est d'avoir nourri comme une mère le jeune talent d'Adrienne. Dans son innocence elle avait inventé une façon de dire le vers qui ne ressemblait à rien que connût l'acteur. Qui l'empêchait d'obliger Adrienne à chanter le vers comme on faisait sur la scène à l'époque ? Mais non ; Le Grand comprit qu'il y avait là une extraordinaire nouveauté, dont lui-même ignorait les règles. Tout ce qu'il pouvait faire, c'était enseigner à la petite comment on se tient en scène, comment on marche en robe à la romaine, les entrées cour et les sorties jardin ; il pouvait encore à la rigueur lui apprendre à respirer mieux, mais pour la diction, il suffisait de la laisser faire en poussant les feux. C'est tout l'art du professeur ; et Le Grand le savait, qui passait pour être l'un des meilleurs.

Il se peut aussi qu'il ait ri sous cape en imaginant la tête des futures rivales d'Adrienne, les célèbres et vastes comédiennes qui déclamaient comme la Champmeslé, lançant le vers comme une chanson, avec des modulations stridentes et de grands effets de voix.

Adrienne disait les vers avec simplicité ; cela lui allait aussi bien que sa robe de nankin et son fichu de coton blanc.

Un jour il l'emmène dans un théâtre de société où il était convié à dire quelques poèmes ; ils jouent ensemble *L'École des femmes* ; en disant tout naturellement : « le petit chat est mort », avec ce calme triste qu'on lui connut toujours, elle soulève l'enthousiasme. On commence à parler d'elle dans les salons. Le Grand fait le montreur d'ours, et Adrienne se produit de plus en plus souvent chez les gens de la Cour, pour de petits spectacles sans décors, joués en costumes de ville.

C'est à peu près vers ce temps-là que Le Grand décide de lui changer son nom : elle ne sera plus « Couvreur », cela sent son paysan ; on imprimera désormais « Le Couvreur » sur les affiches.

Le Couvreur comme *Le Grand* : l'acteur savait l'art de la particule, et c'était fort bien trouvé. Ce n'est pas moi qui irai lui reprocher d'avoir changé le nom d'Adrienne ; et pour rien au monde je n'aurais voulu signer Dupin.

Enfin, au bout de deux années, Le Grand sent que la jeune fille est prête. Il n'aura aucun mal à lui trouver un emploi : une sociétaire de la Comédie, Mlle Fonpré, vient de prendre la direction du théâtre de Lille, et c'est là qu'ira, pour ses débuts, Adrienne Le Couvreur. Elle a tout juste quinze ans.

Hélas, ma chère petite, son père l'accompagne. Robert Couvreur malgré ses ivresses qui n'ont pas cessé, a compris qu'Adrienne allait gagner de l'argent. Avec lui il emmène Marie-Marguerite, l'enfant que lui a laissée son épouse en mourant. La bonne blanchisseuse, en soupirant beaucoup, fait ses adieux à la famille Couvreur ; elle n'est pas fâchée de voir enfin partir le père de sa petite, mais elle pleure en embrassant Adrienne.

« Mais tu reviendras, dis ? lui fait-elle. Tu viendras à Paris un jour ? »

Le Grand n'est pas moins ému qu'elle ; ils se consoleront l'un l'autre.

Vous le voyez, mademoiselle, aux accents que je prends pour faire le portrait de Le Grand, j'ai de l'affection pour cet homme drôle et bourru, qui me fait penser au précepteur de mon enfance. Je l'ai beaucoup aimé, et j'ai repris son caractère dans le personnage de Porpora, le professeur de ma Consuelo. Ce sont gens d'honneur, tendres sous la cuirasse ; et tel est à mes yeux le comédien qui apprit à notre Adrienne les premiers rudiments de son art du théâtre.

Lille était alors une ville assiégée. C'était en 1708. Le duc de Marlborough, qui n'était encore ni mort ni enterré, bombardait la cité. Le siège dura d'août à octobre ; en décembre, la ville se rendit solennellement.

Jamais le théâtre ne fut si plein que pendant le siège de Lille, mon enfant ; on n'interrompit pas une seule représentation, et Mlle Fonpré fit fortune. Mieux, il fallut bientôt engager une seconde troupe pour aller faire du théâtre jusque dans le camp militaire. C'était une passion, une folie ; les Lillois allaient au théâtre comme on monte à l'assaut.

Je veux que vous aperceviez, au fond de la salle du théâtre de Lille, ce jeune garçon au regard clair qui paraît plus que son âge, avec sa haute taille et son cou massif. Il sera à toutes les représentations après la fin du siège ; il était dans l'armée ennemie, et le voici. Nous le retrouverons plus tard.

Mais Adrienne ne le voit pas.

Elle est toute à ses découvertes.

Adrienne joue dans de vrais décors, peints sur de grandes toiles qui représentent Rome, ou l'Orient, ou la Grèce, ou encore une maison bourgeoise ; elle a des tenues à la turque et des plumets dans les cheveux. Elle porte aussi des robes à rayures, mais c'est pour jouer Angélique dans Molière. Et si Mlle Fonpré fait fortune, Adrienne gagne, pour la première fois de sa vie, de l'argent.

Robert Couvreur ne lui avait pas légué que le triste héritage de l'art de la tragédie, ma chère ; Adrienne bientôt eut à son tour des passions aussi dévorantes que l'ivrognerie de son père. Elle adora les effets et les bijoux ; rien ne lui paraissait assez beau, assez brillant ; elle ne parvenait pas à égaler son rêve, ni les robes de satin des dames de la foire Saint-Germain. A cette époque elle portait des toilettes de couleurs violentes, des carmins et des orangés; elle n'avait pas encore ce goût exquis qu'on lui connut par la suite. Et les bijoux s'ajoutant aux bijoux, sans compter l'argent pour la boisson du père, et la nourrice pour la petite sœur, Adrienne s'endetta lourdement.

Elle découvre en même temps la vie au théâtre, les parures, et les dettes. Et c'est alors qu'elle fait connaissance avec autre chose encore : la faiblesse de ces entrailles qui devraient la torturer jusqu'à sa dernière heure. A la moindre contrariété, elle tombe malade. Et déjà elle a honte.

Comment passa-t-elle dans les bras d'un amant, puis d'un autre ? Ce qui aurait pu arriver avec l'acteur Le Grand survint tout naturellement avec le frère de la Fonpré, qui s'appelait Clavel; au vrai, je vous le redis, mon enfant, la virginité d'Adrienne ne comptait pas davantage que sa vertu; ce sont là mots de riches ou de nobles, et Adrienne n'en faisait point partie. L'on vit bien par la suite qu'il ne s'agissait pas de sentiments; son cœur fut à peine effleuré, et demeura vierge. Mais c'est à Lille qu'elle donna naissance à une petite fille, Élisabeth-Marie, et dès lors plus de doute : Adrienne mène la vie de fille perdue de Catherine.

C'est l'existence que j'ai décidé de peindre pour les cantatrices vénitiennes qui furent dans mon livre les rivales de la pure Consuelo; car Adrienne n'a plus rien de sa grâce sauvage, ni de la maigreur enfantine qui la faisait traiter de cédrat. Elle ressemble à toutes les autres étoiles de la scène, trop fardée, trop parée, avec des rires éclatants et des légèretés qui ne sont pas d'elle.

Elle a pris toutes les habitudes du théâtre, et jusqu'à cette loi invisible qui exige, pour une comédienne, son protecteur. Le protecteur fut sans doute le comédien Clavel; il n'était ni sot, ni méchant. Mais il n'était pas le père de son enfant, qui fut déclarée fille d'un certain Philippe Le Roy, officier de Mgr le duc de Lorraine, et d'Adrienne Lecouvreur, sa femme.

Philippe Le Roy a-t-il été vraiment le mari d'Adrienne ? Nul ne le sait, mon enfant. Cela n'est pas impossible ; qu'un officier épouse une comédienne et s'en aille ensuite bêtement mourir au combat, voilà qui ne serait pas extraordinaire. Mais il est possible également qu'Adrienne ait inventé ce pieux mensonge pour laisser à sa fille le nom d'un père. Une seule chose est sûre, mademoiselle : il ne réapparut pas dans la vie d'Adrienne, qui semble en avoir fait peu de cas.

Le théâtre et l'armée n'avaient fait qu'une bouchée de notre jeune Adrienne.

Pour le comédien, je comprends. On répète ensemble, on joue ensemble, et l'on se tient chaud la nuit après la représentation ; la Fonpré voit la liaison entre son frère et sa jeune première d'un assez bon œil. On est en famille, dans la grande famille du théâtre. C'est à peine la chair, mademoiselle ; et ce serait presque sur le bord de l'inceste, tant l'amour y est fraternel.

Pour le soldat, c'est autre chose, puisque le grand amour d'Adrienne fut plus tard un guerrier encore. C'est donc qu'elle eut du goût pour ces hommes d'armée, ou que l'un d'eux l'aura marquée assez tôt pour que cette attirance devienne irrémédiable. Ce n'est peut-être pas celui-ci, mademoiselle ; et nous rencontrerons bientôt un autre de ses amants qui fera mieux notre affaire.

Les militaires à Lille avaient deux sortes d'amour, disait-on ; les amours d'hiver, qui se faisaient avec les femmes, et les amours d'été, quand on était en campagne et qu'il ne restait plus, pour assouvir les désirs, que la tendresse des hommes. Philippe Le Roy est un inconnu de passage; il resta sans doute une nuit avec elle, le temps de concevoir cette fille qui lui naquit, quand elle avait dix-huit ans.

Songez, mademoiselle, qu'au moment où déjà elle est reconnue, la voici devenue mère. Mais n'espérez pas cependant trouver en Adrienne l'incarnation d'une maternité rayonnante : peu de choses la rattachent à son métier de mère. Trop jeune, elle donna le jour sans y penser; la vie l'emporte sans qu'elle ait le temps d'aimer.

Puis la troupe de Mlle Fonpré est engagée par le roi de Pologne, grand électeur de Saxe. Adrienne aurait pu la suivre, et rencontrer là Maurice de Saxe encore adolescent; mais non, elle se retrouve engagée par le théâtre de Lunéville, et ne part pas pour la Pologne.

Vous aurez sans doute remarqué, mon enfant, avec quelle insistance le destin sur sa route sème les signes de la famille de Saxe : Le Grand qui en revient, la Fonpré qui y part...

Vous pensez qu'à Lunéville elle continue dans la galanterie. Vous n'avez ni raison ni tort; Adrienne eut en effet un amant en Lorraine. Mais cette fois, elle l'aima d'amour.

On avait surnommé le baron D..., officier de cavalerie du régiment de Picardie, « Nemours », en souvenir de la princesse de Clèves. Blessé à la poitrine dans une bataille toute fraîche, il était d'une pâleur intéressante, que ses cheveux noirs rendaient plus pâle encore; avec un élégant mouchoir qui ne le quittait jamais, il pressait ses lèvres colorées sous une moustache soigneusement taillée. Le baron D... était un héros; et Nemours avait, du personnage inventé par Mme de La Fayette, le charme triste, la discrétion, le secret mutisme, dissimulant une âme ardente et entière.

Ces âmes-là aiment le théâtre, et Nemours convalescent s'y rendit bientôt chaque soir. On ne l'y voyait cependant pas, car il se tenait caché dans une loge, pour qu'on ne le vît point pleurer ; il détestait par-dessus tout les babillages du parterre, et recherchait la solitude. Mais Nemours avait un cœur tendre qui ne tarda pas à se révéler.

A son tour il succomba aux charmes d'Adrienne dans le rôle d'Agnès dans *L'École des femmes,* et le petit chat mort ne manqua pas son effet. Nemours tomba amoureux.

Il ne se comporta pas comme les officiers ordinaires ; il ne se rendit pas dans la loge de l'aimée pour y faire une cour trop visible. Nemours avait le goût du secret et du mystère. Il enquêta sur Adrienne, graissa la patte de sa cameriste pour connaître ses habitudes, et s'aperçut qu'elle allait à la messe à l'église Saint-Jacques, à deux heures.

Adrienne ne prêta aucune attention au jeune homme qui le premier jour lui offrit de l'eau bénite à l'entrée de l'église.

Le deuxième jour il était là encore ; elle croisa son regard noir, et baissa les yeux vivement. J'ai repris cet épisode du galant qui fait sa cour en offrant de l'eau bénite au début de mon roman, *Consuelo* ; j'ai changé Nemours en un jeune seigneur vénitien, et Adrienne en Clorinda, *prima donna* de l'illustre Fenice.

Le troisième jour, au moment où Nemours tendait les doigts pour frôler les siens, et alors qu'il n'avait pas encore dit un seul mot, elle le regarda bien en face et parla la première :

« Monsieur, dit-elle, je ne savais pas que le curé employait une personne spécialement chargée de l'offrande de l'eau bénite. »

Et elle lui sourit.

Nemours était en extase. Adrienne était amoureuse! Adrienne lui adressait la parole!

Était-ce toujours du théâtre, comme la lune de laine avec Minou aux jardins du Luxembourg? Nous ne le saurons pas, ma chère enfant; sans doute la réplique était-elle imprégnée des pièces de Molière, et des audaces de la traîtresse Agnès. Adrienne était dans le ton de son rôle; mais c'est ce qu'elle fit tout au long de sa vie, et cela n'empêche point d'aimer.

Elle avait subi déjà son baptême du feu; elle n'était plus l'enfant innocente qui se laisse surprendre. L'échange de regards du second jour avait suffi pour en faire une amoureuse; elle suivit Nemours dans un jardin qui n'était plus le Luxembourg, et se laissa conter fleurette comme si elle avait treize ans. Le soir vint, et surprit les deux jeunes gens en proie aux sentiments que laissent les mille riens de la conversation d'amour. La nuit les réunit.

Le destin d'Adrienne n'est pas fait pour le bonheur, mademoiselle.

Nemours était réputé pour être l'un des meilleurs cavaliers de la ville. On lui amena un étalon rebelle et violent, qu'il voulut dresser. Mais la blessure qu'il avait à la poitrine lui ôtait de ses talents, et le cheval le jeta à bas. La plaie se rouvrit brusquement, et le sang jaillit.

Il eut à peine la force de murmurer le nom d'Adrienne, que l'on envoya chercher en toute hâte. On ramena Nemours dans les baraquements militaires; quand Adrienne arriva, tout essoufflée, et le cœur plein d'angoisse, elle trouva son amant les yeux fixes. Nemours était mort sans la revoir.

Adrienne fut inconsolable. Nemours n'était pas comme l'officier de Lille, cet inconnu qui la rendit mère; Nemours était son premier amour. C'est à Nemours qu'elle doit encore un peu de son art, et c'est lui, j'en suis certaine, qu'elle retrouvera plus tard en Maurice de Saxe. Adrienne, si peu marquée par le passage de Philippe Le Roy, prend le deuil de Nemours; en dehors de la scène, on ne la voit plus qu'en noir. Chacun s'accorde d'ailleurs à trouver que le deuil lui va bien; elle est charmante en veuve, d'autant qu'elle ne dissimule pas sa douleur.

Et elle ne supporte pas de passer devant l'église Saint-Jacques où personne ne l'attend plus pour lui offrir l'eau bénite.

Elle demande à entrer au théâtre de Strasbourg; dans cette ville inconnue elle ne rencontrera plus le fantôme chéri de son amant mort, dont le souvenir lui cause d'intolérables regrets. Elle a vingt ans, et elle souffre naïvement, avec des excès de violence; toutes les nuits, elle sanglote sans pouvoir s'arrêter.

Si Adrienne n'attente pas à sa vie, c'est qu'elle a charge d'âmes : sa fille, sa sœur et son père, il faut qu'elle prenne soin d'eux. Sa fille, elle l'a mise en nourrice. Sa sœur, qui grandit, n'est ni gracieuse ni jolie; Marie-Marguerite est fort jalouse d'Adrienne, et méchante avec elle; avec le père Couvreur, dont je vous ai peint le caractère, elle forme une paire de sauvages dont Adrienne ne reçoit ni affection ni tendresse. Adrienne les a en horreur, et obtient enfin que son infernale famille demeure, dûment pourvue d'argent, à Lunéville.

A Strasbourg elle sera enfin seule pour pleurer la mort de Nemours, qu'elle appelle, derechef, son mari. Comme le mystérieux officier du régiment de Lille.

De grandes fatigues la saisissent; ses entrailles la martyrisent; elle aura connu la maternité, les douleurs de l'accouchement, puis l'amour et le deuil en trop peu de temps pour ne pas aveuglément souffrir ; la petite fille en elle pleure en secret et se renferme. Sur la scène du théâtre, Le Grand n'est plus là pour brider la sensibilité d'Adrienne ; et elle se donne tout entière à son art ; le public participe de ce qu'il croit être l'épanouissement de son talent, alors qu'il s'agit du surgissement de la démesure qui l'habite. Son jeu dans la comédie devient médiocre ; en revanche, la tragédie la soulage de ses douleurs, et c'est là que se retrouve son cœur épris d'absolu.

Mais elle est très jeune, mon enfant, comme vous aujourd'hui. Et la vie reprend peu à peu ses droits malgré le deuil en noir. Elle écrit au bon Clavel des lettres touchantes où l'on se tutoie, où l'on se dit qu'on s'aime tendrement, où on le supplie de prendre garde à cette santé aussi chère que la sienne. Clavel est un ami fidèle et un bon compagnon : que les soirées étaient douces avec lui, avant les accidents de la vie ! Clavel, c'est un Minou qui aurait réussi son affaire ; c'est une sorte de frère affectueux d'où ne saurait lui venir le moindre mal.

C'est à Clavel qu'elle demande pour une comédienne de la troupe une paire de bas de soie roses et un couple d'éventails ; Adrienne est une bonne camarade, et si elle porte le noir, elle offre du rose à ses amies de cœur. Et Clavel est un bon ours qui fait les courses des demoiselles de Lunéville.

Tout cela ne va plus trop mal, mon enfant ; Adrienne revient doucement à la vie. Clavel vient la rejoindre, elle tombe dans ses bras. Il repart presque aussitôt...

Que s'est-il passé ? Voici qu'elle lui écrit sur un tout autre ton.

Elle ne le tutoie plus ; elle lui donne du « cher monsieur » et un « vous » de gravité dont aussitôt on mesure l'importance. Peu à peu, on comprend que Clavel, étourdiment, lui a promis le mariage.

Le mariage, mon enfant, le rêve d'Adrienne qui transforma le père de son enfant en mari et Nemours en époux...

Clavel était fort imprudent.

C'est d'ailleurs à peu près ce que lui écrit Adrienne. « ... figurez-vous que je n'ai rien et que je dois beaucoup ; et que vous trouverez plus d'avantages ailleurs. » Qu'a-t-elle en guise de dot ? La jeunesse, lui écrit-elle, et la bonne volonté. Je ne peux vous citer de mémoire toute la lettre qu'un jour Sainte-Beuve me lut à voix haute ; mais je me souviens de quelques lignes qui me frappèrent.

Puissent toutes les femmes s'en tenir à cette belle rigueur ! Il y aurait moins de mariages manqués.

« Ne promettez rien, lui dit-elle, que vous ne me vouliez tenir, me dussiez-vous promettre de vous haïr ; il me semble que cela me serait plus doux que de me voir trompée... Agissez en honnête homme comme vous l'êtes, et suivez votre inclination sans vous informer de ce qui pourra arriver. Je prendrai mon parti de manière ou d'autre avec le plus de facilité qu'il me sera possible, soit que je vous possède ou que je vous perde... »

Connaissez-vous l'histoire de Mme de La Carlière ? C'est Diderot qui la raconte à sa façon alerte. Mme de La Carlière, veuve et belle, pose au chevalier Desroches, qui veut l'épouser, une condition absolue : s'il la trompe, fût-ce une seule fois, c'en est fini de leur amour.

« Parlez-moi, chevalier, parlez-moi nettement. Ou je

deviendrai votre épouse, ou je resterai votre amie; l'alternative n'est pas cruelle... Donnez-moi la plus grande marque de confiance qu'une femme honnête ait sollicitée d'un galant homme; refusez-moi, si vous croyez que je me mette à un trop haut prix... »

N'est-ce pas qu'on dirait les mots de notre Adrienne ?

Dans le récit de Diderot, le chevalier proteste de son amour, prononce le serment qu'on exige de lui, épouse la belle veuve, et la trompe une fois; elle le quitte et en meurt.

Clavel apparemment fut plus raisonnable; il s'était épris d'une jeune débutante, et rompit l'engagement hâtif qu'il avait fait à Adrienne. On murmura que Clavel s'était dérobé; point du tout, il avait obéi. Adrienne avait exigé la sincérité; elle l'eut.

Au demeurant, elle ne lui avait pas dissimulé que, toujours inconsolable, elle ne trouverait en lui ni celui qu'elle avait perdu ni celui que sans le savoir elle attendait encore. « Si je vous ai, lui écrit-elle, j'aurai le déplaisir de ne pas vous rendre aussi heureux que je voudrais... »

On ne saurait donner tort à Clavel. Et l'on retiendra de cette amitié douce-amère qu'Adrienne rêve de mariage, fût-ce avec un bon compagnon qu'elle n'aime pas.

Mais quel langage, mon enfant! Il y a du Corneille là-dedans, et Pauline est passée dans Adrienne.

Au moins l'épisode manqué avec le bon Clavel aura-t-il contribué à la guérir de son malheur.

A Strasbourg elle est une reine de théâtre, solitaire et mélancolique. On la voit à la promenade, le visage amaigri sous ses voiles noirs que le vent fait flotter autour de ses cheveux; on la plaint, on dit d'elle, c'est cette pauvre comédienne dont l'époux est mort d'un accident de cheval; voyez comme elle est triste. Les habitués du théâtre la saluent avec respect; elle porte à son insu un surnom : « l'actrice du deuil éternel ».

Le vieux roi un jour s'alite; c'est un 15 août de l'année 1715.

Ce n'est rien, une jambe un peu lourde; mais les médecins aperçoivent une petite tache noire au bout du pied royal. C'est la gangrène; on n'ose rien faire, sinon des prières. La tache monte chaque jour, parfois s'arrête, on respire; puis elle reprend son chemin; le roi pourrit lentement. Lassé des charlatans qui le harcèlent vainement, Louis XIV décide qu'il est temps d'en finir, et appelle à son chevet ses parents, descendants, neveux et successeurs. A chacun le roi dit la même phrase : « Vous pleurez ? Vous m'avez donc cru immortel ? » Pour la Maintenon il ajoute : « Je suis un rien, madame, ne vous occupez que de Dieu. »

Le cortège funèbre du feu roi traversa Paris à la lueur des torches; le nouveau roi a cinq ans, et crie avec son peuple qui l'acclame : « Vive le roi ! » car il n'a pas compris que le roi, c'était lui. Et lorsqu'un de ses ministres lui demande respectueusement ses ordres, le petit roi de cinq ans lui confie un tas de noisettes, afin que le ministre les épluche.

Alors commence une folie qui fit danser les Français, le temps de la Régence. On dirait que le pays sort du sommeil comme la Belle du bois où la fée l'avait endormie. Et Adrienne porte, sur sa robe noire, une dentelle blanche.

Elle était désormais trop connue pour demeurer sans emploi longtemps; je ne parle pas des emplois de théâtre, dont elle était comblée. Je parle de l'emploi de son cœur qui commençait à s'ennuyer. Et lorsqu'on est fatigué d'être malheureux – l'avez-vous déjà remarqué malgré votre jeune âge ? –, surgit toujours un jeune homme.

Celui qui allait bondir dans la vie d'Adrienne était presque un enfant : il n'avait que dix-neuf ans. Tel est l'âge des adolescents consolateurs ; c'est celui de Chérubin. Il est blond, il est joufflu, il a des gestes de jeune lévrier tendre et il ne rêve que de chiffonner vos peignoirs... Le Chérubin d'Adrienne s'appelait François-Joseph de Klinglin.

Et il n'était pas soldat.

Il commença par la suivre partout en silence, sans se montrer ; avant même de s'être déclaré, et sans préliminaires, il était férocement jaloux. Il la suivait pour surprendre l'amant qui, il n'en doutait pas, peuplait la vie secrète de cette femme en noir, cette voleuse de cœurs. Toute à sa tristesse, et sans se douter que son deuil s'en allait malgré elle, Adrienne ne vit pas l'enfant qui se cachait derrière les décors en coulisses, ou au coin de la rue quand son carrosse s'arrêtait, ou encore au fond du théâtre.

Un soir, comme il la guettait en bas de la rue, il vit de la lumière dans la chambre qu'il savait être la sienne. Il faisait le guet chaque soir ; la lueur ne tarderait pas à disparaître ; Adrienne soufflerait la chandelle et s'endormirait, et le jeune homme pourrait partir.

Mais cette nuit-là la chandelle ne s'éteignit point.

François de Klinglin crut voir bouger une ombre derrière le rideau. Son sang ne fit qu'un tour, et sa jalousie ne connut plus de bornes : il escalada le mur avec l'agilité que donne la fureur, et poussa la fenêtre qui s'ouvrit toute grande.

Adrienne lisait dans son lit, la tête appuyée sur un oreiller rose.

Elle poussa un cri affreux, que l'enfant étouffa avec la main en balbutiant des mots sans suite. Puis, quand elle se fut calmée, ayant compris qu'il ne lui voulait aucun mal, elle écarta doucement la main qui la bâillonnait, et découvrit un adolescent amoureux qui la couvrait de baisers muets. La vie lui revint d'un coup comme une faim de nourrisson, et elle attira dans ses bras le jeune homme éperdu.

A l'aube, son bonheur était si complet qu'il fit comme l'imprudent Clavel, et promit le mariage. Adrienne, qui n'avait pas accordé foi aux promesses de son camarade, crut cependant à celles de l'enfant, et elle avait raison. Rien n'était plus sincère que l'engagement du jeune homme.

Adrienne, certainement, ne l'aimait pas vraiment d'amour, et le souvenir de Nemours n'était pas si loin qu'elle n'en fût encore affectée; cependant elle était sans doute prête à se laisser adorer par un jeune mari. Bref, elle rêva. Ils furent heureux.

Mais le jeune homme s'assombrissait dès qu'Adrienne évoquait les plaisirs conjugaux.

Son père était le prêteur royal de Strasbourg, et j'ai déjà tout dit, mademoiselle, en déclinant ce titre. Le jeune homme ne savait que trop la guerre qu'il lui faudrait mener contre son père pour lui faire accepter un mariage avec une comédienne, et qui par surcroît était mère! François-Joseph de Klinglin retarda le moment de l'en avertir. Les rumeurs s'en chargèrent à sa place, et le père, prévenu de la conduite de son fils, se mit de la partie.

Ce fut un combat épouvantable, moins gai que ceux qui se livrent dans les pièces de Molière, mon enfant. Au moins chez Molière les amoureux finissent par gagner contre les pères obstinés; les Valère, les Léandre et les Octave ont gain de cause, et épousent leurs bien-aimées. Il se trouvera toujours un Scapin pour les assister ; et telle était la naïve Adrienne qu'elle vivait encore dans le fol espoir qu'il en irait de même dans sa vie. Mais nul valet ne se rencontre pour porter secours aux amants, et berner le père du jeune homme. Strasbourg n'est pas Naples, mon enfant ; c'est une ville grave où l'on ne badine pas avec les convenances.

Aussi, lorsque Adrienne découvre qu'à nouveau elle va bientôt devenir mère, elle se réjouit d'apprendre la nouvelle à François de Klinglin ; les deux jeunes gens espèrent ainsi, qui sait, fléchir la volonté du prêteur royal...

Mais la vie n'est pas théâtre, et M. Klinglin père ne l'entend pas de cette oreille. Grosse, la fille Adrienne Lecouvreur, car c'est ainsi qu'il la nomme, a l'habitude de l'être. N'a-t-elle pas déjà une fille ? Et puis, sait-on qui est le père de cet enfant qui va naître ?

La première fois qu'il entend les soupçons de son père sur sa paternité, le jeune homme se lève si brusquement qu'il entraîne la nappe et casse la vaisselle sur la table. Un grand silence se fait, et l'on n'entend plus que les sanglots de sa mère ; la foudre est tombée dans la maison Klinglin.

La seconde fois François-Joseph ne casse que le verre qu'il tenait à la main, et il s'en va plus calmement. Il est persuadé d'être le père de l'enfant, mais que dira-t-on plus tard ?

Aura-t-il le courage d'affronter les offenses, le ridicule, et les rumeurs incessantes ?

Peu à peu, sous l'effet des sarcasmes violents de son père, le jeune homme retrouve un peu de la jalousie qui le rendit amoureux ; il commence à s'imaginer que peut-être en effet d'autres que lui auront pu entrer par la fenêtre.

Bref, mademoiselle, plus Adrienne est grosse et plus il devient irritable. La pauvre femme est impuissante à le retenir ; elle n'est plus en noir, elle n'est plus courtisée et elle est lourde de l'enfant qui va naître. Leurs rencontres sont muettes de désespoir, et chacun d'eux, sans le dire à l'autre, comprend que tout est fini.

M. Klinglin trouve un laideron de bonne noblesse qu'il veut marier à son gredin de fils ; après une faible résistance, le jeune homme cède.

Adrienne à son tour le suivit jusqu'à la cathédrale où on le mariait en grande pompe ; cachée derrière un pilier, elle s'évanouit, et accoucha d'une seconde fille le jour même. Des rosiers de cet amour adolescent ne restait que ce nouveau-né.

François-Joseph de Klinglin, le cœur crevé, fit cinq enfants à son épouse. Il faut l'imaginer comme il devint plus tard, gras et bouffi, avec sa nichée de bambins braillant autour de lui, et sa laide épouse fidèle comme un chien revêche.

Parfois, François-Joseph de Klinglin, dans sa vieillesse, devenu par héritage le nouveau prêteur royal de Strasbourg, soupirait en songeant à sa jeunesse enfuie ; il pensait avec une secrète fierté qu'il avait été, malgré le ventre bedonnant que lui ont valu les années, l'amant de la célèbre Adrienne Lecouvreur. C'est sur ce souvenir qu'il avait fondé sa part de rêve. Après qu'elle fut morte, il eut un geste courageux, le second de sa vie, et le dernier sans doute ; le premier fut le saut qu'il fit par la fenêtre jusque dans la chambre d'Adrienne, et le second de doter la fille qu'elle lui avait donnée.

Qu'il pleure !

Adrienne déteste l'amour ; elle a le dégoût des hommes qui l'ont abominablement trompée. Il lui reste son art.

Sa gloire gagne Paris. Enfin se réalise le rêve de M. Le Grand : Adrienne reçoit une lettre lui annonçant qu'elle est engagée à la Comédie. Elle pourra quitter Strasbourg qu'elle ne supporte pas davantage que Lunéville après la mort de Nemours. Elle va retrouver Le Grand, et sa bonne femme de tante blanchisseuse qui l'écrasera sur sa vaste poitrine avec un gros soupir ; peut-être reverra-t-elle Minou, s'il n'est pas marié ; le couvent n'est pas loin...

Une bouffée d'enfance lui vient au cœur ; il est temps de partir. C'est une Adrienne meurtrie qui s'en va vers la capitale ; mais comment dire, mon enfant ? Elle est aguerrie. Car elle aura connu des guerres : deux grossesses et deux bâtardes, ce sont des guerres ; l'abandon de Clavel, et celui, plus grave, de Klinglin, ce sont autant de défaites.

Pire encore la mort de Nemours.

Les chroniqueurs de l'époque, ces clercs qui tinrent leur journal avec le piquant à la mode, eurent des mots cruels sur cette période de sa vie. Pouvez-vous imaginer ce qu'écrit un certain Barbier ?

« C'était originairement, nous dit-il à propos d'Adrienne, une petite couson que quelqu'un emmena dans la province. Elle joignit des troupes de campagne, et elle eut beaucoup de talent pour représenter. »

Voilà tout ce qui demeure de deux naissances, d'une promesse de mariage et de la mort du beau, du douloureux Nemours.

Le plus fort, ma chère enfant, c'est que le chroniqueur n'a pas tout à fait tort.

Adrienne avait été une petite comédienne qui fit ses débuts aux armées, et par temps de guerre. Les troupes d'où vinrent ses amours étaient bel et bien en campagne, et son talent n'est pas douteux.

Les faits sont cruels. Selon qu'on les raconte du point de vue du cœur ou de la société, on aura d'Adrienne la vision d'une fille galante ou d'une jeune fille trahie. Pour moi, je choisis la seconde; la première ne m'expliquerait pas le roman de mon grand-père.

Voilà le feu éteint, comme les amours de notre amie. Ne trouvez-vous pas que soudain il fait froid ? Je vous ai retenue trop longtemps; il faut dormir.

IV

L'invention du négligé

François-Marie Arouet tel
qu'il se décrit à cette époque en 1718 :
« Flexible comme une anguille et vif comme un lézard
et travaillant comme un écureuil. »
A douze ans, en 1706, Voltaire avait été présenté
au grand prieur de Vendôme dans l'Enclos du Temple ;
puis il avait commencé à se faire remarquer,
notamment par des libelles
d'une grande méchanceté contre le Régent.
(Peinture de Larguillière. Coll. part. Cl. Giraudon.)

VOUS êtes encore tout endormie, ma chère enfant... Vos cheveux ressemblent à des lichens, et vos yeux sont minuscules, allons, éveillez-vous... Pour moi, je n'ai guère dormi cette nuit; j'ai griffonné à ma table quelques souvenirs d'Adrienne; j'ai relu ses lettres, malhabilement écrites, avec des fautes, certes, mais l'âme y est d'une telle élégance... Bref, je me suis préparée, mademoiselle, pour aujourd'hui.

Je sais comment vous faire sortir du sommeil.

Car c'est maintenant que notre touchante héroïne fait son entrée à la Comédie. Voilà un lot que vous eûtes en commun.

Adrienne n'avait pas revu Paris depuis plusieurs années. Mais au vrai, elle n'en avait connu que le quartier de Saint-Sulpice, et les cours intérieures des maisons bourgeoises des rues avoisinantes, où l'on gardait un peu de la vie des campagnes; la Comédie-Française n'était pas loin de là. L'Enclos du Temple où elle joua *Polyeucte* était encore un jardin, avec sa part de désordre et de liberté; et vous n'avez pas oublié Minou au Luxembourg. Il lui fallait désormais entrer dans Paris tout entier, faire connaissance avec le faubourg Saint-Germain, paradis des aristocrates, et avec les duchesses : moins à cause du théâtre lui-même que par ce qu'il entraînait de mondanités obligées.

Les sentiments d'Adrienne quand elle revit Paris ne furent guère différents de ceux que je prête à ma première créature romanesque. Indiana, au pire moment de la vie que j'ai imaginée pour elle, partageait avec son auteur George Sand la surprise d'une provinciale brusquement précipitée dans un univers chaotique ; et les émotions qu'Adrienne avait éprouvées, gamine, devant les spectacles sauvages de la foire Saint-Germain lui revinrent brutalement, au lieu des tendres souvenirs de la lune de laine.

« Pauvre provincial qui avez quitté vos champs, écrivais-je dans *Indiana*, votre ciel, votre verdure, votre maison et votre famille, pour venir vous enfermer dans ce cachot de l'esprit et du cœur, voyez Paris, ce beau Paris, que vous aviez rêvé si merveilleux ! Voyez-le s'étendre là-bas, noir de boue et de pluie, bruyant, infecte et rapide comme un torrent de fange ! Voilà cette orgie perpétuelle, toujours brillante et parfumée, qu'on vous avait promise ; voilà ces plaisirs enivrants, ces surprises saisissantes, ces trésors de la vue, de l'ouïe et du goût qui devaient se disputer vos sens et vos facultés impuissantes à les savourer tous à la fois ! »

Tels furent à peu près les premiers pas d'Adrienne à son retour.

Il est vrai que Paris avait beaucoup changé.

Adrienne était à Strasbourg quand mourut celui que l'on n'appelait plus que « le feu roi ». Le Régent s'était emparé du trône avec l'audace des timides et la ruse des faibles ; mais une fois qu'il y fut installé, il ouvrit toutes grandes les fenêtres du royaume. Il était temps ; l'été de la monarchie fit son entrée au grand soleil, avec ses coquelicots tôt fanés et ses moissons trop vite mouillées.

Avez-vous déjà vu un coquelicot s'ouvrir ? Les pétales serrés se pressent dans l'étui du calice, bardé de petites pointes comme une ceinture de chasteté ; puis soudain la prison éclate, et la fragile fleur écarlate se défripe voluptueusement. A la tombée du jour il ne reste plus de la splendeur du coquelicot qu'un souvenir de rouge, et des lèvres violettes qui se meurent en tombant. Ainsi de la Régence, mon enfant.

Comme si l'histoire avait des pressentiments, l'année qui suivit la mort du feu roi fut effroyable. L'hiver fut si froid que les bouteilles gelèrent dans les caves, et éclatèrent ; cela frappa les esprits.

Puis en février, des blanchisseuses voulurent laver leur linge au travers de trous creusés dans la banquise qu'était devenue la Seine ; elles se firent écraser par un morceau de glace qui se détacha soudain, et les broya. L'une d'elles était laveuse chez Mme Bouly ; sa tête grimaçante dériva plusieurs jours au fil des glaces ; ses jupons s'en allèrent ailleurs, flottant sous la prison de neige. Quand Adrienne revit sa tante, Madeleine Bouly sanglotait ; elles s'en furent toutes deux au bord du fleuve, et y jetèrent une branche de buis bénit en guise d'oraison funèbre.

Madelon la blanchisseuse avait grossi ; ses cheveux étaient devenus blancs ; elle ne soupirait plus, elle soufflait comme un phoque ; si bien qu'on l'appelait désormais « la mère Bouly », signe des temps. Après la mort de sa laveuse, elle prit dix ans en un jour.

A Londres, apprit-on, on fait rôtir des bœufs sur la Tamise, également gelée. A Venise, au printemps, on voit sortir de la mer une tête hurlante, et qui profère d'affreuses menaces : le Turc s'apprête à envahir l'Europe avec huit cent mille hommes... Et ce n'est pas fini, mon enfant. En juin, une armée de hannetons envahit la Champagne natale de notre héroïne ; on en remplissait les tonneaux que l'on enterrait ensuite. On sortit, pour les réduire, le saint sacrement à Paris, et les suisses du Régent, ce mécréant, suivirent le cortège, un flambeau à la main.

Est-ce là tout, dites-vous ?

Non, mon enfant. Fini le fléau des hannetons, l'autre fléau s'installe à Paris en même temps qu'Adrienne ; il s'appelle John Law de Lauriston, il a quarante-quatre ans.

Il vient d'imaginer une invention prodigieuse qu'il veut à tout prix imposer au royaume de France, après avoir manqué de le faire à Londres, à Venise, à Vienne, que sais-je encore. Il prétend qu'on peut se dispenser d'argent, et payer en monnaie de papier ; ainsi la pauvreté disparaîtra à jamais. Et il se met en tête d'attaquer sur ce point le Régent du royaume.

Mme de Maintenon a fui ; les filles du Régent mènent grande vie. Pour racheter les péchés de la duchesse de Berry sa sœur, la jeune duchesse de Valois décide contre les vœux de son père d'entrer en religion à Chelles. Elle y devient une coquette abbesse, entourée d'une cour qui, par-delà les saintes grilles, joue de la musique et s'adonne au théâtre ; ce sont les mêmes fêtes que sa sœur, mais entre les arceaux d'un cloître.

On retrouve dans trois églises des tronçons de corps humains enveloppés de linge ; à Notre-Dame, un bras et une jambe ; à Saint-Germain-l'Auxerrois, l'autre jambe, une tête et un tronc ; aux Carmes de la place Maubert, le reste. Rue du Faubourg-Saint-Marceau, c'est le cadavre d'une catin embrochée jusqu'en haut du cou, et rôtie, que l'on découvre au petit jour... Folie, folie, vous dis-je... Et pendant que le peuple découpe, embroche et tue passionnément, le Régent invente les bals masqués à l'Opéra dont il fait changer le plancher, écoute d'une oreille favorable l'inventeur écossais qui lui vante les mérites de sa banque miraculeuse, et pour finir couche avec sa fille de Berry.

Le jeune poète qui fit ses premiers pas dans l'Enclos du Temple tout à l'heure eut la langue trop bien pendue ; et sa plume est si piquante qu'il lui vient naturellement des poèmes irréfléchis où il compare la duchesse à la fille de Loth, le père incestueux de la Bible et le royaume à celui, corrompu, des Moabites... Le Régent se fâche et chasse M. Arouet qui s'en va répétant : « Ce bougre-là m'a exilé parce que j'avais fait voir en public que sa Messaline de fille était une putain... »

Il s'en fallut de peu qu'il manquât les débuts d'Adrienne.

Ce même mois, le tsar vint en visite ; il portait un méchant habit brun, se torchait en public, et attrapa une chaude-pisse qui fit rire tout Paris.

Adrienne est bien loin de se douter que ce grand roi de Russie, ce rustre si mal vêtu, qui soulève au bout de ses bras de colosse le petit roi de France et l'embrasse sur les deux joues, sème dans sa jeune vie de comédienne les graines de l'abandon qui la fera périr...

Mais oui, mon enfant... Si Pierre le Grand était mort seulement deux ans plus tard, peut-être mon aïeul n'aurait-il pas délaissé Adrienne, et sans doute ne serait-elle pas morte des violettes de la duchesse... Je vous vois étonnée.

C'est que Maurice de Saxe, plus tard, voulut devenir roi ; or, une fois le tsar disparu, son trône alla à une femme que mon aïeul courtisa ; elle était libre, héritière de toutes les Russies. Adrienne, ma chère, n'était que comédienne et ne pouvait faire une épouse. Du moment que la royauté commença de le hanter, Maurice lui échappa. Il faillit épouser la future tsarine de Russie ; nous verrons comment Maurice manqua son affaire.

Voilà comment le tsar en visite à Paris détenait l'avenir d'Adrienne; eût-il moins mené grand train, il ne serait pas mort, qui sait ? Et Maurice de Saxe n'aurait pas rêvé de royauté.

Voyez comment va la vie. Vous regardez passer un cortège, un carrosse entouré de gardes et de suisses, vous apercevez à peine un profil, une prunelle bleue, des sourcils noirs et touffus, et dans cette voiture royale il y a là un homme qui tient dans ses mains votre destin. Vous ne le savez pas, vous êtes innocente, vous marchez sous les peupliers nonchalants au bord de l'eau ; vous recevez sur le nez, tombés des arbres, les chatons du printemps, vous songez à la solitude et aux amours perdues sans pressentir la foudre qui va grondant dans ce nuage qui disparaît, là-bas, au coin de l'avenue...

La Comédie-Française, lorsque Adrienne y entra, allait fort mal. Son histoire troublée avait connu bien des vicissitudes.

Le « feu roi » avait obligé l'hôtel de Bourgogne et le théâtre Guénégaud à se fondre en une seule troupe ; l'Illustre Théâtre de M. Molière était bien mort. Madame la Dauphine se chargea d'édicter les règles d'airain que vous devez connaître, car elles ont peu changé ; elle fixa les parts des sociétaires, les billets gratuits, les amendes pour infractions faites dans l'enceinte du théâtre... Passe encore.

Mais sur ordre du roi, il fallut aussi déménager. Après mille querelles avec les curés, qui haïssaient les acteurs, après des soupçons sans fin, la Comédie s'installa dans une salle nouvelle, la plus belle, disait-on, qu'il y eût en Europe, rue des Fossés-Saint-Germain; les lustres y étaient des monuments, et l'on tenait à deux mille spectateurs. Mais les gains demeurèrent précaires; car le roi, qui cependant avait aimé sa troupe, ne s'occupait plus que de la Maintenon et de Dieu.

Sa bigoterie vint un temps au secours des Comédiens. Furieux contre les Italiens qui venaient de monter une *Fausse Prude* ressemblant par trop à certaine grande dame, le roi les chassa du pays. Chance pour leurs rivaux de toujours... Les Comédiens du Roi se réjouirent de voir les Italiens chassés; mais leur départ inaugura l'austérité de la fin d'un grand règne, et l'arrêt des subsides royaux.

Or justement voici qu'en 1716, un an avant les débuts d'Adrienne, le Régent rappelle Scaramouche et ses camarades... C'en est fini de la tranquillité; ce qu'on gagne en liberté d'esprit, on le perd en concurrence. Et les Comédiens du Roi retrouvent leurs rivaux. Comment la frêle Adrienne fera-t-elle son chemin dans ce tohu-bohu?

Son « ordre de début » l'engage « dans la pièce qu'elle aura choisie ».

C'est le rôle-titre dans l'*Électre* de Crébillon; elle n'aura point de peine à trouver l'émotion qui convient à cette fille éprise d'un père indigne, et mort. Adrienne demeure fidèle à l'ombre de Nemours : sa robe de scène est une jupe de satin blanc avec des paniers de velours noir. En choisissant ce rôle, mon enfant, Adrienne avait choisi d'être une femme en deuil.

La salle l'accueille avec surprise : cette diction n'est pas ordinaire, et ce n'est qu'à Paris qu'on sait ces choses-là. Et l'on est habitué à la déclamation Champmeslé. Ce n'est pas ainsi qu'on attendait cette fameuse actrice; il est vrai qu'en province...

Qu'attendait-on, et qu'on ne trouva pas chez elle? Sans doute une voix plus ample; plus de chair et de majesté. Les critiques décrètent aussitôt qu'elle n'a pas de poitrine; aurait-elle un peu d'embonpoint, elle serait peut-être belle. Enfin, on lui concède à l'entracte un certain air de noblesse, et « des grâces autant que personne au monde ».

Adrienne se recueille; il faut les faire taire. Il ne faut pas forcer la voix. Elle prendra tous les cœurs, un à un, dans le filet aux mailles subtiles qu'elle tisse lentement. Celui-ci qui s'évente avec son chapeau et s'ennuie, celle-là qui rit derrière son éventail pendant que son voisin lui pose un baiser dans le cou, et ce sérieux, au fond, dans sa loge, qui la regarde et marmonne dans sa barbe... On ne joue plus guère Crébillon de nos jours, mademoiselle, et il faut avoir l'esprit bien curieux pour relire cette *Électre* dont le souvenir s'est perdu. Pourtant le ton élégiaque n'y fait pas défaut; c'est à quoi Adrienne devra ses commencements.

Le public hésite. Est-ce le génie annoncé, ou une méchante actrice engagée par erreur?

Elle aura la victoire en versant de vraies larmes. Le parterre choisit de fêter la nouvelle venue. Certes, elle a des progrès à faire, et l'on attend qu'elle se plie aux goûts du jour; mais on aime sa fragilité et sa tête menue. Le lendemain, on pourra lire dans les gazettes qu'on ne peut mieux la comparer « qu'à la miniature : car elle en a l'agrément, la finesse et la délicatesse ». Tel est Paris : la voici étiquetée comme une bouteille de grand cru. La Lecouvreur est une miniature; c'est décidé. Cela ne va guère avec la tragédie.

On l'entoure, on la félicite, on la gave de bonbons et

de conseils. L'acteur Le Grand, vieillissant et de plus en plus rond, l'embrasse avec émotion, sans un mot ; il a apporté un bouquet de roses couleur thé, coupées dans le jardin de la rue Férou, et, à son bras, la mère Bouly pleure à chaudes larmes. Adrienne se pique le doigt avec les épines des tiges, et rit : ce sont ses vrais parents, Le Grand et la tante Madelon ; ils se tiennent un peu loin, et s'attendrissent ; ils s'éclipseront tôt.

Le père Couvreur n'est pas venu.

Quelqu'un chuchote à l'oreille d'Adrienne qu'un spectateur n'a cessé de répéter à voix haute, du fond de sa loge : « Bon, cela, bon... » Comme s'il s'agissait d'un singe à qui l'on apprend à danser !

Mais Adrienne dresse l'oreille : serait-ce son marmonneur ?

On lui dit le nom de l'importun : César Chesneau Du Marsais. Elle ne sait qui il est ; c'est un auteur, un philosophe peut-être, un grammairien, autour d'elle on est vague. Un petit chevalier enfin pourra préciser que Du Marsais a écrit un *Traité des tropes*, austère ouvrage en l'honneur de la rhétorique, et qui en fixe les règles. Le mot de rhétorique soulève des exclamations d'ennui ; il rebute tout ce joli monde qui s'en va souper gaiement. Quand s'ouvre la porte du coupé qui l'emporte, Adrienne ne remarque pas le valet qui la couve des yeux ; c'est le pauvre Minou, méconnaissable en livrée, et qui ne dit rien. Et Adrienne oublie le nom du marmonneur.

Le lendemain cependant le marmonneur lui écrit. Elle lui répond. Il recommence avec une autre lettre.

Une lettre toute de passion. Mais ne croyez pas à de l'amour, mon enfant.

« Apprenez donc, puisque vous l'ordonnez, que

jamais actrice à mon gré n'annonça de plus grands talents que les vôtres, et que, pour effacer probablement toutes celles qui vous ont précédée, j'ose vous garantir qu'il ne s'agit, de votre part, que de donner aux mots la vraie valeur nécessaire à ce qu'ils doivent exprimer. »

Il en est des grands professeurs comme des jeunes hommes fougueux quand on est fatigué d'être malheureux : ils surgissent. Il suffit de leur prêter l'attention qu'ils méritent. Adrienne savait cela depuis son séjour chez Le Grand ; c'est pourquoi elle répond à son admirateur bourru. Les grands compliments qu'elle reçoit sont comme les roses du bouquet de son tuteur ; leurs épines sont redoutables. La jeune femme comprend qu'il y a en Du Marsais une chance à saisir.

Elle oublia la rhétorique, et courut le voir.

M. Du Marsais aimait la langue, donc le théâtre, passionnément. Les actrices en vogue lui semblaient détestables, avec leurs grands airs prétentieux et leurs « han ! » de harangères. Il est venu à la Comédie pour entendre cette nouvelle Électre en grognant d'un air désabusé ; encore une jeunesse qui se prendra pour une divinité de l'Olympe...

Quand Adrienne fit son entrée, M. Du Marsais se pencha sur le rebord de sa loge.

Elle marchait la tête basse, tenant dans ses mains jointes les offrandes que la fille d'Agamemnon va poser sur le cénotaphe de son père. Elle avait laissé ses cheveux boucler sur les épaules, sans artifices.

Pas un regard vers la salle, pas un geste vers le public : c'est Électre enfin dans la nudité de sa douleur. Le parterre murmure, mais M. Du Marsais s'apprête à écouter la voix, et reçoit un coup au cœur.

Cette voix, il l'attendait depuis toujours. C'est elle, l'actrice qui va redonner au vers toute sa pureté ;

comme elle est frêle et jeune... Du Marsais a compris l'intensité qui se cache dans la miniature.

Quand elle arrive dans la grande bibliothèque où l'attend le grammairien, Adrienne intimidée s'arrête au seuil de la porte.

« Entrez donc! lui crie-t-il d'un ton irrité. Ce ne sont que des livres, n'en avez-vous donc jamais vu ? »

Contenant son indignation avec un grand sens du théâtre, la jeune femme fait quelques pas. D'une main qui se veut négligente elle en prend un sur la table, l'ouvre au hasard, et lit.

Seigneur, je n'ai pas cru que dans une journée
Qui doit avec César unir ma destinée
Il fût quelque mortel qui pût impunément
Se venir à mes yeux déclarer...

Du Marsais l'arrête en plein vol.

« Mais vous coupez la fin de chaque vers, mademoiselle Lecouvreur.

– Oui, monsieur; c'est ainsi qu'on m'a enseignée. Est-ce que cela n'est pas bien ?

– Quel est le maladroit cause de ce saccage ? Ce doit être encore un gandin de province, ou l'une de ces gourgandines dont le théâtre est infesté! Mais j'ai tort de vous gronder; venez, asseyez-vous, reprenez ce livre que vous venez de jeter à terre, et séchez-moi ces beaux yeux; gardez vos larmes pour la scène. Et redites-moi ces vers sans les hacher menu. D'une seule traite, s'il vous plaît.

– D'une seule traite ? Mais, monsieur, cela est impossible!

– J'entends, mademoiselle Lecouvreur, j'entends bien que cette phrase est longue. C'est ce qui en fait la beauté. Écoutez-moi : lorsque vous coupez à la fin de chaque vers, que devient la vraie valeur des mots dont je vous parlais dans ma dernière lettre ? Elle disparaît. “ Seigneur, je n'ai pas cru que dans une journée ”, voilà qui ne dit rien, mademoiselle. La durée de ce long jour qui devrait voir le couronnement de Bérénice s'efface ; deux vers plus loin, on ne sait plus qui est le “ mortel impudent ”, et si d'aventure vous arrêtez sur “ impudent ” votre souffle, le dernier vers devient une absurdité. Apprenez à respirer, retenez votre voix, mais ne la cassez pas comme font vos camarades, que dis-je, elles sont déjà vos rivales... Allons ! »

Adrienne, domptée par l'autorité de son professeur improvisé, commença le texte. Trébucha, puis se reprit, s'arrêta de nouveau, hors d'haleine. M. Du Marsais battait la mesure sans la regarder, d'une main longue et fine, en détachant élégamment le petit doigt. A chaque dérobade il fronçait les sourcils, et il émettait une sorte de petit grognement furieux. Enfin, après plusieurs tentatives, la comédienne s'envola, et parvint à dire la phrase entière.

« Pardieu ! Je savais que vous en étiez capable ! Le ton n'y est pas encore, mais il viendra de lui-même. L'illustre Racine n'a jamais réussi à apprendre la diction de ses vers à la Champmeslé de son cœur, malgré tous ses efforts. Je veux que nous réussissions, entendez-vous, je le veux ; il ne sera pas dit que Du Marsais échouera. Et vous serez la vraie tragédienne que Jean Racine aurait aimée. Recommençons, s'il vous plaît. »

Il n'eut de cesse que la diction fût parfaite. Enfin son tourmenteur abandonna l'actrice. Tout essoufflée, elle s'assit.

« Je n'en peux plus, monsieur, et la tête me tourne.

– Bon, cela ! fit M. Du Marsais en se frottant les mains. Il faut qu'elle tourne, cette petite tête d'hirondelle. C'est à ce prix seulement que vous serez grande. La plus grande, mon enfant... »

Du Marsais s'épongea le front; il luttait contre l'attendrissement.

« Voulez-vous du chocolat? proposa-t-il d'un ton brusque. On m'en fait de fort bon... »

Adrienne ne répondit pas; elle avait glissé doucement sur le sol, et M. Du Marsais, qui lui tournait le dos à dessein, n'avait rien vu de son malaise.

« Répondez-moi, enfin! » dit-il en s'impatientant.

Quand enfin il daigna la regarder, et qu'il la vit à terre évanouie, il se mit à genoux en implorant tous les dieux du théâtre, et sonna son valet qui apporta de l'eau fraîche.

« Une comédienne doit avoir des sels, bougonnait Du Marsais. Mais où les a-t-elle mis? Je ne les vois pas. Sont-ils dans la poche de sa jupe? »

Le pauvre homme n'osait pas la toucher; elle respirait à peine, on eût dit un oiseau mourant; enfin il lui tapota les joues, lui versa de l'eau sur le front, lui prit les mains, la supplia de revenir à elle. Et ce fut le valet qui trouva les sels dans la guimpe.

« Ah, monsieur, vous m'avez forcée trop loin... dit-elle d'une voix affaiblie en revenant à elle.

– Jamais trop loin! » s'écria Du Marsais avec feu.

Puis, se radoucissant, il la fit s'asseoir à ses côtés, et lui parla de ses rivales.

Elles étaient au nombre de deux: Mlle Duclos et Mlle Desmarets.

La Desmarets était la nièce de Mlle Champmeslé; c'est dire sa puissance; cette parenté ne lui était d'aucun secours pour la pratique de son art, mais elle avait des appuis, et obtenait tous les rôles. Ceux dont elle ne voulait point était pour l'autre, Mlle Duclos.

Elle était si stupide qu'on disait d'elle « Bête comme

la Duclos » ; c'était, à en croire l'aimable M. Du Marsais, une catin dont tous les grands de la Cour avaient visité la couche ; et si ce n'était point fait encore, cela se ferait sous peu.

La Duclos et la Desmarets jouaient à la Comédie depuis un bon quart de siècle.

« Et vous, mon enfant, vous avez votre jeunesse, qu'elles ne vous pardonneront jamais », ajouta Du Marsais qui ne se trompait guère.

Charlotte Desmarets était en effet fort grosse ; un double menton alourdissait le bas de son visage déjà fort rond ; ses yeux étaient exorbités, et ses bras ridiculement petits. Elle ne pouvait s'habiller qu'avec de grands mouvements de velours assez lourds pour dissimuler ses rondeurs. J'ai vu son portrait, ma chère enfant ; on ne fait rien de plus vilain. Son visage poupin est couronné de fleurs ; l'une de ses mains lève un petit doigt, l'autre tient un poignard de théâtre où s'accroche un masque italien. De ces deux accessoires il faut conclure qu'elle jouait également bien la comédie et la tragédie. Je veux croire que pour jouer les servantes de Molière, la Desmarets ait pesé son poids de rire ; mais pour Monime ou Pauline, mademoiselle, quelle horreur !

La Duclos ne valait pas mieux. Le portrait d'elle que j'ai vu à la Comédie la montre en grand costume de cour, tout orné de pierreries à la ceinture ; elle étend deux bras fort courts dans une pose prétentieuse, et lève des yeux bovins vers le ciel où la couronne un Cupidon qui brandit des étoiles. On lui a mis deux plumes sur les cheveux ; et rien de tous ces colifichets ne parvient à faire oublier, au centre du tableau, une masse de chair abondante et rose : les seins de la Duclos.

Bref, mon enfant, c'est une grosse dame aux bras

bouffis que le peintre tente vainement de faire envoler dans les airs avec quelques artifices.

Du Marsais connaissait aussi bien la petite âme noire des rivales d'Adrienne que leur apparence factice; il prévint notre héroïne, l'adjura de se montrer vigilante; je crois même que dès cette époque il lui parla de certains poisons dont la Duclos était coutumière.

Or déjà la Duclos avait dans son lit le prince duc de Bouillon, que nous retrouverons plus tard.

Adrienne haussa les épaules; on ne tue pas par jalousie de théâtre. Les leçons de diction de M. Du Marsais l'intéressaient bien davantage; grâce à sa passion de la langue, il avait entendu, dans la voix d'Adrienne, la vérité que Le Grand n'avait pas encore entièrement trouvée.

La maison de Du Marsais devint pour la jeune femme un havre de repos, malgré la dureté du professeur.

Cet homme-ci ne la courtise pas; il n'est pas comme les autres qui papillonnent autour d'elle, à lui donner le tournis. Il lui montre la fausseté d'un vers à qui manquera le *e* muet; il substitue, à la mélopée sans signification, le vers nu, et le texte même. A eux deux ils élaborent une véritable science; Bérénice se met à souffrir pour de bon, Phèdre languit pour Hippolyte, et Andromaque résiste à Pyrrhus, et le théâtre devient vrai.

On ne s'aperçut point aussitôt des progrès de la comédienne. *Le Mercure,* qui faisait le goût à Paris, s'était montré prudent : « Mlle Lecouvreur, nouvelle actrice qui a joué à la cour de Lorraine et de Strasbourg, a attiré beaucoup de spectateurs dans *Électre*; elle a été fort applaudie; cependant, avant que de porter aucun faux jugement sur son métier théâtral, il faut attendre que quelques autres pièces en décident. »

Cependant, avant que l'enseignement poétique de M. Du Marsais eût porté ses fruits, le succès décida de la suite. Iphigénie, puis Monime, l'amante esclave du tyran Mithridate, la sacrèrent tragédienne.

Le 2 juin 1717, elle accède enfin au rôle de Bérénice ; M. Du Marsais, au fond de sa loge, souriait aux anges.

Deux ans plus tard, en décembre de l'année 1719, la Comédie la dispensait de ses cotisations pour services rendus à la troupe.

Ne croyez pas, mademoiselle, qu'en vous parlant de son professeur je veuille diminuer les mérites d'Adrienne ; en rendant à Du Marsais la part que la comédienne lui doit, je n'explique pas tout son art. La diction n'aurait pas suffi pour imposer le « naturel » qui la fit si célèbre.

Figurez-vous que notre belle actrice, dès le mois d'août qui suivit ses débuts, est mise à l'amende. Adrienne a manqué son entrée dans *Nicomède*.

Le même mois, elle trouble la répétition d'une comédie en arrivant en retard ; la voici encore à l'amende. Elle retarde le commencement de *Mithridate*, jusqu'à neuf heures et demie !

Nouvelle amende. Enfin, elle oublie de mettre sa jupe, et entre essoufflée, en tenue négligée...

Oui, ma chère, elle oublie cette pièce de son costume. Attardons-nous un peu sur cette négligence. C'est une tout autre Adrienne, pensez-vous ? Une distraite, une péronnelle qui méprise son art...

Distraite, elle le fut toujours. Son caractère rêveur s'est encore accentué avec le travail sur le vers que lui apprend M. Du Marsais ; elle marche dans les coulisses, appliquée à tenir la phrase sans s'arrêter... On l'appelle, on crie, il est temps de vous habiller, Lecouvreur, réveillez-vous, on joue dans une heure, attention, on joue dans un quart d'heure, et elle n'entend rien tant elle s'absorbe dans le rôle...

Le jour où elle oublia sa jupe, le brigadier avait déjà frappé deux coups sur les planches. Ce n'est qu'au troisième coup du bâton qu'elle s'enfuit en courant vers sa loge. Trop tard...

Ce fut un trait de génie. Au lieu de retarder la pièce, elle entra en simple jupon. Un « oh » de stupéfaction l'accueillit. Puis, comme déjà tout lui était permis, on l'applaudit à tout rompre.

Elle avait raison; Adrienne Lecouvreur venait de porter à la scène la vérité de son époque. Plus tard sont venues les Rachel en longues tuniques rouges, sans corsets, sans afféterie; c'est Adrienne qui leur ouvrit la voie. Non qu'elle ait pu renoncer aux grandes robes de cour; elle aurait été renvoyée, et la Desmarets veillait...

Mais enfin d'une négligence elle fit le négligé.

Car avec la Régence, selon la folie de l'époque, la mode change comme le reste. Lorsque meurt le « feu roi », la mode est aux costumes compassés; l'habit est de parade, la perruque est à marteau, les femmes sont engoncées dans de fortes baleines; c'est pourquoi la Duclos put jouer si longtemps...

Puis un jour les filles du Régent oublient de mettre leur corset; Mme Palatine est scandalisée. Voilà la nouvelle mode lancée; on se promène en mousselines et en mules, on laisse les corsets, on fait glisser la chevelure sans apprêts, et l'on porte les légers manteaux que Watteau a posés négligemment sur le dos de ses belles.

Voulez-vous voir ce qu'était le « naturel » d'Adrienne ?

Regardez *L'Embarquement pour Cythère*. Watteau l'a daté de l'année terrible, celle des grands froids et des icebergs sur la Seine. Qu'y voyez-vous ? De vaporeuses créatures noyées dans l'ivresse brumeuse de l'été, des femmes en petits manteaux aériens, et, sous les tricornes miniatures, des chignons à peine tressés que le vent dans les voiles du bateau aura tôt fait de dénouer...

Adrienne sentit cela plus qu'elle ne le comprit vraiment. Son enfance de pauvresse, les errances sur les routes venteuses, et la blanchisserie l'avaient préparée à la leçon du négligé. C'est ainsi que sa Phèdre porta, pour les écarter dans sa fièvre, de vrais voiles sombres au lieu d'un manteau de velours. Le négligé autorisait le mouvement, qu'Adrienne inventa avec la diction toute nue. Elle se mouvait devant les spectateurs avec la grâce d'une femme seule dans sa chambre, et qui, pendant qu'on ne la voit pas, se laisse aller à une charmante intimité. Souvenez-vous, mon enfant : dans Pauline, à l'hôtel du Gué, ne jouait-elle pas déjà en robe de chambre ?

Savez-vous quelle fut la coiffure à la mode ? Je ne sais pas de plus heureuse expression pour illustrer l'air de la Régence, et je n'en sais pas de plus affreuse pour figurer le destin d'Adrienne. C'était la coiffure dite « à la culbute ».

En toutes choses la Régence fit la culbute ; on parie, on joue frénétiquement, bientôt le « système » de Law fera culbuter l'or ; les femmes se laissent « culbuter » sans vergogne, et le royaume bascule dans une frénésie sans pareille. Et si Adrienne n'est plus de celles qui culbutent sur un lit, elle se fera « culbuter » le cœur par une folie nouvelle que son siècle ne découvrira que plus tard.

La folie du bonheur, mademoiselle, et celle de l'amour.

Pour le négligé, elle était de son temps ; et c'est la négligence du siècle qui la fera mourir. En oubliant sa lourde jupe à la Duclos, elle change de siècle sans le savoir, et porte à la scène le mouvement des esprits qui s'achèvera bientôt par la révolte. Quoi de plus négligé, mademoiselle, que la Révolution des sans-culottes ?

Quand rencontra-t-elle Voltaire ? Quelque part dans ce tourbillon. Peut-être le soir de ses débuts, au milieu des petits marquis ; peut-être quand il sortit de la Bastille.

En tous les cas, ils ne pouvaient se manquer. Voltaire passait sa vie sous les jupes des actrices.

En exil à Sully-sur-Loire, il fait sortir de terre les tréteaux, comme un forain qu'il est lui-même ; plus tard, sur ses pas naîtra le théâtre, et c'est à la Comédie qu'il connaîtra son triomphe pendant une représentation d'*Irène*. Mais de cette dernière image, la plus fameuse, il faut nous défaire, mon enfant ; car ce n'est pas le vieillard dont le ricanement harcela les souverains d'Europe que nous trouvons aux côtés d'Adrienne. C'est un jeune homme qui a le même âge qu'elle : vingt-quatre ans.

On ne peut pas plus charmant que ce jeune homme-là. Son regard est malicieux et tendre, et son sourire, quoiqu'un peu triste déjà, est celui de la jeunesse. On dirait qu'il vous demande : m'aimez-vous ?

Et si d'aventure vous avez envie de dire oui, le regard vous répond en même temps : mais vous ne m'aurez pas...

Tel, il se décrit lui-même en cette année 1718 où son chemin va croiser celui d'Adrienne : « flexible comme une anguille et vif comme un lézard et travaillant toujours comme un écureuil ». De l'anguille et du lézard, bêtes à peau froide, il a le coulant et le goût de la fuite ; il aime toutes les femmes, folâtre de comédienne en comédienne sans s'arrêter à aucune, et quand on le quitte, il se fâche moins de la souffrance qu'il ressent que de l'humiliation infligée par le rival.

L'une de ses maîtresses disait qu'il était un « amant à la neige ». Glacé, vite fondu, et peu obstiné en amour; agréable, le temps d'une nuit, et aussitôt disparu. Vous connaissez peut-être l'aphorisme de La Rochefoucauld : « Il y a des gens qui ne seraient jamais amoureux s'ils n'avaient pas entendu parler de l'amour. » On dirait que la phrase fut inventée pour Voltaire. Quand la jeune Suzanne qu'il avait enlevée le trompe, il se venge avec de méchants vers. Souffre-t-il ? Sans doute un peu; mais des trois animaux, lézard, anguille et écureuil, seul l'écureuil, qui travaille, est le vrai Voltaire; ce ne sont pas les femmes, c'est la gloire qui l'intéresse.

Car enfin, mademoiselle, songez qu'il s'alla mettre dans le lit de la Duclos ! Vous me direz qu'il n'était pas le seul, et qu'il s'agissait là d'un passage obligé. Sans doute, puisque la Desmarets eut son tour : Voltaire était malin, et voulait que ses pièces fussent jouées. Et s'il faut pour cela honorer la couche des reines de la Comédie, il n'hésitera pas.

Il ira même jusqu'à entourer la grosse Desmarets d'égards extravagants. Elle s'apprête à jouer Jocaste dans son *Œdipe*, et il veut changer, ici ou là, un vers. Le monument qu'est Mlle Desmarets ne se laisse pas circonvenir aisément; la comédienne refuse d'apprendre les vers modifiés.

Alors Voltaire invente un tour de son cru. Il envoie à la dame un pâté dans sa loge, après la répétition.

La Desmarets ouvre le pâté : elle y trouve des perdrix rôties. Et en les examinant de près avant de les attaquer, elle voit, dans leur bec, de petits billets roulés.

Ce sont les vers qu'il veut changer, et les perdrix étaient les messagères de M. de Voltaire.

La Desmarets éclata de rire, apprit les vers nouveaux mais n'aima pas davantage Voltaire. J'imagine qu'elle devait confusément comprendre le mépris dans lequel il la tenait.

Qu'allait-il faire aussi avec ces grandes bêtes de théâtre, attachées à leurs bijoux et à leur façon de déclamer comme on beugle ?

Toujours est-il qu'à cette époque il semblait n'avoir d'yeux que pour les gloires dont la corpulence emplissait les scènes.

Pourtant, fort prudemment, quand la Lecouvreur jouait au théâtre de Strasbourg, et qu'on commença à parler d'elle, Voltaire commit quelques billets galants la conviant à l'amour ; il prit, sur l'avenir, quelques garanties. Mais quand elle fut à Paris, c'est à peine d'abord s'il la vit : elle était là cependant, avec son teint blanc et son beau regard humide. Je gage qu'elle lui parut si frêle à côté des deux autres qu'il la traversa sans la remarquer. Vous savez ces yeux qu'ont les hommes quand ils ne vous voient point, mademoiselle.

Puis il s'aperçoit qu'Adrienne, Comédienne Ordinaire du Roi, n'est pas comme les autres filles de théâtre. Il observe l'imperceptible distance qu'elle met entre elle et le monde ; il la devine rêveuse ; son rire est légèrement faux, comme si elle avait déjà beaucoup souffert.

Sans doute aussi aura-t-il entendu parler de « l'actrice du deuil éternel » ; peut-être déjà se croit-il amoureux. Au vrai la question est mal posée. Nouvelle actrice à la mode, Mlle Lecouvreur n'échappera pas au regard désormais perçant de Voltaire. Et du moment qu'elle accède à la gloire, il la voit.

Il la veut pour sa nouvelle pièce, *Artémire*.

On a oublié cette œuvre, ma chère enfant, et l'on a bien fait. Artémire est une reine malheureuse persécutée par un époux terrible au milieu d'une cour intrigante à côté de laquelle celle de *Bajazet* est une clairière au bord d'un étang calme. Hérode le mari oblige Artémire à boire, dans un banquet, une coupe empoisonnée; et les convives attendent sa mort en criant : « La reine boit! »

Lorsqu'elle lit ces vers, Adrienne frémit au souvenir des genêts en couronne que son père autrefois lui posa sur la tête; mais elle n'en dit rien, et se contente de murmurer à Voltaire que ces mots lui porteront malheur. Le « lézard » éclate d'un rire malicieux et lui offre une dragée de sa bonbonnière.

La pièce de Voltaire n'est ni bonne ni mauvaise; les vers pourraient être de Jean Racine, sauf à dire qu'on entend bien qu'ils ne sont pas de lui...

Quels troubles, quels complots, quels mouvements
[secrets
Dans cette cour trompeuse excitant les orages
Ont de Larisse en feu désolé les rivages...

Hélas! Le soir de la première, lorsque la triste reine lève la coupe empoisonnée que lui envoie son horrible époux, c'est justement le jour où l'on fête les Rois.

La salle entière se met à crier aussitôt : « La reine boit! » et l'effet est manqué.

La pièce tomba dès le premier soir, et Voltaire la remit à l'établi.

Ce soir-là Adrienne, en sortant de scène, était si pâle que Voltaire la soutint dans ses bras et posa sur sa nuque un baiser qu'il voulut rassurant. Une Duclos aurait profité de l'occasion, aurait fait la coquette; elle aurait soupiré avec âme, ou bien elle aurait ri. Adrienne ne fait rien de cela, et se détourne en rougissant : de l'amour elle ne veut plus.

Et dans le baiser de Voltaire il pourrait exister en effet de l'amour.

Il a déjà constaté qu'Adrienne n'aime pas le monde autour d'elle ; si on la serre d'un peu près, elle recule comme un pauvre animal. Elle n'a plus de ces élans qui la faisaient vulnérable ; elle n'a plus même la force de feindre et de sourire. Elle n'aimera plus, voilà tout. Elle veut qu'on la laisse, et être seule enfin.

A l'époque de la création d'*Artémire*, Adrienne se plaint déjà de passer ses journées à faire tout ce qui lui déplaît. Il faut entreprendre de faire des connaissances nouvelles qu'il lui est impossible d'éviter – ce sont ses propres mots, mon enfant ; les nouveaux venus l'empêchent de cultiver ses amitiés anciennes, et surtout, de s'occuper chez elle à son gré.

« M'occuper chez moi selon mon gré »... Ah, ma chère petite, voici le « chez-soi » dont elle rêva tout au long de sa vie...

Ce n'est pas la complète solitude ; c'est autre chose. Un paradis retiré peuplé d'amis sincères, et peu nombreux. C'est ce que fut le couvent de sa jeunesse, ce seront les Charmettes pour Jean-Jacques Rousseau, et Nohant pour George Sand telle que vous la voyez aujourd'hui devant vous ; c'est une aimable retraite où l'on vit en négligé avec ceux que l'on chérit. Pas de place ici pour la galanterie, non plus que pour les amourettes. Voltaire pressent qu'il ne sera point son amant officiel, et renonce à coucher Adrienne sur la liste de ses conquêtes ; au demeurant, qu'aurait obtenu cet amant à la neige, sinon un nom de plus sur le catalogue de Don Juan ?

Le voici aux petits soins, attentif comme un vieil amant et sans rien avoir obtenu d'elle. Peu à peu elle s'accoutume à ce bizarre oisillon sautillant à la tendresse aimable. L'amitié naît entre eux, plus forte et plus durable qu'une vaine aventure. Il est convenu qu'on ne franchira pas un certain cercle de feu, dont les baisers cependant font partie ; Le Grand était un père d'adoption, Voltaire est un cousin. On jase ? Ils en rient. Ils sont ensemble dans le « chez-soi » d'Adrienne ; voilà le paradis parisien peuplé de son premier homme, et qui n'incarne pas l'amour.

J'ai connu moi aussi ces amants qui vous jurent une camaraderie éternelle et se tiennent, c'est juré, sur le bord de la passion où ils sentent bien que vous ne voulez pas aller. Un jour, mon enfant, je reçus une lettre qui disait des mots semblables... C'était à peu près ceci, « Vous me connaissez assez pour savoir à présent que jamais le mot ridicule de – voulez-vous ? ou ne voulez-vous pas ? ne sortira de mes lèvres avec vous... » et cela ajoutait qu'on pouvait être « une espèce de camarade sans conséquence et sans droit, par conséquent sans jalousie et sans brouilles, capable, ajoutait-on, de fumer votre tabac, de chiffonner vos peignoirs et d'attraper des rhumes de cerveau en philosophant avec vous sous tous les marronniers de l'Europe moderne ».

Hélas ! Moins d'un mois plus tard nous étions devenus amants.

Lui qui m'avait parlé de « la mer Baltique » entre nous !... Je gage que semblable aventure aurait pu arriver à notre Voltaire ; mais il était plus froid que le pauvre petit dont je ne vous dirai pas le nom, et qui est mort ; quant à Adrienne, sa souffrance était trop violente et trop fraîche encore pour qu'elle se laissât attendrir comme je le fis alors. Peut-être étaient-ils plus sages que nous le fûmes; de la camaraderie qui m'était proposée je ne savais pas les bienfaits. De l'amour qui la remplaça je connus les douloureux méfaits.

Adrienne dans sa tristesse n'avait besoin que d'un simple cousin.

Et puis Voltaire la fait rire à la fin. Il fera entrer un peu d'air de ce monde dont il raffole; elle lui enseignera un peu du pathétique dont elle est pleine. Il la rendra apprivoisée; elle lui apprendra le tragique; ils seront comme deux enfants dans un univers sans danger, ou plutôt, ils s'en défendront de concert. Ils marcheront ensemble comme j'ai fait de ma Consuelo et de son bon camarade, Joseph Haydn adolescent.

Un soir, voici notre Voltaire dans la loge d'Adrienne, où il a ses habitudes. Il a déjà, plusieurs fois, défrayé la chronique.

Le chevalier de Rohan ouvre la porte brutalement avec sa grande canne à rubans, et voit le brillant jeune homme affalé sur une bergère, et causant avec la comédienne pendant qu'elle se dévêt; d'elle on ne voit que la main qui jette, par-dessus le paravent, les jupes et les jupons qui volent. Et Rohan n'entend que des éclats de rire.

Il n'est pas venu là pour se faire souffler la belle. Ce Voltaire n'est pas bien né; il n'est pas noble. Il s'est fabriqué un nom, un titre, alors qu'il ne s'appelait qu'Arouet, et il prétend demeurer en présence d'un Rohan! Ces nobles fraîchement baptisés ont de ces insolences...

Vous connaissez ces scènes dans les loges, mon enfant; elles sont le prolongement du théâtre, dont elles ressentent encore les effets. Les admirateurs des actrices poursuivent dans ces étroits espaces les intrigues qu'ils viennent de voir sur la scène; on s'étripe pour une bagatelle. Bref, Rohan le prend de très haut et apostrophe méchamment celui qu'il tient pour l'amant en titre d'Adrienne.

« Arouet ? fait-il. Arouet ? Ou Voltaire ? Enfin, monsieur, avez-vous un nom seulement ? »

La devise des Rohan est toujours : « Roi ne suis, prince ne daigne, Rohan suis. » Le chevalier était le digne héritier de l'arrogante famille qui défia les monarques français, ou les servit. Vous pensez bien, mademoiselle, que notre lézard n'allait pas se taire. Il se lève prestement et répond aussitôt :

« Voltaire ! Je commence mon nom et vous finissez le vôtre, monsieur !... »

La canne se lève ! Voltaire, le pauvre, sort son épée...

Et Adrienne, fort à propos, s'évanouit, ouvrant un œil en coulisse pour voir si ses vapeurs ont produit l'effet cherché. La noblesse l'effrayait.

Elle avait raison, mon enfant. Trois jours plus tard, Voltaire se fit bastonner au sortir d'un souper, et Rohan, caché dans sa voiture, regardait avec satisfaction son rival rossé par ses valets.

Voltaire en devint enragé, et apprit l'épée afin de se battre pour de bon, sur le pré. Il fit tant et si bien que l'affaire se sut, et que Rohan se méfia. Bientôt l'homme à la canne se retrouva dans la loge d'Adrienne. Voltaire s'y trouvait qui demanda réparation. L'héritier des Rohan fit mine d'accepter de bonne grâce.

Mais le lendemain, il supplia : que l'on embastille ce fou dangereux qui pourrait, sait-on jamais, l'assassiner selon les règles... Voici Voltaire en prison, pour sa plus grande gloire.

Il avait les rieurs contre lui quand il fut bastonné ; il eut le public avec lui pour être retourné à la Bastille, où il prit des allures de héros. Son emprisonnement scandalise à tel point que le gouverneur de la forteresse est prié de lui en faire goûter tous les charmes, toutes les libertés. A la Bastille, Voltaire est en prison, mais dîne et soupe bien. Il n'oubliera cependant point.

La tendresse entre le poète et la comédienne se poursuivit ainsi durant toute la vie d'Adrienne, et jusqu'à son dernier souffle.

Voltaire sera toujours un peu jaloux ; qui dit jalousie dit amour, et la mer Baltique est aisée à franchir. Un jour, à l'occasion du nouvel an, il lui fait un cadeau, l'un de ces cadeaux d'intimité naïve que seule l'amitié autorise. C'était le manteau, ma chère enfant, le fameux manteau de lit dont je vous parlais hier. Une mousseline brodée de bouquets, et doublée de taffetas blanc : nous savons cela par l'inventaire dressé par l'huissier de justice après sa mort.

Et avec le présent, Voltaire envoya un poème, que voici :

Recevez, charmante Adrienne
Recevez ce manteau de lit
Pour vous le tendre amour le fit
C'est son ouvrage et votre étrenne
Recevez dans vos bras mes illustres rivaux
C'est un mal nécessaire et je vous le pardonne ;
Mais songez que chez vous j'ai gardé les manteaux
Et que c'est moi qui vous en donne.

Peut-on plus délicieux que cet envoi ? Ah, les beaux temps où l'on accompagnait chaque geste de la vie quotidienne d'un court poème, trois vers par-ci, un sonnet par-là, et qu'importe s'ils étaient écrits à la diable... Scribe préférait les chansons ; mais moi, j'aime cet esprit d'alambic qui transforme la vie en poème et un manteau de lit en octosyllabes.

Mais le poème en dit long sur le jaloux Voltaire. Sans doute, à l'époque du cadeau, mon aïeul était-il déjà entré dans la vie d'Adrienne ; cette bourrasque dut souffler assez fort pour que Voltaire éprouvât le besoin de rappeler son existence aux bons soins de son amie, qui l'avait négligé. Vous observerez aussi qu'il se pose en gardien de manteaux, faussement humble, mais assez malin pour rappeler tous les secrets qu'il tint cachés !

A compter du jour où Maurice de Saxe surgit, plus de place pour l'ami de cœur, qui gémit en vers et se plaint ; passe encore de ne pas conquérir Adrienne, mais perdre son intimité, voilà qui est intolérable !

Il me semble à moi qu'avec ce manteau de mousseline blanche, et le poème qui l'accompagnait, il voulut peut-être prévenir Adrienne qu'un grand danger la menaçait. Voltaire, en amour, n'aimait pas l'excès ; impuissant, il assistera bientôt à la lente agonie amoureuse d'une Adrienne détruite par sa passion pour un homme avant de l'être par le poison. En faisant mine d'être jaloux, Voltaire cherchait à la rattacher à ce monde qu'elle haïssait, et où il savait jadis la faire entrer.

Mais j'anticipe, ma chère petite. Maurice de Saxe n'est pas encore à Paris ; il guerroie quelque part dans les froides plaines des Flandres, et nous n'en sommes pas encore au moment où nos deux héros se rencontrent.

Car si Voltaire ne parvint pas à séduire Adrienne, et s'il sut troquer son échec contre une bonne amitié, il n'en va pas de même pour son meilleur ami. Adrienne rejette toutes les amours, mademoiselle; ou plutôt, elle refuse l'amour des hommes. Pour l'histoire qui va suivre, il nous faudra de la délicatesse; vous verrez les étranges chemins sur lesquels notre comédienne s'aventure.

V

La Couleuvre

Charles-Auguste d'Argental, très épris de la comédienne,
fut séparé d'elle par sa mère, madame de Ferriol.
Il vécut jusqu'à quatre-vingts ans, et découvrit,
soixante ans après qu'elle a été écrite
et sans en avoir jamais rien su auparavant,
une lettre d'Adrienne Lecouvreur à madame de Ferriol,
où la comédienne avouait son amour pour lui.
(Gravure de Defraine. Musée Carnavalet, Paris. Cl. Giraudon.)

UN jour, sur les talons de Voltaire, entre dans la loge d'Adrienne un tout petit jeune homme. De Klinglin il a l'extrême jeunesse, dix-sept ans à peine ; il est blond comme l'autre, et comme l'autre il est beau. Éperdument prêt à tomber éperdument amoureux.

Voltaire était plaisant, mon enfant ; mais Charles-Auguste d'Argental avait la tranquille assurance de ceux qui se savent aimables.

Il n'est pas, comme son ami, de ceux qui passent une nuit dans le lit des actrices, et s'en vont le lendemain pour en séduire une autre. Il n'est pas à la neige ; d'ailleurs il est vierge. D'Argental est trop jeune ; il veut aimer pour de bon, et déjà, dans la loge, il s'éprend. Non d'Adrienne encore, mon enfant ; mais de la comédienne, et de l'intimité.

C'est encore l'une de ces scènes de déshabillé dans une loge, mademoiselle. Adrienne vient de jouer Marivaux ; elle est en marquise, coiffée d'une perruque poudrée de blanc, et tout échauffée par le jeu. Près de ses lèvres en cerise une mouche noire s'est posée. Ses joues sont rosies par la scène, et ses yeux brillent ; elle entre en coup de vent, et comme elle est toujours dans son rôle, elle donne légèrement sa main à baiser au jeune homme qu'elle regarde à peine. Puis elle disparaît derrière le paravent avec sa camériste.

Charles-Auguste entend parler de corsets que l'on délace, d'une fleur piquée un peu fort, et qu'il faut ôter doucement; Adrienne crie, parce que l'épingle est entrée dans sa chair; on lui tire les cheveux qui se sont emmêlés sous la perruque, bref, sous l'œil ironique de Voltaire qui voit son ami défaillir de bonheur, le jeune homme succombe au charme de cette femme qu'il vient de voir sur la scène, et qu'il écoute se déshabiller.

Quand elle apparaît, vêtue de blanc comme une jeune fille, et coiffée au naturel avec ses boucles cendrées, il ne peut la quitter du regard.

Elle non plus. Le souvenir de son jeune amant de Strasbourg la frappe en plein cœur. A l'instant elle voit qu'il l'aime déjà, et prend peur.

« Voltaire, jette-t-elle froidement à son ami, tu ne m'as pas présenté cet enfant. »

Aussitôt qu'elle a dit ces mots, elle frémit. Car à Strasbourg, au moment de ses amours avec le jeune Klinglin, c'est l'enfance en l'adolescent qui avait charmé son cœur, et voilà qu'elle ressent de nouveau le même trouble... Non, cela ne sera pas. Redressant les épaules, elle compose sa figure et devient encore plus réservée. Il ne sera pas dit qu'elle aura encouragé le petit d'Argental.

Mais M. Charles-Auguste ne voit pas la froideur; il contemple avec ravissement celle qu'il aimera toute sa vie, mademoiselle. Car il était de la race des fidèles, et le lui prouva en dépit de tout.

Voltaire prend à part son amie, et garantit la pureté du jeune homme; il n'arrivera rien de fâcheux; au demeurant il est de fort noble famille et...

Voltaire s'arrête net; il voit se froncer les sourcils

d'Adrienne, qui, à l'évocation de la bonne naissance, s'inquiète. Toute l'histoire est donc en place pour recommencer ! On vous présente un bambin blond, il vous adore, il veut vous épouser, et un père sera là, juste au bon moment, pour vous l'enlever, le marier... Non !

Il faudra un long moment avant qu'elle se décide, comme le supplie Voltaire, à accepter un souper ce soir-là avec les deux amis.

Voltaire a connu d'Argental enfant. Ils ont sept ans de différence ; le plus jeune se faufile derrière le plus vieux, et entre dans le paradis d'Adrienne où il se rend vite indispensable. C'est un blond assez carré, mais il a la maigreur d'un jeune matou ; son apparence est glaciale ; il parle peu et quand il veut exprimer quelque chose, il rougit. Mais son regard bleu est plein d'un feu ardent et clair ; il y a en lui une telle innocence qu'Adrienne se fait à ce dévouement impassible et touchant.

Il ne lui dit rien, il est là ; il la contemple. Quand elle sort de la scène, il lui tend un mouchoir pour s'éponger le visage ; il lui prend le bras jusqu'à sa loge, écarte les fâcheux. A côté du paravent il a son fauteuil, où il s'assied chaque soir, et goûte les plaisirs délicieux du déshabillage d'Adrienne, spectacle dont il ne se lasse pas. C'est « la bergère de Charles-Auguste » ; nul autre que lui n'a le droit de s'y mettre, pas même Voltaire qui proteste en vain.

Peu à peu il s'occupe du train de la maison ; discrètement il surveille les domestiques, surprend quelques larcins et inflige les punitions en cachette d'Adrienne, pour ne pas la déranger. Le paradis de la comédienne se porte à ravir ; le vin devient excellent, la chère, parfaite ; on ne voit plus un seul grain de poussière et le linge est immaculé, comme d'Argental sait que l'aime Adrienne.

Adrienne habite rue Visconti, dans la maison où mourut Jean Racine au tournant du siècle; quand il l'apprend, Charles-Auguste trouve un portrait du grand homme, qu'il accroche au mur. Puis il achète les livres qui feront la bibliothèque; il va jusqu'à choisir lui-même les dentelles pour les oreillers, et les livrées du valet.

Les choses iront si loin que les domestiques appelleront d'Argental « Monsieur », tout court, et sans autre forme de procès.

C'est que Charles-Auguste est un épouseur, mon enfant. Exactement comme François-Joseph de Klinglin; et la même aventure l'attend avec cet amour. Il est seulement plus fidèle et plus entêté; et l'histoire ne se termine pas tout à fait comme celle de Strasbourg.

Le jeune homme est prudent; à sa famille il ne parle de rien, d'autant qu'il n'a pas encore obtenu les faveurs d'Adrienne. Mais son cœur ne saurait lui mentir; elle sera sa femme. Et en attendant Charles-Auguste joue le rôle de l'époux, fait le maître de maison et soupire en secret. La sauvage Adrienne s'apprivoise, et ne redoute plus rien de son preux chevalier domestique, dont elle goûte l'amitié en confiance. De l'amour qu'il lui porte elle ne veut rien savoir; mais au fond d'elle-même elle sait qu'elle a là deux amis, que l'un ne l'aimera jamais, et que l'autre l'aimera toujours. L'on est en famille; on rit, on se pique de bel esprit, et parfois l'on échange quelques chastes baisers volés au détour d'une phrase.

Il faut bien qu'un jour Charles-Auguste se déclare.

Mais il est trop taciturne pour se servir des mots. Il envoie des bouquets muets, sans billet amoureux; il dépose, sur la table de toilette, des parures silencieuses qu'Adrienne accepte avec un peu d'inquiétude. Il continue de l'adorer en se taisant. Vient un moment où ils sont seuls ; Adrienne est à sa coiffeuse et brosse ses longs cheveux.

Charles-Auguste, avec la passion des timides, ne résiste pas davantage et embrasse furieusement le cou blanc d'Adrienne. Je dois dire, mon enfant, qu'elle ne se retourne pas aussitôt. Du moins, c'est ce que je crois ; car à n'en pas douter, n'était son passé, elle eût succombé à cette tentation.

Après un grand effort sur elle-même, Mlle Lecouvreur repousse M. d'Argental, et lui jette un regard accablé. Ses yeux ne sont pas fâchés, mon enfant ; ce qu'y lit le jeune homme est bien pire, c'est une douleur indicible. Puis doucement elle fait « non » avec sa jolie tête, et pose un doigt sur la bouche de l'enfant pour lui imposer le silence. Il ne s'est pas échangé un seul mot ; mais Charles-Auguste, désespéré, sait qu'il faudra attendre, et que ce sera long.

Le voici qui se relève, rouge comme un coq, et qui trouve la force d'un baiser d'ami sur le front de celle qu'il aime, et qu'il serre contre sa poitrine en soupirant. Ah, que n'a-t-il quelques années de plus !

Le père de François-Joseph de Klinglin était prêteur d'État ; c'était déjà beaucoup. Ce n'était rien cependant au regard de la mère de Charles-Auguste.

Je ne sais s'il y a plus terrible qu'une mère, mademoiselle, si ce n'est, peut-être, une fille.

Marie-Angélique de Ferriol, née de Tencin, était la sœur de cette grande et folle Mme de Tencin, qui, sortie du couvent et relevée de ses vœux, connut nombre d'amants, tint un salon, et fut embastillée lorsque l'un de ses soupirants se donna la mort. Et à cause de cette sœur scandaleuse, Marie-Angélique de Ferriol, épouse austère et fidèle, voulait pour elle et les siens une vie rigoureuse. Elle n'était pas plus disposée à laisser son épouseur de fils donner le nom des Ferriol à une comédienne que ne l'était le prêteur d'État de Strasbourg à accorder celui des Klinglin à la pauvre Adrienne ; cela va sans dire.

Mais l'on n'est pas en province, et le jeune homme ne se laissera pas marier de sitôt. Sa mère le sait ; elle prendra, pour le détacher de son amour impossible, d'autres moyens en usage dans les familles parisiennes. Mme de Ferriol connaît le monde, assez pour tâcher de ne pas trop faire souffrir son écervelé de fils. Il ferait d'ailleurs beau voir que ses ruses ne fussent point bonnes !

On enverra le jeune homme en voyages d'affaires, comme on fait avec les jeunes filles dont on soigne aujourd'hui les chagrins à la campagne, ou en Italie. Voici Charles-Auguste à Londres. Il n'a plus d'autre secours que les mots, et les lettres. Il en envoie tous les jours ; Adrienne répond...

Où les ai-je donc rangées, les lettres qu'Adrienne envoya à son ami ? Ah, elles sont ici, sous les billets de Voltaire. Écoutez ceci :

« Vous savez combien vous m'êtes nécessaire, et combien votre commerce me plaît. Vous savez que vous me pouvez tenir lieu de famille, de conseil, d'ami véritable, et par conséquent du plus grand bien qui soit au monde... »

Entendez-vous, ma chère enfant ? Pas un mot sur l'amant, le mari que rêve d'être le jeune homme. Et ce n'est pas fini.

« Vous savez que je n'ai de ma vie eu autant de confiance et que mon amitié pour vous est des plus tendres, et ne peut finir qu'avec ma vie... »

Portrait d'Adrienne Lecouvreur. « Elle n'avait ni une prestance avantageuse, ni beaucoup de ces grâces dont le beau sexe est en possession pour charmer les yeux et le cœur ; mais elle était parfaitement bien faite dans sa taille médiocre, avec un maintien noble et assuré, la tête et les épaules bien placées, les yeux pleins de feu, la bouche belle, le nez un peu aquilin, et beaucoup d'agréments dans l'air et les manières » (*Le Mercure de France,* 30 mars 1730). *(Peinture anonyme XVIIe. Musée de Châlons-sur-Marne, ph. Hervé Maillot.)*

Portrait de mademoiselle Duclos. Marie-Anne de Châteauneuf Duclos, avait vingt ans de plus qu'Adrienne Lecouvreur et défendait « la tradition », c'est-à-dire la déclamation selon la Champmeslé. Voltaire qualifia sa diction de « mélopée théâtrale ». C'était une actrice fort galante et fort bête, disait-on. On la voit ici, peinte par Nicolas de Largillière, dans le rôle-titre d'Ariane. *(Huile sur toile. Coll. Comédie-Française.)*

A l'époque où Adrienne Lecouvreur fit ses débuts à la Comédie, en 1717, la tragédie, figée dans une tradition empanachée, est au goût du jour ; Voltaire obtient ses premiers succès ; l'antagonisme existe toujours entre la *commedia dell' arte* et l'art de la déclamation, qu'Adrienne rénovera. Elle apportera le « naturel » dans la diction comme dans le costume. *(J.A. Watteau,* Les comédiens français, *huile sur toile. Metropolitan Museum of Art, New York, ph. du musée.)*

Maurice-Arminius, comte de Saxe. Fils bâtard d'Aurore de Koenigsmark et d'Auguste le Fort, il commença à douze ans son métier de soldat, rêva toute sa vie d'une couronne qu'il n'obtint jamais ; mais fut le souverain en exil des États de Courlande, et régna... sur le château de Chambord. Il exigea d'être jeté dans la chaux vive comme l'avait été Adrienne Lecouvreur, mais eut droit à une sculpture monumentale de Pigalle à Strasbourg. *(Quentin de La Tour,* Le maréchal de Saxe, *pastel. Musée du Louvre, ph. Bulloz.)*

La malheureuse femme ne pouvait se priver entièrement de l'appel qui criait en elle; elle appelait cela du mot trompeur d' « amitié », mais pour le coup, ma chère enfant, ce n'est pas la camaraderie solide qui la liait à Voltaire. Ce sont des sentiments conjugaux inavoués, et dont elle ignore tout elle-même.

Mais d'Argental comprit que, si elle ne l'aimait pas encore, Adrienne était prête à devenir sa femme; il ne résista point. Il revint de Londres sans l'autorisation maternelle, et plus enflammé encore.

Madame sa mère exige qu'il demeure huit mois à Paris sans revoir Adrienne; et s'il ne l'a pas oubliée, si un nouvel amour n'a pas chassé l'ancien, peut-être – « mais mon fils, attention, ce n'est encore qu'un peut-être » – se laissera-t-elle attendrir.

Elle n'en pense pas un mot; c'est une ruse encore.

Charles-Auguste supporte stoïquement l'épreuve, et ne se rend plus qu'au parterre; il ne va plus voir Adrienne dans sa loge, et se contente de regarder, sur scène, les héroïnes de tragédie dont il connaît le moindre bout de ruban sous les voiles. Cela, personne ne peut le lui interdire; ni sa mère ni Adrienne ne sauront qu'il est là, et qu'il souffre. Il sait tous les vers par cœur, et les écoute à peine; son seul souci est de deviner si son amie est triste ou gaie, si elle est malade, si elle a ses migraines ou ses flux de ventre... Bref, Charles-Auguste est au théâtre sans y être, comme un époux qui serait privé de sa femme dans son lit. Le curieux est que cette fausse épouse n'y fut précisément jamais.

Les huit mois écoulés, et au grand désespoir de Mme de Ferriol, d'Argental retourna chez Adrienne plus amoureux que jamais, et le cœur toujours plein d'espérance. Les épreuves que sa mère lui infligeait parviendraient, il en était certain, à fléchir du même coup le cœur de sa bien-aimée... Son calcul n'était pas tout à fait faux; il s'en fallut de peu qu'il y parvînt.

Mme de Ferriol se fâcha. On enverrait l'obstiné dans l'île de Saint-Domingue, où les lettres n'arriveront pas.

Imaginez la douleur des deux amis, mademoiselle. Charles-Auguste est au désespoir; sa vie sera ruinée s'il n'obtient pas celle qu'il adore. Quant à elle, elle ne veut pas perdre celui dont elle tient ce qu'elle demanda vainement à Clavel : le nid, la coquille, un foyer, la chaleur d'une famille sans violence. Tout ce qui lui a manqué depuis l'enfance. Adrienne se met à aimer le jeune homme en secret; mais c'est un amour impossible, elle le sait; et elle n'y cédera pas.

Le départ approche; Charles-Auguste enfin se met à parler, comme ces enfants qui soudain sont intarissables parce qu'ils sont fatigués; et dans son délire, il parle de se jeter dans l'océan, du haut du navire sur lequel il embarquera.

Ce sont des scènes affreuses; le jeune homme prend la tête d'Adrienne entre ses mains, et plonge son regard dans les yeux de châtaigne, comme s'il voulait emporter avec lui leur feu. Il a des mains puissantes, et il la serre si fort qu'Adrienne est paralysée; il voit sur ses joues couler des larmes qu'elle ne peut essuyer, puisqu'il la tient. Et, baissant la tête, il boit cette eau salée avec des sanglots retenus, léchant la peau fine comme un animal assoiffé.

Adrienne a beau crier, voulez-vous me lâcher, monsieur, vous m'étouffez, elle ne résiste pas à tant de farouche amour, et se laisse embrasser par ce sauvage. Il pourrait, s'il voulait, la prendre tout entière, mais c'est un épouseur, mademoiselle, et il est pur...

Souvent, il est si sombre qu'Adrienne prend peur, et ne veut pas qu'il s'en aille; elle s'accroche à ses vêtements qu'elle déchire en le retenant, et pour finir, prostrés tous deux, ils pleurent dans les bras l'un de l'autre... Deux véritables amants ne se sépareraient pas avec autant de passion.

Alors, mon enfant, un matin qu'il vient de partir après avoir passé toute la nuit à sangloter, elle se met à sa table et elle écrit deux lettres.

La première est pour Mme de Ferriol.

Adrienne ne l'a jamais rencontrée; une fois au théâtre elle a vu une grande dame en velours prune, dont le regard méprisant la toisait à travers un masque blanc; on lui avait dit que c'était là Mme de Ferriol. Quand Charles-Auguste était au fond du malheur, Adrienne déjà avait écrit à sa mère, pour proposer une rencontre; mais la première lettre était restée sans réponse.

Cette fois-ci il faut la forcer, l'attendrir.

« Encore une fois, madame, écrit-elle, daignez vous joindre à moi pour détruire une faiblesse qui vous irrite et dont je ne suis pas complice, quoi que vous disiez... »

Charles-Auguste n'avait pu se retenir de répéter à son amie les imprécations de sa mère, pour qui Adrienne était une dévergondée désireuse avant tout de se faire épouser. « Mettez-la dans votre lit, mon fils, et ne l'épousez pas! Elle vous résiste? Voilà bien la preuve qu'elle vous tient; j'ai raison de vouloir vous reléguer à l'autre bout du monde... L'amour est une fadaise, monsieur! Ce sont des sentiments bourgeois, et l'on ne se marie pas pour aimer, voyez votre père et moi, est-ce que nous nous aimons? Vous êtes un benêt, monsieur d'Argental. Heureusement, votre mère est là qui veille sur vous... »

Adrienne ne s'était pas étonnée; car M. Klinglin le

père l'avait hélas habituée à ces vociférations familiales. Elle avait poussé l'abnégation jusqu'à tenter de persuader Charles-Auguste que c'était par tendresse que sa mère contrariait ses desseins ; rien n'était plus naturel, et c'était à elle, la comédienne, d'accepter sans se plaindre. Les convenances, il n'était que trop vrai, n'étaient pas respectées, Charles-Auguste soupait chaque soir rue Visconti, et tout portait Mme de Ferriol à traiter Adrienne en coureuse de mari...

« Vous êtes trop intéressée à sa guérison, continue-t-elle, pour n'y pas travailler avec attention, mais vous l'êtes trop pour y réussir toute seule et surtout en combattant son goût par autorité, ou en me peignant sous des couleurs désavantageuses, fussent-elles véritables... »

On n'a pas plus d'humilité assortie avec plus d'orgueil, mon enfant.

« Il faut, ajoute Adrienne, que cette passion soit extraordinaire, puisqu'elle subsiste depuis si longtemps sans nulle espérance, au milieu des dégoûts, malgré les voyages que vous lui avez fait faire, et huit mois de séjour à Paris sans me voir, au moins chez moi, et sans qu'il sût si je l'y recevrais de ma vie... »

Ce n'est pas encore assez. Pour sauver la vie de Charles-Auguste, il faut un plus grand sacrifice. Adrienne y est prête. Écoutez bien, mon enfant, car voici la vérité qui parle enfin...

« Je lui écrirai ce qu'il vous plaira ; je ne le verrai de ma vie si vous voulez ; j'irai même à la campagne, si vous le jugez nécessaire ; mais ne le menacez plus de l'envoyer au bout du monde... Enfin, madame, vous me verrez plutôt me retirer du monde, ou l'aimer d'amour que de souffrir qu'il soit à l'avenir tourmenté pour moi et par moi... »

Le théâtre est partout et il n'est nulle part.

Quelle tragédie, mademoiselle ! Pour garder l'amour de Charles-Auguste, la voici prête à y renoncer pour toujours... Il n'est pas besoin de chercher auquel de ses rôles Adrienne emprunta l'esprit de cette lettre ; c'est encore la reine abandonnée qui berça de ses plaintes son adolescence au couvent ; c'est celle qui choisit de s'enfuir pour que règne Titus, c'est Bérénice enfin, prête à renoncer au théâtre comme la reine de Palestine à l'empire.

Que Mme de Ferriol fasse un seul geste, et tout est dit. Le monde se refermera sur les deux tourtereaux, et la Comédie perdra le plus beau de ses fleurons.

La mère de M. d'Argental reçoit le pli, lit la lettre et d'un geste violent la froisse comme un mouchoir. Cette fille est trop impudente ! Oser écrire, elle, une comédienne, à une Tencin ! Pâle, les yeux enfoncés et les lèvres violettes de fureur, Mme de Ferriol marche de long en large, fiévreusement, et balaye sur son chemin les vases qui se cassent en morceaux. Cette mauvaise fille, cette large et farouche écriture, son fils, le sacrifice qu'elle pressent, le théâtre, la tragédie, Saint-Domingue, tout se mélange ; Marie-Angélique de Ferriol est perdue !

Lentement elle tire la lettre de sa poche, la défroisse avec le plat de la main, et la relit.

Et je crois bien qu'elle pleure enfin.

Mais son confesseur lui remontra que, pour honnête que fût Adrienne, elle n'en était pas moins maudite par le Ciel puisqu'elle était comédienne. Et l'on n'épouse pas une femme excommuniée d'avance.

D'Argental ne vit pas cette lettre, et en ignora longtemps l'existence. Il en reçut une autre qui n'est pas moins touchante. Ah, mademoiselle, je crois bien que de toutes les lettres qu'écrivit Adrienne, c'est celle-ci que je préfère.

« Je sais trop par expérience qu'on ne meurt pas de chagrin, lui écrivait Adrienne Lecouvreur. Je suis excédée de l'amour, et prodigieusement tentée de rompre avec lui pour ma vie ; car enfin je ne veux ni mourir ni devenir folle. L'amour n'est autre chose qu'une folie que je déteste et à laquelle, assurément, je tâcherai de ne me livrer de ma vie. Je ne me sens pas de courage pour l'amour, je sais qu'il est involontaire, j'en connais les effets. Je sais qu'il est sage de s'en éloigner de bonne heure, et surtout de se préparer à ses inconstances lorsqu'on les sert le moins. Mes malheurs et mes expériences m'ont donné à réfléchir pour toute ma vie... L'amitié a ses enthousiasmes aussi bien que l'amour. »

Quel héroïsme dans cette fille de vingt-huit ans qui jure fidélité à son propre refus, et l'affirme si puissamment, dans une longue incantation farouche où le mot redouté, « amour », revient à chaque phrase comme la vague sur le rocher... Et quelle fragilité, mon enfant !

Car elle en parle trop, de cet amour qu'elle rejette avec tant de lucidité. Le renoncement qu'elle s'impose lui arrache si violemment le cœur qu'elle faiblit, et cette longue lettre de stoïcienne amoureuse s'achève dans un cri qu'elle ne peut retenir :

« Que faire cependant au monde sans aimer ? »

C'est le cri de la vie, mon enfant. Et au moment qu'elle avoue qu'elle est simplement vivante, il faut qu'elle renonce ! Ah, madame de Ferriol, comme je compte que vous eûtes des nuits sans sommeil... Trop cruelle mère et trop attentive, vous eussiez épargné bien des douleurs en vous montrant moins sensible aux usages de votre temps ; ne pouviez-vous au moins les laisser s'aimer simplement ?

Lorsque Charles-Auguste reçoit la lettre d'Adrienne, il comprend que tout s'achève. Une dernière fois il retourne dans la maison où il fut son chaste mari, et la serre dans ses bras comme s'il partait pour un long voyage. Ce n'est pas pour Saint-Domingue qu'il la quitte, c'est pour la vie entière, et le voyage n'est pas où l'on croit.

Adossée à la porte, Adrienne lève sa belle main blanche, et avec un triste sourire, lui lance, avec des larmes dans la voix, comme s'il étaient au théâtre, ces mots qu'il a cent fois entendus :

Pour la dernière fois, adieu, seigneur...

Un cri étouffé lui répond au lieu du « Hélas » d'Antiochus.

M. de Voltaire, qui avait suivi l'affaire en grognant contre la noblesse, s'efforça de consoler son ami.

« Va, on te mariera avec une cousine, et tu reviendras chez Adrienne. Qu'importe ! »

Et à la comédienne il disait avec drôlerie, en bombant son maigre torse :

« Mais ne suis-je pas là, moi ? Est-ce que vous ne m'avez pas à vos pieds ? »

Et il pressentait qu'en dépit de ses protestations elle voulait aimer.

Mme de Ferriol expédia son fils chez sa tante de Tencin la scandaleuse. Il y trouva un accueillant refuge ; il y fut tendrement soigné. Mme de Tencin était belle encore, quoique fort mûre ; un soir elle fit, pour le guérir, le nécessaire, et devint la maîtresse de son jeune neveu. La chair eut son dû, et Charles-Auguste se calma.

Puis après quelque temps, les deux sœurs, la mère et l'amante, marièrent le jeune homme avec une bonne épouse à qui il fit, comme Klinglin, une nichée d'enfants. D'Argental formait avec sa femme un couple si parfait que Voltaire les appelait « les d'Argentaux ».

Et comme il l'avait prévu, une fois établi, Charles-Auguste, qui n'était plus un gamin mais un homme qui avait souffert, s'en retourna chez son amie comme si de rien n'était. Le grand vent de l'amour avait passé sans les atteindre ; ils restèrent amis, et les domestiques continuèrent comme par le passé à nommer le comte d'Argental « Monsieur ».

Adrienne avait tenu le serment qu'elle s'était fait à elle-même : elle n'avait pas cédé à l'amour impossible. Mais elle n'en pouvait plus de solitude, et elle se sentait épuisée. Voltaire, malgré ses efforts, ne parvenait plus à la faire sourire ; et le souvenir de Charles-Auguste demeurait d'autant plus puissant que les deux jeunes gens n'avaient pas succombé à leur attirance naturelle.

Il n'était pas rare à l'époque, ma chère enfant, que les comédiennes eussent aussi des amantes.

Puisqu'on les considérait comme des filles perdues, cela faisait partie de leur dévergondage. Il en allait de ces amours féminines comme des amants qu'on leur prêtait : le monde n'imaginait pas que les comédiennes pussent sincèrement aimer. A force de jouer la passion au théâtre, n'avaient-elles pas épuisé leurs ressources ? Leur vérité se tenait dans leurs rôles ; mais dans la vie, elles ne pouvaient que feindre, et laisser libre cours à l'accomplissement de la Nature. Dès lors, hommes ou femmes, peu importe ! Ce sont bien là les actrices, disait-on ; et il n'est pas mauvais que la police surveille ces intrigantes...

La Duclos, tenez, qui avait tant d'amants, ne dédaignait pas les femmes. Il lui arriva même, l'année même où nous sommes, en 1719, une bien étrange aventure.

Elle loua une partie de sa maison de la rue des Marais à un certain Joquet d'Imonville qui devait s'installer avec sa femme, leur tante et un jeune homme inconnu qui ne leur était rien du tout. Marie-Anne Duclos habitait à l'étage en dessous; un soir elle entendit des cris et monta. Joquet d'Imonville s'était pris de querelle avec le jeune homme; celui-ci était à terre et saignait du nez.

La Duclos se porta au secours du blessé, à qui elle trouva bonne allure; et comme il était tard, elle l'emmena chez elle pour le panser. C'est alors qu'elle apprit son nom : l'élégant s'appelait le chevalier de Morsan.

Deux nuits plus tard, la Duclos renvoyait Joquet d'Imonville en lui payant un dédit, et installait à l'étage son nouvel amant. Ils coulèrent des jours heureux; la comédienne ne refusait rien au jeune homme, et, puisqu'il était fou de bijoux et de dentelles, elle lui en offrit par douzaines.

Les amours de la Duclos durèrent quatre ans sans un nuage. Puis le chevalier attrapa la petite vérole dont il mourut, au grand désespoir de sa maîtresse.

On s'aperçut, sept ans plus tard seulement, que le chevalier de Morsan s'appelait Marguerite-Charlotte Donc.

On l'avait mariée à quinze ans, elle s'était enfuie sous un déguisement d'homme et c'est ainsi qu'elle était tombée dans les bras de la Duclos. Et l'on n'aurait rien découvert des goûts de la comédienne si le mari du faux chevalier ne s'était pas avisé de se remarier. Sa seconde épouse, aussi dépitée que la première, voulut le quitter et, ne trouvant pas d'autre moyen, l'accusa de bigamie. Le mari entreprit alors de prouver la mort de l'épouse enfuie et, chemin faisant, trouva en effet sa trace sous l'identité du chevalier de Morsan...

Rien de toute cette affaire n'empêcha la Duclos d'avoir aussi des amants. La nuit seule appartenait aux femmes, et l'aube reposante les trouvait enlacées, loin des hommes et du bruit. On savait que nombre de comédiennes avaient des amants le jour, et la nuit, une maîtresse qu'elles adoraient.

Je vous dois un aveu difficile, mon enfant. J'eus une passion de cette sorte, justement pour une comédienne et depuis ce temps-là je sais qu'il n'existe qu'un sexe.

Nous naissons femme ou homme, et l'on nous élève différemment ; le jour vient où l'on met aux filles des robes, et aux garçons leurs premiers pantalons ; c'est là tout. Je fis scandale, vous le savez, pour m'être, comme on m'a souvent dit, « déguisée » en homme ; mais ces vêtements n'étaient pas nouveaux pour moi qu'une enfance au Berry avait accoutumée à la blouse et aux guêtres. Je changeai d'habits en effet : venant de ma campagne, quand je fus à Paris je ne tenais pas sur les pavés glissants ; mes chaussures en deux jours étaient perdues, mes robes se crottaient en bas... En redingote guérite et en chapeau gris j'étais solide en marchant dans les rues. Je ne doute pas un instant que cet accoutrement m'ait aidée à découvrir mon propre sexe, mon enfant. Mais mon propre sexe n'était guère différent de l'autre, et je vous le redis : il n'est qu'un seul sexe, mademoiselle.

Je ne le regrette ni ne le déplore. A l'âge que j'atteins aujourd'hui, cela ne compte plus et je puis être franche avec moi-même comme avec vous qui me regardez avec vos yeux de hulotte endormie. Moins que jamais je ne crois qu'il y a des hommes et des femmes, et l'amour est le même qui unit deux êtres humains. Adrienne aurait pu adorer la femme qui, passagèrement, vint peupler sa solitude, aussi passionnément qu'elle aima mon aïeul. Il n'en fut pas ainsi, voilà tout.

Ce fut cependant après avoir renvoyé d'Argental qu'Adrienne rencontra Mademoiselle.

Mademoiselle qui ?

Nul ne le sait, mon enfant. Ce secret demeurera caché. On a dit que la demoiselle s'appelait « de La Chaise ». Cela n'est pas sûr ; et je préfère le mystère de cet anonymat. Tout ce que nous savons vient des lettres que lui écrivit Adrienne ; la dame de ses pensées n'y est point nommée, et l'on sent que leurs amours sont cachées comme le petit chevalier de Morsan chez la Duclos.

Sans doute était-ce une femme de haute naissance, et qui ne pouvait se montrer aux côtés d'une comédienne sans déchoir.

Les spectateurs se rendaient dans les loges et pouvaient y trouver leurs aises ; il n'en allait pas de même pour les dames, et il n'était pas courant qu'une femme allât saluer une actrice dans sa loge, sauf pour lui rendre un hommage d'exception. Ce n'est point au théâtre que se rencontrent les femmes, mon enfant ; pour cela il y a les salons.

Au milieu des folies du vaisseau démâté qu'était devenue la Régence existaient en effet quelques maisons sans débauche, et quelques grandes dames honnêtes qui pratiquaient le bel esprit.

Certes, on les moque pour leur pruderie attardée ; on trouve ridicules leurs savantes discussions ; on fait comme Molière avec les Précieuses, on les caricature. Ce ne sont pas encore les grands et célèbres salons où les Encyclopédistes forgèrent une partie de leurs idées ; et plus tard viendront les Julie de Lespinasse et les Mme du Deffand. Mais ce sont des endroits recherchés, car on n'y entre pas aisément ; et la mode se met de la partie, si bien que les salons de la Régence sont pour les dames de la Cour l'équivalent des comédiennes pour leurs époux.

Nous les connaissons bien, ces dames ; c'est la minuscule duchesse du Maine qui se consolait de n'avoir pas été Régente avec son théâtre de Sceaux et les fêtes dans ses jardins ; ce sont la duchesse de Gesvres, la marquise de Simiane, Mme de Pomponne et celle que l'on appelle « la digne présidente Berthier ». Elles sont en tout point comparables à la présidente du Gué que nous vîmes arriver rue Férou, masquée au bras de Le Grand ; leur esprit est ouvert et franc, leur cœur épris de sincérité, et elles sont volontiers philosophes.

Aucune de ces grandes dames n'aurait l'idée d'inviter une de ces comédiennes dont leurs époux sont les amants ; la tolérance des salons n'allait pas jusque-là. Une comédienne serait le loup dans la bergerie ; et ce serait justement l'évocation du monde dont elles ne veulent pas.

Or, chose très étrange, voici qu'un jour l'une d'elles décide d'inviter Adrienne. C'est la marquise de Lambert, si fortement émue par le jeu de la comédienne qu'elle décide de passer outre les interdictions d'usage.

« Et puis on ne joue pas si bien quand on a l'âme noire », répète la marquise à qui veut l'entendre, pour justifier son choix. Adrienne paraîtra à son salon du mardi et à celui du mercredi.

Les autres l'imitèrent. Ce fut stupéfiant : on n'avait pas depuis longtemps entendu pareille indécence. Une comédienne chez les dames de la Cour !

Mais l'on n'avait jamais non plus connu actrice plus honnête, disaient les marquises avec flamme, en défendant leur protégée. Le fait est cependant qu'à l'exception de ces dames, on ne savait guère la vie que menait

Adrienne, à qui l'on prêta comme amants M. de Voltaire et M. d'Argental qui justement ne le furent point du tout. Il fallait qu'elles fussent ou très perspicaces, ou fort bien informées; et je gage que Mme de Ferriol, sans doute prise de remords, ne fut pas indifférente à cette mode-là.

Toujours est-il que notre belle entre dans ces coteries très fermées, où elle s'ennuie ferme – ce sont les obligations dont elle se plaint à d'Argental –, mais où il faut qu'elle se rende, car cette garantie de bonne vie fait partie désormais de son métier. Elle accepte d'y dire des vers, comme autrefois avec Le Grand dans les théâtres de société; seulement elle n'est plus une artiste que l'on paie et que l'on renvoie aussitôt, elle est invitée; c'est une subtile différence qui se marque à mille signes. Quand elle arrive, on l'embrasse; on la prie avant qu'elle commence et, lorsqu'elle a terminé, on la caresse au lieu de l'applaudir, avec des exclamations à n'en plus finir.

De l'autre côté d'un invisible gué, se tient l'autre clan de la Comédie : autour de la Duclos et de la Desmarets, l'affreux comédien Quinault mène par le bout du nez la coterie des amants de ces demoiselles; ce sont ceux qui spéculent sur le système de M. Law, mènent une vie débauchée, soupent tard le soir et n'ont peur de rien. Ce clan-là est un clan d'hommes; le clan où entre Adrienne est un clan de femmes, où au lieu de manier l'épée et les billets, on joue de l'éventail et de philosophie.

Mlle Monime, comme on commence à la nommer, n'est cependant pas dupe. Les marquises l'invitent beaucoup trop. « C'est une mode établie, écrit-elle, de dîner ou de souper avec moi parce que quelques duchesses m'ont fait cet honneur. Il est des personnes dont les bontés, dont les bienveillances me charment et me suffiraient, mais auxquelles je ne puis me livrer parce que je suis au public, et qu'il faut absolument ou répondre à toutes celles qui ont envie de me connaître, ou passer pour impertinente... »

Écoutez bien mon enfant, voilà le plus joli.

« Quelque soin que j'y apporte, continue-t-elle, je ne cesse pas de mécontenter... " Vraiment, dit l'une, elle fait la merveilleuse ! " Une autre ajoute : " C'est que nous ne sommes pas titrées ! " Si je suis sérieuse, car on ne peut être fort gaie avec bien des gens qu'on ne connaît pas : " C'est donc là cette fille qui a tant d'esprit ? " dit quelqu'un de la compagnie. " Ne voyez-vous pas qu'elle nous dédaigne, dit une autre, et qu'il faut savoir du grec pour lui plaire ? " " Elle va chez Mme de Lambert, dit une autre, cela ne vous dit-il pas le mot de l'énigme ? " Je suis encore toute remplie de mauvais propos de cette espèce, et plus occupée que jamais de devenir libre... »

Au passage, M. Du Marsais reçoit son paquet avec le grec.

Ah, vous les connaissez aussi, ces voix légères et sifflantes... Ce sont les jalouses qui ne sont pas invitées ; ce sont les laides et les sottes, les mal attifées et les disgracieuses, les grasses et les sèches ; nous en savons tous les tours, car elles furent de mon temps et elles seront du vôtre, enfant !

Elles ont surnommé Adrienne la « Couleuvre », en retournant les lettres de son nom au moyen d'un anagramme, et parce qu'elle a la taille si fluide qu'on jurerait le serpent qui glisse dans les herbes...

La Couleuvre, le nom lui va bien. Il y a de la souplesse, de la peau fine, une froideur, et un je-ne-sais-quoi de dangereux qui n'ira pas jusqu'au venin de la vipère... Ne la trouvez-vous pas bienvenue, cette couleuvre au blason d'Adrienne ? On la dit lâche, parce qu'elle se sauve ; elle est simplement timide et farouche. Mais elle ne fait de mal à personne ; elle ne pique pas, elle glisse.

Et les calomnies, les méchancetés semblent en effet glisser aussi sur cette peau douce sans qu'il y paraisse.

Dans le clan des salons, on l'adore. On vante ses tenues simples et ses mousselines blanches ; on lui trouve un air si distingué qu'on la soupçonne d'être bâtarde de quelque prince ; bref, on lui pardonne même d'être comédienne, et l'on affirme bien haut qu'on n'y fait plus attention. Et c'est dans l'un de ces salons qu'elle croise un jour le sombre regard de Mademoiselle.

C'est une grande fille qui ne la quitte pas des yeux. Elle est en conversation avec une autre, mais c'est Adrienne qu'elle regarde, avec tant d'insistance que notre héroïne veut partir... Adrienne est déjà sur le seuil quand Mademoiselle la rattrape et d'un geste vif lui pose une main sur la joue.

« Votre mouche est un peu trop haut ; souffrirez-vous que je la pose à l'endroit qui convient ? »

Et lestement elle détache, au coin de la lèvre, la pastille de soie et la place sur le sein d'Adrienne, entre deux plis de dentelles.

« Joli, ce grain noir sur votre peau, mademoiselle Lecouvreur, fait-elle en reculant pour juger de son œuvre. On aurait envie d'y poser ses lèvres. »

Et elle lui prend la main qu'elle baise doucement.

Je ne sais pas son nom, mon enfant, et vous me direz que j'invente. Vous aurez raison ; mais je n'invente pas tout à fait ; je me souviens. Je fus la « Mademoiselle » de Marie Dorval, qui valait bien Adrienne en couleuvre.

Que lui dit-elle ensuite ?

Il me suffit de ma mémoire. « Quand vous paraissez sur scène, avec votre taille ployée, votre marche nonchalante, votre regard triste et pénétrant, il me semble que je vois mon âme qui a revêtu cette forme pour se révéler à moi », lui chuchote-t-elle à l'oreille. Adrienne n'est pas partie ; elle écoute, saisie, ces mots où elle reconnaît les émois de son adolescence, et les jeux caressants du couvent.

Mademoiselle osa venir retrouver Adrienne dans sa loge ; effarouché, Voltaire s'en alla sur la pointe des pieds. Il y avait dans la vie d'Adrienne cette fille étrange qui attendait sa proie en la couvant du feu de son regard ; il y avait une femme qui l'aimait, et qui la reposait des hommes.

Adrienne se laisse embrasser, caresser ; on les retrouve aux petites heures de la nuit, quand le théâtre va fermer, et Mademoiselle a sur les lèvres le sourire hardi du bonheur. Mais la Couleuvre n'invite pas son amie chez elle ; en laissant pénétrer d'Argental, elle a provoqué un grand malheur, et seul Voltaire désormais fait partie du paradis de la rue Visconti.

Couleuvre elle demeure, et prompte à se garder des périls. Mademoiselle ne tarde pas à lui faire des reproches ; tout ce qu'elle veut justement, c'est la chambre d'Adrienne.

Et c'est là justement ce dont Adrienne ne veut pas.

Il va lui falloir aussi se dégager de cette sombre fille amoureuse, à laquelle elle a déjà tout cédé.

Adrienne commence à lui expliquer doucement qu'elle ne pourra pas lui montrer son amour en public :

« Quelque tendresse caressante que vous puissiez me montrer, je devrai toujours sembler impassible... »

Mademoiselle se moque bien du public ; ce n'est pas cela qu'elle veut, c'est le lit dans la chambre, et la maison d'Adrienne. Elle est entêtée comme une enfant gâtée.

« Il est des erreurs bien douces où je ne puis plus me livrer », lui écrit Adrienne avec une bien grande fermeté pour un caractère de couleuvre.

Mademoiselle se rebiffe. Adrienne ne l'aime plus... La Couleuvre recule ; son amie est si passionnée qu'elle redoute un scandale dans l'un de ces salons où sa carrière peut se détruire ; en trois mots, Mademoiselle peut tout ruiner. La Duclos ne fut-elle pas poursuivie en justice à cause de son chevalier travesti ?

« Vous avez tort de vous plaindre de moi, ma chère amie, écrit Adrienne à son exigeante amie. Je vous aime plus qu'aucune femme que je connaisse, et je me flatte aussi que vous m'aimez plus que toute autre... Tout vous sied, la folie même, et je ne sache rien qui puisse vous résister, et qui ne s'applaudisse même de sa défaite. Que ne vous ai-je offert mes premiers soins ? Je serais encore fidèle. »

Mademoiselle remarque qu'elle n'a pas reçu les « premiers soins » de son amie, qu'elle n'est pas le premier amour d'Adrienne, et se fâche.

Notre amie se lasse, mon enfant. Cet amour brûlant n'est pas différent des autres ; il la fatigue horriblement, ce sont des contraintes quotidiennes, des « M'aimez-vous ? » à perte de vue et des jalousies excessives au premier petit marquis qui passe dans la rue. Non, décidément, ce n'est pas cela, ce n'est pas cela encore... Elle en tient pour l'amitié, son absolu, « cet honnête sentiment, l'unique que je désire, dont j'ose me croire digne, par la façon dont je le sens ».

Adrienne n'en avait pas fini avec Mademoiselle ; elle est dégoûtée de cet amour comme de tous les autres, mais, malgré son désir d'honnêteté, l'habite une trouble attente indécise.

Êtes-vous honnête, mon enfant ? Non, ne répondez pas ; je dis une sottise, et je ne vois pas le moindre sens à la question que je viens de vous poser. Pour Adrienne l'amour n'est pas honnête ; trop dévorant, l'amour est un voleur de vie. Pourquoi donc alors aima-t-elle encore ?

Car à la ville, Adrienne était toujours Bérénice, et Bérénice attendait son Tite.

Titus vint en effet, mon enfant, comme la foudre. Pendant ces trois années les folies de Paris avaient passé toute limite ; la danse endiablée commencée à la mort du feu roi s'enfiévra davantage. Titus, je veux dire mon aïeul, ne vint pas à Paris par l'effet du hasard ; il y fut attiré par ce qui s'y jouait.

Le jeu était partout ; on joue dans les rues, en spéculant, selon le système de ce bon M. Law ; on joue sous les arcades du Palais-Royal où les marchandes à la toilette font leurs affaires avec le commerce des femmes ; on joue incognito à l'Opéra, où les duchesses vont masquées, le visage recouvert d'étranges portraits de cire qui les rendent méconnaissables ; on joue à tout essayer, l'on boit maintenant le café et le thé qui nous semblent aujourd'hui anodins, mais dont les étincelles embrasent les esprits, et l'on joue au théâtre enfin. C'est là tout ce qui attira mon illustre grand-père. Il ne se doutait guère que, sur la scène de la Comédie, l'attendait une chétive jeune femme qui disait les vers comme personne, avec simplicité.

Watteau, qui montra tant les femmes en négligé, peignit aussi le théâtre, mon enfant. Connaissez-vous les deux tableaux dont l'un représente les Italiens, et l'autre les Comédiens du Roi ? Lorsque Watteau peint le théâtre italien, c'est la nuit, peuplée de flambeaux qui font de grandes ombres ; des Gilles en blanc donnent la main à des Colombines au cou orné de dentelles. Il y a des guitares et des loups de velours ; les rires sont pleins de désirs, et la musique est folle.

Mais quand Watteau représente le théâtre français, il fait jour ; aux pieds d'une statue couronnée de fleurs, quelques seigneurs en mantelets de satin bleu dansent avec des Duclos et des Desmarets, aux charmes rebondis sous leurs dentelles ; l'Amour porte un carquois et des flèches ; on joue de la cornemuse pour se croire à la campagne, du violon parce que l'on est bien né, et du hautbois d'amour pour exercer les cœurs.

Adrienne est entre ces deux théâtres. Elle est à la croisée de sa vie, entre la nuit et le jour. Quand il fait clair, elle appartient au monde où l'on danse la gavotte au son du hautbois d'amour ; mais la nuit, elle se meurt d'un désir inconnu tout empli de guitares et d'Arlequins déguisés.

Comme il est loin, le temps où Minou défaillit de peur en jouant Polyeucte avec elle !

Et comme elle l'attend, cette nuit qu'elle a si souvent contée dans le *Bérénice* de Racine...

Ces flambeaux, ce bûcher, cette nuit enflammée
Ces aigles, ces faisceaux, ce peuple, cette armée,
Cette foule de rois, ces consuls, ce sénat,
Qui tous de mon amant empruntaient leur éclat ;
Cette pourpre, cet or, que rehaussait sa gloire...

Depuis longtemps déjà elle joue Bérénice, et espère son guerrier. La scène secrète où s'abrite son cœur ne saurait demeurer vide ; le veuvage hivernal où elle s'est tenue depuis la mort de Nemours couve son printemps. Il ne manque plus que le héros de théâtre à cette tragédie intime si peu accordée à son temps.

Je vais maintenant vous emmener fort loin, mademoiselle. Pour vous présenter enfin mon aïeul, il nous faudra nous rendre dans les plaines froides des petits duchés allemands.

Nous irons dehors, au froid soleil d'hiver, pour réchauffer un peu ces farouches histoires, et je vois un poirier là-bas sous lequel nous serons bien. Venez...

VI

Khalife-Sultan

A peine arrivé à Paris, le jeune Maurice de Saxe,
auréolé de sa précoce bravoure
et de ses onze campagnes militaires,
tombe amoureux d'Adrienne Lecouvreur ;
il a vingt-quatre ans, elle en a vingt-six.
On les surnommera bientôt Khalife-Sultan et Zilamire,
mais on dit aussi du comte de Saxe
qu'il est un « Gargantua de l'amour ».
(Peinture d'Adriaen Van der Werff. Musée Lambinet, Versailles.
Cl. Lauros-Giraudon.)

N'EST-CE pas que ce poirier est beau avec ses bras noirs et tordus ? Au printemps, il déploie, au-dessus de ce monticule de gazon où nous sommes assises, des fleurs blanches au cœur teinté de rose, et dont les pétales se défont d'un coup en tombant sur l'herbe.

C'est là qu'est enterré mon frère, qui mourut du scorbut ; le pauvre petit dort dans ce jardin. Ne soyez pas effrayée, et ne vous levez pas... Les arbres et les fleurs sont le mausolée des enfants. Voyez ces roses de Noël aux airs de porcelaine, et qui viennent tout juste d'éclore ; elles sont plus belles que les pots dans les cimetières, et nous ne troublerons pas l'ombre de mon cher petit Louis en introduisant ici celle de Maurice de Saxe qui souhaita, vous ne l'avez pas oublié, disparaître dans la chaux vive et qui n'y parvint pas.

Il me faut l'avouer, mademoiselle, mon terrible et charmant aïeul me confond ; et les sentiments qu'il m'inspire sont obscurs. Quand je contemple sa beauté, je ne m'étonne point de ses amours ; mais il flotte autour d'elles je ne sais quel parfum funèbre qui m'effraie. Ce sont amours à la cosaque, et la cravache y est près du baiser. Or mon grand-père fut élevé dans d'étranges conditions, ma chère; le panache de ses conquêtes, et tout son génie militaire l'expliquent moins que l'histoire dont il hérita.

Les générations n'effacèrent pas le souvenir de ce roman d'amour dont il entendit si souvent parler, et qui s'achève horriblement.

Mon aïeul était le fils d'Aurore de Kœnigsmark et d'Auguste le Fort, roi de Saxe, Électeur de Pologne; Aurore elle-même avait pour cousine Sophie-Dorothée. C'est dans cette figure que mon aïeul a pu trouver le goût de la tragédie; et cette cousine-là fut l'héroïne d'un drame si affreux que personne encore n'a osé prendre la plume pour en tirer une pièce de théâtre.

Et pour comprendre Aurore, ma chère enfant, il faut passer par Sophie-Dorothée, car c'est en elle que vous rencontrerez le tempérament Kœnigsmark dans toute sa folie.

On l'avait mariée sans amour au prince Palatin. Et, nourrie de lectures galantes, cette fantasque créature s'ennuyait; pour se consoler de son mariage malheureux, elle lisait des romans, trop souvent pour n'en pas susciter un dans sa propre vie. Le roman surgit sous la figure d'un de ses cousins de Kœnigsmark, qu'elle aimait passionnément; la sœur du jeune homme se mit dans le secret, c'est notre Aurore, et c'est elle, mon enfant, d'où je tiens mon prénom. Plutôt que le secret, je devrais plutôt parler de complot, car bientôt le jeune homme voulut enlever sa princesse comme Lancelot du lac fit de la reine Guenièvre.

La nuit même de l'enlèvement le galant est pris sur le fait. Le lendemain, le Palatin enferme Sophie-Dorothée dans sa chambre, et fait prononcer un divorce solennel; l'épouse infidèle sera recluse dans un sombre château dont elle ne sortira que morte, trente-deux ans plus tard. Quant à lui, il deviendra roi d'Angleterre, et y vivra avec deux maîtresses dont l'une est si avenante que le peuple de Londres l'appelle « l'Éléphant ».

Vous riez ? Jusqu'ici l'histoire en effet est plaisante, et ce serait celle d'une tendre coquine si vous ne cherchiez pas à savoir ce qu'était devenu l'amant.

Or depuis cette nuit où il fut pris, nul ne l'a revu. Au bout de quelques mois sa sœur Aurore s'en inquiète, et pour le retrouver va se jeter aux pieds du roi de Saxe. Aurore est très belle ; c'est une grande femme à l'air espagnol avec des cheveux comme les ailes d'un corbeau, si noirs qu'ils ont des reflets bleus ; la voici à genoux, sa longue chevelure dénouée, et demandant justice à ce héros qui ne voit que ses yeux sombres. Auguste le Fort s'éprend de la suppliante, et l'emmène avec lui à la guerre ; où est le roi de Saxe est aussi la comtesse Aurore. Ils ont l'un et l'autre oublié le pauvre disparu qui fut l'occasion de leur première rencontre.

Il s'est si bien envolé qu'on ne songe plus à lui ; on le pense enfui quelque part dans un coin d'Europe, entre Nuremberg et Venise. Un jour on le retrouve...

Peut-on dire qu'on le retrouve, mon enfant ? On découvre, en réparant des murs effondrés, son squelette tout entier, et qui tombe en poussière à la lumière du jour. Le jaloux Palatin, qui haïssait sa femme, avait fait assassiner l'amant en l'emmurant.

Et, pendant qu'on trouve les ossements du frère, la sœur court les champs de bataille avec son royal amant. Un fils naquit de leurs amours errantes ; on le prénomma Arminius en souvenir de la gloire romaine. Son enfance fut celle d'un petit prince dont le père fait des campagnes et commande des armées ; sa mère partage la vie confuse des soldats, les chevauchées, les carrosses, et les haltes sous les tentes à la lueur des torches.

Auguste le Fort aime Aurore de Kœnigsmark à la folie, car elle est assez folle pour être à ses côtés quand il dirige un assaut, à cheval. Cette grande guerrière nordique enflamme le roi de Saxe, et ce sont amours emportées.

Jusqu'au jour où il se lasse, mon enfant, et envoie sa maîtresse rejoindre le couvent de Quedlimbourg. Aurore délaissée fera une sage abbesse ; elle vivra dans la solitude et dans l'adoration de son fils Arminius. Elle ne le voit plus.

Le roi a reconnu son bâtard, l'a fait comte de Saxe et l'a mis à la rude école de la guerre.

Séparé de sa mère, il va se battre comme s'il jouait avec ses camarades. A douze ans, il est soldat dans la légion saxonne, où il surprend déjà par une si grande bravoure qu'on parle du génie de sa race, ou bien d'un don du ciel. En 1708 il fait partie des armées qui assiègent la ville de Lille, et c'est lui dont je vous ai parlé hier, ce petit garçon qui s'en vient au théâtre pour la première fois après la reddition de la cité.

Il sera entré par mégarde, avec des compagnons plus vieux que lui, et aura ri si fort qu'au parterre on se retourne, on lui fait signe de se taire ; alors il s'assied, les jambes en croix, et roule dans ses mains son chapeau poussiéreux ; et comme il s'ennuie, il rêve à cette jeune fille un peu maigre qui se démène sur la scène avec trois plumets sur la tête et une lourde jupe à la turque, couleur du temps. Il n'écoute rien, et comprend à peine le français. Il applaudit à contretemps, trop tard, ou trop tôt, et on le fusille du regard ; puis il s'en va avec un grand soupir de soulagement, et suit ses camarades dans les tripots où l'on trouve des filles à soldats.

Il ne se sera rien passé entre les deux futurs amants, mademoiselle. Rien qu'un regard d'enfant posé sur Adrienne qui ne s'en doute pas.

L'année suivante, au siège de Tournai, son chapeau sera troué d'une balle; Arminius se fait appeler Hermann, ou Maurice, et il en est très fier; il rit. Toutes ses conquêtes commencent en même temps; Maurice de Saxe est un amant précoce, et déjà aucune femme ne résiste à ce jeune homme lourd et joyeux. Sa vie est un chemin facile et bienheureux.

Au passage, son père le marie, mais il s'en soucie comme d'une guigne; à vingt ans, il épouse une femme sèche qu'il n'aime pas, dont il accepte la main en riant parce qu'elle s'appelle Victoire, ma chère enfant, et que pour un soldat c'est le nom qui convient. La belle affaire! Il a trompé trop de maris pour se soucier de son épouse, et dans le secret de son cœur il lui promet une éternelle infidélité. Comme il tient parole, Mme Victoire de Loeben, sa femme légitime, imite l'Électeur Palatin, et divorce.

Maurice s'en moque éperdument. A la guerre comme en amour, tout lui est bon; il a été fantassin au plus bas de la hiérarchie, il a déployé en montant à l'assaut, l'épée à la main, un drapeau qu'il n'a jamais lâché, et le voici qui arrive à Paris.

Il a tout juste vingt-quatre ans, l'âge qu'avait Voltaire quand il se disait lézard. Maurice est colonel, et aux armes il sait tout faire. C'est un homme pour qui les filles ont toutes le même goût : il ne distingue pas la servante de la catin, ni la comédienne de la servante; tout ce qu'il sait, c'est que la princesse allemande qu'on lui infligea comme épouse ne l'amusa pas du tout. Il faut convenir, ma petite, qu'Arminius-Maurice de Saxe à cette époque a de l'amour la vision d'un pigeon.

Non pas le pigeon de la fable qui aime d'amour tendre sa pigeonne, mais la réalité du pigeon que vous voyez sur les toits de la maison, là-bas : trois roucoulements, la gorge qui se gonfle, un petit saut sur la pigeonne, et voilà le pigeon délivré de son souci. Des héroïques amours de sa mère il ne sait presque rien ; il se souvient d'une grande femme à cheval, coiffée d'un feutre et vêtue d'une cape brune, et qui l'emmenait en croupe sur des collines où tirait un canon ; il se souvient qu'il riait, enfant, en voyant les fumées rondes qui sortaient de la gueule d'acier, et que sa mère le tendait à un homme assis sur un autre cheval, avec fierté. On lui a dit que son père était roi ; il le voit peu. De temps à autre, mais rarement, il va rendre visite à l'abbesse de Quedlimbourg et reconnaît à peine, sous le voile, les cheveux noirs d'Aurore de Kœnigsmark, sa mère.

Que vient-il donc faire à Paris, dans la drôle d'année 1720 ?

Car 1720 est une année stupéfiante, ma chère. Songez : cette année-là, le fameux « système » inventé par M. Law va s'effondrer, les gens mourront pour de simples billets, et la dernière peste d'Europe éclate dans la ville de Marseille. Prions qu'elle soit la dernière en effet, mon enfant ; mais enfin, depuis lors nous n'avons plus revu ce terrible fléau.

L'année commence avec un mauvais signe : les loups sont à Corbeil, aux portes de Paris. Le petit peuple du faubourg Saint-Marcel et les artisans du faubourg Saint-Antoine se méfient, mais rue Quincampoix, l'on n'y prête pas attention ; l'on a d'autres soucis.

M. Law de Lauriston était un fort honnête gentilhomme, disait-on, mais il était affecté d'un défaut. Il croyait en son système comme en Dieu. On le disait joueur. Bien avant qu'il ne parvînt à séduire le Régent du royaume, il fréquentait chez les actrices et y lança, dans l'appartement de la Duclos justement, le jeu du pharaon qui depuis lors se mit à faire rage, et auquel Voltaire ne répugnait pas. C'était, disaient les rumeurs, bien avant que M. Law ne soit devenu, sous le nom de Lauriston, le financier du royaume; il n'était alors qu'un pauvre Écossais crotté qui, pour survivre grâce à sa science du jeu, devait passer dans le lit des actrices et faire sa cour aux grands. Puis il s'en fut à Venise, où il devint l'ami du grand prieur de Vendôme, et du chevalier d'Effiat, compagnon de lit de Monsieur, frère du roi; et c'est ainsi qu'il connut son fils, Philippe d'Orléans, qui devait devenir le Régent. Voici, à peu près résumé, ce que disaient les langues de vipère qui prédisaient sa chute, mon enfant.

Mais quand commence l'année 1720, M. de Lauriston est au sommet de sa gloire; les duchesses font la queue dans son antichambre et l'on se bouscule pour obtenir l'un de ces fameux bouts de papier qu'il appelle de l'étrange nom d' « action ». Il a converti l'argent en papier; nous n'y faisons plus attention tant la chose est devenue courante, mademoiselle, mais en ce temps-là Paris ne tient que par le « système ». Et c'est parce qu'il a entendu parler de ce fameux « système » que Maurice est accouru : son père lui a repris le régiment qu'il lui avait donné, et il n'a plus d'argent. A Paris, lui a-t-on dit, il suffit d'un jour pour devenir l'homme le plus riche du monde; Maurice entend cela, et vient.

M. Law vient d'inventer que la banque d'Occident, devenue banque royale, fera fortune avec la Louisiane. Les fortunes sont si soudaines qu'on voit les châteaux changer de maîtres, les valets devenir des seigneurs et la poissonnière gagner brusquement cent millions de francs d'un jour l'autre. Un laquais gagna en quelques heures assez d'argent pour s'acheter un carrosse; il l'eut, magnifique et tout recouvert d'or, et en fut si content qu'il monta à l'arrière comme il en avait l'habitude.

On le moqua beaucoup.

« Ah, fit le laquais, il est vrai. J'avais oublié qu'il était à moi », et il engagea sur-le-champ un de ses confrères pour le mettre à l'arrière, à sa place.

Les riches, qu'ils soient de vieille souche ou tout nouveaux, sont si dépensiers que M. Law prend peur ; il faut calmer ces fous. M. Law, qui est écossais, fait, dit-il, de la mathématique ; et il ne comprend pas qu'on s'échauffe ainsi. Pour freiner les dépenses et obliger les spéculateurs à l'épargne, il fait interdire le port des diamants et des perles, ainsi que celui des pierreries ; les valets, entendez-vous, n'auront plus le droit de porter des habits de soie, leurs boutons seront d'acier, et non plus de brillants... Quelle incroyable folie, ma petite !

C'est ce que grommelle dans son coin la vieille Madame Palatine, austère et obèse, et qui grogne contre la « nouvelle pierre philosophale » avec laquelle son fils le Régent a charmé le royaume.

Avec l'affaire du Mississippi, les choses tournent à la mascarade. M. de Lauriston, ministre des Finances, transforme la banque royale en Compagnie des Indes, et déclare donc qu'on va s'enrichir en Louisiane, par-delà l'océan ; mais il faut des colons. On fait sortir les filles de joie hors des prisons, ainsi que les bandits ; on les habille de frais, on les marie, et les voilà embarqués. Mais cela ne suffit pas ; il faut plus de monde encore. On va chercher les faux sauniers, les mendiants, puis les enfants trouvés... Pis, ma chère enfant : on fait sortir les jeunes filles élevées au couvent de la Salpêtrière, et les malheureuses n'ont plus qu'à choisir entre le mauvais garçon, le mendiant et l'orphelin.

C'est le spectacle que trouve Arminius-Maurice quand il débarque dans Paris pour y chercher fortune. On vient de former un cortège de « damoiselles », comme on dit ; on leur a mis, à l'ancienne mode, des fontanges sur la tête et des rubans jonquille aux poignets ; les garçons qui vont devenir leurs maris portent des cocardes assorties. Elles vont dans des charrettes comme d'aimables condamnées ; leurs futurs marchent à pied en chantant à tue-tête.

On en rirait, mademoiselle, comme en rit mon aïeul à gorge déployée, si l'on ne songeait à l'histoire de la pauvre Manon Lescaut : une jeune fille sort du couvent, elle veut vivre et s'amuser librement, elle aime Des Grieux, elle le trompe, elle joue comme tout le monde, et à cause d'un barbon courroucé voici la charrette de l'infamie, les voiles déployées du bateau qui la conduit en Louisiane... Enfin voici les fers, l'épuisement et la mort. Certes, l'héroïne de l'abbé Prévost est coupable, mon enfant ; mais Colombine ne l'est pas moins sur les tréteaux des Italiens, et je frémis en imaginant qu'avec quelques années de moins notre Adrienne, jeune et paisible couventine chez les sœurs de l'Instruction chrétienne, aurait pu se retrouver avec des rubans jonquille, mariée de force à un galérien inconnu...

Et pendant ce temps-là que croyez-vous que l'on dise de M. Law ?

Un certain M. de Caumartin Saint-Ange écrit à sa femme un billet. « Bonne nouvelle, dit-il, le temps se rafraîchit ; cela est de grande conséquence pour la santé de M. Law. On était bien inquiet durant ces chaleurs, mais il serait bien à souhaiter pour sa santé qu'on eût un peu de pluie. » Pensez-vous qu'il plaisante ? Point du tout. M. Law est un dieu qu'on idolâtre.

Voltaire aussi spécule, et ce sont des grandes querelles entre d'Argental et lui sur les actions « mères », ou « filles », et plus encore les « petites filles » que M. Law ne tardera pas à engendrer bientôt. Adrienne les laisse parler ; elle n'y comprend pas plus que vous ou moi, mademoiselle, et c'est « Monsieur » Charles-Auguste qui s'occupe de son argent. Passe encore de jouer de temps en temps au pharaon, mais pour les jeux de la rue Quincampoix elle quitte la place. Cela ne l'intéresse guère ; il n'est que le lézard pour croire au « système ». D'Argental, prudemment, répète chaque jour : « Il faut voir. »

Il a raison.

Un jour une marchande de légumes piétine un billet de la banque. Et comme le dit une harengère en arrêtant le carrosse de Madame Palatine : « Je ne mangeons pas de papier. »

M. Law, tout occupé à calculer ses comptes, écrit dans *Le Mercure* une lettre de fou. « Le système s'établira sans vous, dit-il au bon peuple de Paris, parce qu'il est fondé sur des principes et que les principes se rendent maîtres tôt ou tard des opinions les plus rebelles... »

M. Law a grand tort : le « système » ne peut se passer des gens, qui vont le lui prouver, à commencer par nos marchandes, à qui les princes du sang emboîtent le pas aussitôt. Le duc de Bourbon et le prince de Conti retirent des millions en billets, et viennent les chercher en or par fourgons entiers. Voilà qui n'est pas discret ; la panique commence, et c'est alors que Maurice, qui n'a rien compris à ce grand tourniquet, perd ce qu'il avait gagné, et se retrouve Gros-Jean comme devant.

Il y aura des émeutes ; par dizaines, les clients affolés meurent étouffés rue Quincampoix, et le peuple furieux traîne les corps des victimes jusque sous les fenêtres du Régent au Palais-Royal. A la Comédie on se terre; les Comédiens ont beaucoup spéculé; ils envoient aussi chercher leur or, mais se gardent bien d'y aller eux-mêmes, et vont faire étouffer leurs valets. Maurice n'est pas trop étonné de ce spectacle; cela ressemble un peu à la guerre, et les villes ouvertes après un long siège ont les mêmes cortèges de misère.

L'opinion publique déclare que M. Law est un traître pendable; on voit chaque jour des misérables se jeter du haut du Pont-Neuf, les poches pleines de billets désormais inutiles. On meurt beaucoup à Paris; et si l'on ne se tue pas, l'on mendie.

Une nuit qu'il se promenait le long des rues, Maurice de Saxe aperçoit un homme qui arrache soigneusement une affiche du mur. Curieux, il s'approche; l'homme se retourne à peine, assez pour montrer un sourire de loup, et désigner du menton un fouet qui pend à sa ceinture.

« Si monsieur veut tâter du fouet, monsieur n'a qu'à continuer de me surveiller. Je travaille, moi, l'ami ! » lui lance-t-il.

Maurice, tranquillement, arrache le fouet et cingle les bottes de l'homme qui recule. Puis il ramasse l'affiche et la lit à haute voix, en épelant.

« Ma-té-mo-itzel Atrienne Lé-co-ou-freur ? *Wer zum Teufel ist das ?* » murmure-t-il en allemand.

C'est une affiche de la Comédie, qui annonce Adrienne en Monime.

L'homme s'avance peureusement, et avec mille courbettes lui demande de lui rendre ce papier.

« C'est que, mon bon seigneur, je n'ai que cela pour vivre ; je vais revendre ces affiches au pâtissier qui enveloppera ses gâteaux dans les grands noms du théâtre; j'en tirerai bien quelque argent, et si monsieur voulait bien... J'ai cru que monseigneur voulait lui aussi arracher ce morceau de papier... »

Maurice rendit le fouet, éclata de rire mais garda l'affiche qu'il mit dans sa poche. Ce fut la première fois qu'il vit par écrit le nom d'Adrienne; et le comte de Saxe était si mal mis et si sauvage que l'homme l'avait pris pour un gueux comme lui.

Paris était peuplé d'étrangers aux bizarres allures; cela charmait. Mon aïeul n'est pas le seul à venir du bout du monde. Quand éclate la peste de Marseille, on dit qu'elle s'est cachée dans les fourrures acheminées de Turquie. Vous me pardonnerez ce raccourci, mademoiselle; mais la peste n'est pas la seule à venir de là-bas. Parmi les figures du temps, une jeune femme turque éclairait les salons des duchesses de sa flamme exotique. Je ne la mentionne pas par goût de l'extravagance, et bien qu'elle fût assez méchante je ne la compare pas à la peste; mais vous verrez qu'elle joua sa partie dans la mort d'Adrienne.

Elle se faisait appeler du beau nom d'Haydée; son nom véritable était Aïcha, je crois; elle était née en Circassie, où tout enfant elle avait été enlevée dans l'une de ces cruelles razzias que font les janissaires du Grand Turc; ce despote envoie chaque année ses soldats chasser les petites filles pour emplir son harem d'abord, et les marchés aux esclaves ensuite. Je crois bien que cette coutume existe encore.

La fillette fut mise en vente à Istamboul; l'ambassadeur de France assistait à ce triste événement, et c'était justement le frère de cette Mme de Ferriol que nous avons vue si raide à propos d'Adrienne. Le frère valait mieux que la sœur, mademoiselle; l'ambassadeur monta les enchères plus haut que le grand aga du harem du sultan, et devint le légitime propriétaire de la petite, à qui il assura une parfaite éducation.

Mlle Aïssé, c'est le nom qu'il lui donna, suivit son maître et tuteur à Paris, où commença une existence d'esclave affranchie et de femme savante. On murmura beaucoup que, lorsqu'elle eut des manières assez françaises et qu'elle fut devenue une splendide créature aux yeux gris, M. de Ferriol prit son dû. Mais l'histoire de la belle Aïssé était si touchante, et sa vie si extravagante qu'on ne lui en tint pas rigueur. Au demeurant, M. de Ferriol était désormais un vieil homme, et l'ancienne esclave du Grand Turc aimait un jeune chevalier qui la payait de retour. Elle mit un point d'honneur à lui refuser le mariage, mon enfant.

Mlle Aïssé s'intéressa fort à la Lecouvreur, dont elle fut une ardente propagandiste; il n'y a rien là que de très naturel, et j'imagine qu'elle voyait dans les princesses exilées qu'Adrienne représentait sur scène sa propre histoire comme dans un miroir. Le fait est, ma chère enfant, qu'Adrienne, si profondément française, attira nombre d'étrangers.

Paris avait sous la Régence le même air cosmopolite que le Paris de ma jeunesse, traversé de personnages poétiques et lointains qui viennent de Pologne, de Russie ou d'Orient, du froid ou du chaud. Mlle Aïssé venait du chaud; M. Law, de l'humide Écosse, et mon aïeul venait du froid.

Après les infortunes de la spéculation la chance se mit à lui sourire; le Régent lui donna un régiment, et fit bien; sans ce premier régiment, la France aurait sans doute perdu la bataille de Fontenoy, et je ne serais pas ici pour vous conter l'histoire de la comédienne et du soldat. Aussitôt il devient la coqueluche des salons ; il est auréolé de mille gloires. On s'enchante de la précocité de ses campagnes militaires, de ses prouesses enfantines, du roman de sa naissance ; enfin, mademoiselle, il est beau comme un archange. On ne voit que son regard bleu sous ses sourcils noirs, et pour ses beaux yeux on oublie sa balourdise, son accent, et ses rudes manières soldatesques.

Il ne faut pas longtemps avant qu'il ne soit dans le commerce amoureux, mademoiselle ; on le retrouve d'abord dans le lit de la Duclos, qui décidément ressemble à la promenade du Palais-Royal un dimanche. Croyez que je n'invente rien : ce lit fut une allée cavalière où passèrent tous les hommes de l'histoire que je vous raconte, et vous verrez que nous n'en avons pas encore fini avec cette liste interminable. Ce n'est pas là qu'il rencontrera notre Adrienne, trop occupée à dénouer les liens qui l'unissent à Mademoiselle, et décidée à ne plus succomber à personne.

Mais Maurice va présenter ses devoirs à la Duclos, et croise un soir Adrienne en coulisses.

Ils n'ont rien pour se plaire, mon enfant. Elle est trop maigre pour lui, elle n'est pas assez grande, elle n'a pas de poitrine et le menton est gras ; et lui est trop massif, assez pesant, si vaste qu'elle aurait du mal à le voir tout entier. En outre il parle le français avec un accent hésitant, il bafouille, hache menu les mots et les taille à sa manière teutonne, où l'on ne trouve pas le charme zézayant de l'Italie, ni les roulades de la Pologne.

Mais je me suis souvent demandé si précisément ce n'était pas cet accent ridicule qui avait touché Adrienne.

Les leçons de M. Du Marsais l'ont rendue infiniment sensible aux accents de son temps ; elle sait entendre, dans la voix d'un valet, s'il vient de Provence ou de Lille, s'il est né en Alsace ou bien dans le Poitou. Adrienne a l'oreille trop fine pour ne pas reconnaître, dans l'accent du comte de Saxe, une voix familière qui la fait frissonner : c'est l'accent de Klinglin, le jeune homme de Strasbourg. C'est ainsi qu'il lui parlait jadis, avec feu et en s'embrouillant. Et, lorsqu'elle le regarde, il a quelque chose qui ressemble à Nemours : c'est le même feu caressant, la même fièvre ; la prestance, la façon martiale qu'il a de marcher, les bottes qui claquent au moment qu'il prend la main et la baise, ce je-ne-sais-quoi de guerrier lui trouble la mémoire et la douleur revient, adoucie, en même temps que s'éveille le désir. Pour tout achever, mon enfant, Maurice, s'il n'a pas la timidité de d'Argental, en a l'impassibilité.

Comment le charma-t-elle ? Ah, mon enfant, ceci est plus compliqué. Il faut qu'elle l'ait séduit comme elle séduisait tout le monde, avec la douceur de sa voix et son côté couleuvre. Ce n'était pas au premier regard ; Adrienne n'était pas coquette ; elle ne riait pas à gorge déployée, c'était un léger roucoulement. Quand les autres lancent des œillades, elle baisse les yeux ; lorsqu'elles déplacent de l'air Adrienne s'esquive. Il faut qu'il ait eu envie de la protéger comme une enfant...

Il ne reconnaît pas aussitôt dans la grande tragédienne à la mode l'actrice débutante qu'il avait vue à Lille ; mais plus tard, comme il traîne avec lui la tenace impression qu'il connaît ce doux visage, la mémoire lui revient et c'est une illumination venue de l'adolescence ; c'est un souvenir qui devient magnifique alors que l'événement ne l'était pas.

Maurice sera d'abord de ceux qui attendent, chaque soir, l'actrice dans sa loge; nombreux sont les soupirants et, parmi eux, les deux chiens fidèles que sont Voltaire et d'Argental montent la garde avec grâce. La belle est bien protégée; au demeurant, elle est convaincue d'être invulnérable à l'amour. Maurice ne se décourage pas, au contraire : cet éloignement excite des sentiments qui ne sont pas encore passionnés. C'est d'abord une chasse qu'il mène; il lui faut ce joli gibier.

Adrienne n'a pas changé d'idées : l'amour est une folie meurtrière. Elle reconnaît dans l'insistance de ce jeune et célèbre guerrier le péril qui la menace : parce qu'il est saxon, parce qu'il est soldat et parce qu'il est beau... ce sont là trois raisons qui le lui feraient aimer et qui la pousseront à résister plus longtemps. De temps en temps, il veut lui parler, mais les mots de notre langue l'emprisonnent, et à chaque soupir il se trompe. Il lui baise les mains qu'elle retire; il apporte des fleurs qu'elle jette délibérément.

Cependant lorsqu'elle le voit, Adrienne rougit. Le comte de Saxe pressent qu'un jour elle se rendra; et il lui vient, à lui, le rustre allemand, une idée romanesque.

Adrienne s'apprête à prendre, dans le *Bajazet* de Racine, le rôle d'Atalide. Avez-vous déjà joué ce rôle, mon enfant ? Atalide, aimée de Bajazet, a pour rivale la terrible sultane, la toute-puissante Roxane. A l'acte IV, Atalide, qui vient d'envoyer une lettre à son cher Bajazet, attend la réponse; elle lui sera apportée sur-le-champ par son esclave Zaïre. C'est un billet écrit dans lequel l'amant renouvelle son amour, folle imprudence dans un sérail où l'on trahit partout et à tout instant! Le billet de Bajazet entraînera sa perte, puis celle de la sultane Roxane, enfin celle de la malheureuse Atalide.

Notre comédienne a longtemps répété le rôle de la jeune et imprudente héroïne, caractère proche de Camille dans *Horace* et de Pauline dans *Polyeucte*. Son humeur est celle du rôle : l'ardente passion de l'héroïne qu'elle incarne ne peut vivre que sous la menace de la mort. C'est dire, mon enfant, si Adrienne est peu prête à succomber aux galanteries d'un soupirant.

Le soir de la première, Maurice parvient à accompagner Mlle Lecouvreur jusque dans les coulisses. Déjà elle ne reconnaît plus personne ; elle est toute à Racine. Adrienne porte un habit à la romaine avec des franges d'or à l'épaule, couleur de feu sur une jupe de serge verte ; elle est tout à fait ottomane, et répète les vers comme on dit un chapelet.

Maurice sourit en cachette ; il a son idée. La comédienne qui joue le rôle de l'esclave Zaïre ne manquera pas, à l'entracte, de se laisser conter fleurette par un petit marquis ; d'un geste, le comte de Saxe subtilisera sur le plateau la lettre de Bajazet où rien n'est écrit, puisque nous sommes au théâtre ; et il la remplacera par un billet d'amour.

Zaïre, qui n'a rien vu de tout ce manège, abandonne son galant et prend le plateau pour faire son entrée ; voici Atalide qui va vivement vers son esclave :

Ah ! Sais-tu mes frayeurs ?

Et voici Zaïre qui lui tend le plateau. Atalide ouvre le billet, et le regard d'Adrienne se trouble.

Que sont ces mots écrits d'une grande écriture malhabile ? C'est à peine si elle a le temps de lire quelques mots épars, « je adore vous... *Liebste*...prans mon cœur ...*Sei meine Sonne,* ma soleil...j'aime vous mon entier vie... », elle ne sait plus... Le billet tremble dans sa main. Mais il faut lire, et il faut que ce soit la lettre de Bajazet...

« Après d'injustes détours
Faut-il qu'à feindre encor votre amour me convie ?
Mais je veux bien prendre soin d'une vie
Dont vous me jurez que dépendent vos jours... »

Elle est tout étourdie ; elle ne sait pas comment elle a dit cela. Le parterre est pris par cette sorte de silence que vous connaissez, mon enfant, un silence de chair et d'émotion. Adrienne pose lentement la lettre ; sa tirade n'est pas terminée.

C'est lui, à n'en pas douter, c'est le jeune homme saxon...

Et soudain au premier rang elle le voit.

Le comte de Saxe était demeuré dans les coulisses jusqu'au moment où la belle esclave donna le faux billet de Bajazet à sa maîtresse Atalide ; quand il a vu la main trembler, il s'est précipité dans la salle pour recevoir le premier regard de l'actrice éperdue. Alors, quand Adrienne, les yeux brouillés de larmes, aperçoit ce bleu regard couleur de glacier, elle laisse couler les pleurs de la belle Atalide, et continue son rôle, rien que pour lui...

Hélas ! Que me dit-il ? Croit-il que je l'ignore ?
Ne sais-je pas assez qu'il m'aime, qu'il m'adore ?

Et le comte de Saxe décroise ses grandes jambes en riant de bonheur, tout haut, si bruyamment que ses voisins lui touchent le coude pour le faire taire.

Comme elle a dit ces vers... Il n'y a qu'elle, décidément, pour être si naturelle et si tendre... Maurice toise ces chevaliers, ces marquis de France, tout pomponnés, poudrés à blanc, les lèvres peintes, pleins de grâce et d'afféterie, et sourit en posant ses larges mains bien à plat sur ses cuisses. C'est à lui qu'elle parle, l'actrice à la mode, c'est à lui qu'elle déclare son amour, et il est seul à le savoir. Les petits marquis n'auront pas la

Lecouvreur ; il vient de la gagner d'un coup ; il est heureux.

Adrienne, au sortir de scène, aura juste le temps de remplacer la lettre de Maurice avec sa folle et maladroite écriture, par la blanche lettre vide d'un Bajazet imaginaire. Elle tremble, elle est pâle... On dirait qu'elle a froid, si bien que sa camarade Zaïre prend peur et la soutient.

« Non, ce n'est rien, une fatigue, trop d'émotion... Cela va aller. Laissez-moi. »

Et l'inquiète Zaïre reçoit soudain le regard de châtaigne illuminé d'une nouvelle joie, brillant comme jamais.

Il s'en faut d'une bonne heure encore avant la fin de la pièce.

Dans les coulisses, Atalide passe et repasse en silence, lit et relit le billet de Maurice. C'est bien cela, ce sont les mots qu'elle a cru lire, je vous t'adore, mon cœur, mademoiselle, je vous aime et n'aimerai jamais que Du... Elle rit, elle pleure, car la brouillonne lettre de Maurice est écrite en si mauvais français qu'elle pourrait ne pas la comprendre si la passion ne lisait à sa place. Comme Racine est long ce soir...

Mlle Lecouvreur dans son habit couleur de flamme est incendiée par l'attente. Le billet de Maurice, elle l'a placé dans son corsage, à la naissance de ses deux petits seins, et les coins de la lettre lui griffent délicieusement la peau. Lorsque Atalide se plonge dans le cœur le poignard à ressort qui s'enfonce sans mal, Adrienne soupire en s'effondrant : « Enfin... »

La voici sur scène, dans son rôle de morte. Maurice fixe passionnément la maigre poitrine qui bat comme la gorge claire d'une grenouille un soir d'été ; les lèvres sont très blanches sous le fard, et de fines sueurs perlent sur le front d'Adrienne. Le rideau tombe ; elle se relève. Au moment des saluts, elle ne voit plus le comte au premier rang et déjà elle s'affole. Où est-il ?

Il l'attend en coulisses et la reçoit dans ses bras. A peine peut-elle esquisser un geste pour s'échapper que déjà il la serre contre lui. Si fort qu'elle ne résiste plus. C'en est fait ; le long hiver est achevé.

Ce fut le génie de Maurice d'avoir trouvé le chemin du théâtre pour enlever le cœur d'Adrienne. Mon aïeul était un stratège, mon enfant ; il savait forcer des forteresses. Avec l'intuition simple et rustique du guerrier, ce jeune homme avait su s'emparer d'Adrienne au moment qu'elle n'était plus elle-même, mais emportée par son rôle, et prête à aimer Maurice comme le Bajazet de son cœur.

Les coulisses sont pleines de courtisans bavards, mais les amants ne voient rien et ils n'entendent plus personne. Il lui baise le front, les doigts, avec emportement, devant tout le monde, et elle s'abandonne sans pudeur, elle qui d'ordinaire ne souffre pas qu'on la touche. Maurice et Adrienne ne sont pas encore arrivés à la loge que la rumeur de leur amour naissant les y a déjà précédés. Voltaire, qui tient la porte, hausse les épaules et tourne les talons, entraînant d'Argental accablé.

Adrienne qui ne voulait plus aimer, Adrienne pour qui n'existait que l'amitié, son Adrienne qui ne voulait plus de folie d'amour, sa pure amie, voilà qu'elle disparaît dans les bras de cet immense Saxon qui la prend comme un chien de chasse attrape entre ses dents une caille toute fraîche, à peine abattue d'une balle...

Voltaire se dit qu'il ne va guère dormir ce soir-là. Demain, il fera porter chez elle le petit manteau de lit brodé de mousseline, avec un poème bien senti, afin qu'Adrienne n'oublie pas l'amitié. C'est trop bête à la fin; on était si bien ensemble...

D'un coup de talon Maurice a fermé sur eux la porte de la loge.

La Lecouvreur et le comte de Saxe.

Les voici réunis pour la première fois. La loge étroite est encombrée de jupons et de linges jetés sur des chaises; les fards traînent ouverts sur la table de toilette où un admirateur anonyme a posé un bouquet de fleurs sèches. Maurice plonge ses yeux clairs dans le regard de châtaigne, et souffle longuement sur les joues pour enlever la poudre. Elle ferme les yeux; avec un grognement d'enfant il lui ouvre de force les paupières. Il lui veut les yeux grands ouverts.

Rien n'est si beau, mon enfant, qu'un amour qui commence. Mon aïeul fut un amant léger et infidèle, il fera souffrir cette femme qu'il tient si fort dans ses bras, cela n'est pas douteux. Mais ce qui l'est encore moins, c'est qu'il l'aima ce soir-là plus qu'il n'aima jamais. Autour d'Adrienne flottait encore je ne sais quel parfum de gloire et de malheur qui lui venait de Jean Racine, et la mort d'Atalide excitait encore davantage la passion du jeune soldat. C'est une princesse qu'il aima; une inaccessible princesse aux rubans de feu et aux lèvres rouges, ces lèvres qu'il embrasse furieusement, si fort qu'à la fin du baiser elle passe la main sur sa bouche tant elles sont gonflées et douloureuses. Et c'est elle qui d'un petit geste défera la tresse de ses cheveux de cendre, fera tomber ses bracelets de théâtre, un à un.

Maurice demeure stupéfait. Une autre, il l'aurait déjà couchée sur le sol, une autre serait déjà nue... Mais cette héroïne de théâtre, il ne peut pas; à son tour il a peur. Lentement, comme si pour la première fois de sa vie elle se dénudait devant un homme, Adrienne ôte son lourd manteau de cour, dénoue sa jupe de serge verte et demeure en jupon. La voici en chemise et en bas blancs ; elle lui tend les bras. Alors seulement il ose s'y jeter comme un enfant.

Laissons-les un instant, ma chère enfant. Au ciel des amours malheureuses existe un moment béni, un moment bienheureux pendant lequel les amants ne savent pas encore qu'ils vont souffrir la mort. Ce moment est sacré ; il n'y faut pas toucher, il ne faut pas ouvrir la porte de la loge. Là est leur secret trésor.

C'est lui qui l'aidera à se rhabiller en riant ; il sera sa camériste. Il lui passe le jupon de ville, puis son éternelle robe blanche, il noue le fichu fleuri, lui chausse les pieds, et elle se laisse faire avec étonnement. Aucun de ses trois amants n'a eu avec elle ces gestes simples et familiers ; aucun ne l'a prise avec une telle fougue, pas même Nemours dont le souvenir s'envole brusquement, et qui meurt une seconde fois dans le cœur d'Adrienne.

Avec trois épingles elle tord ses cheveux en une seule boucle, s'enveloppe d'une cape chaude, cache ses mains dans un manchon de velours bleu ; la voici prête. Le théâtre est presque vide ; on a éteint les chandelles des lustres, et il fait si noir que les deux amants se cognent partout ; c'est à peine si un gardien ensommeillé suivra du regard le couple enlacé qui titube dans le froid de l'hiver.

Et malgré la rigueur de la nuit ils s'en vont à pied dans la boue, comme des saute-ruisseau, en se tenant la main. Adrienne trébuche sur les tas de bois ; Maurice la soulève de terre et l'emporte en courant vers la rue Visconti.

C'est elle qui à l'aube s'éveillera la première.

Il dort, la tête dans ses bras, une main agrippée à

l'épaule d'Adrienne qui se dégage doucement et va à la fenêtre. Le ciel est encore gris, brumeux comme sa joie ; elle entend les premiers cris des porteurs d'eau, comme chaque jour. Mais elle sait que désormais un homme est dans son lit, un grand Saxon plus fort que l'attrait de l'aube. Le front contre le carreau elle répète le nom de son amant, Maurice, Hermann, Arminius... Arminius ! Ce nom héroïque lui plaît ; il a des airs de tragédie. Et pendant qu'il s'éveille en s'étirant, elle se jure de l'appeler toujours ainsi.

Eh quoi ! me direz-vous, elle aime, c'est entendu, mais ne m'avez-vous pas déjà dépeint Adrienne follement amoureuse de Nemours ? Qui vous garantit la sincérité de cette violente flamme, et n'était-elle pas encore à son théâtre, dans ses rêves ?

C'est elle-même qui le dit, mademoiselle, le plus simplement du monde, avec les mots directs qu'inspire le désir véritable. « Un je ne sais quoi me bouillonnait dans le cœur », lui écrit-elle. Oui, elle aime. Adrienne se livre tout entière à l'amour dont elle ne voulait plus, et goûte avec frénésie la folie tant détestée ; elle se roule dans des flots inconnus, connaît des houles de tendresse et ne s'appartient plus.

Quand elle entre dans les salons des marquises, on surveille ses yeux que l'on déclare un peu battus, on observe son cou, qu'elle a fort long et blanc, pour y découvrir la trace indiscrète d'un baiser de la nuit ; l'on chuchote. Adrienne et son amour, voilà qui va bien ; une comédienne et un comte, on ne s'attendait pas à mieux. Leur passion fait ricaner ; c'est, dit-on, une fille trop fière qui vient enfin de trouver son maître. On sait bien que le maître ne saurait demeurer longtemps aux pieds de l'esclave qu'il vient de conquérir. Et les voici bientôt affublés de surnoms : on appelle Maurice « Khalife-Sultan », et « Zilamire » Adrienne.

Une qui par exemple se met fort en colère, c'est Mademoiselle. Souvenez-vous qu'Adrienne devait la ménager, et n'avait point rompu tout à fait, craignant quelque mauvais coup de sa tyrannique amie. Mademoiselle ne peut rien ignorer d'une passion si publique, qu'au demeurant Adrienne ne cherche point à cacher. L'imprudente !

Un soir, Mademoiselle s'approche d'Adrienne, l'embrasse rudement, et comme autrefois la Catherine de son tuteur Le Grand, lui laisse d'affreux pinçons sur les bras.

« Il vous croira à un autre, ma chère... jette-t-elle en sifflant, et vous saurez alors ce que valent les hommes. »

Un autre soir, elle va jusqu'à lui mordre la joue, si fort qu'Adrienne pousse un léger cri et couvre la morsure de sa main. On s'alarme, on l'entoure, et elle feint de s'être cognée. Mademoiselle commence à ressembler au père Couvreur : les baisers et les coups. Il faut en finir.

La peureuse Couleuvre commence par se réfugier dans le prétexte d'une grande fatigue. Elle ne ment pas vraiment, non, car nous savons déjà combien fragile fut notre comédienne ; mais lorsqu'il s'agit de retrouver Maurice, elle est vive comme un gardon de ma rivière, et ne se sent plus fatiguée. Pour trouver les mots convaincants, Adrienne s'oblige à écrire à Mademoiselle après les nuits les plus blanches, et sans avoir du tout dormi. Et prudemment elle glisse un mot tendre, une dernière caresse pour cette Mademoiselle qu'elle appelait, voici peu, sa Reine.

« Je ne sais, ma chère amie, lui écrit-elle, si je pourrai avoir le plaisir de souper avec vous ce soir. Je ne sais même si je souperai. Je ne me porte point bien du tout. Ma santé me désespère et je ne suis pas maîtresse de la tristesse qu'elle m'inspire. Je trouve qu'il est plus difficile de prendre son parti sur une langueur éternelle que sur une maladie bien vive et bien déclarée. Je conviens avec vous que ma façon de penser me fait tort, je dis à ma santé ; mais ce ne sera pas sans remèdes avec vos conseils et le temps. Donnez-m'en toujours, ma chère amie, et continuez de vous intéresser à la personne du monde qui vous aime le plus... »

Las ! Encouragée dans sa flamme Mademoiselle remonte à l'assaut d'Adrienne, et la vient voir pour s'occuper de la soi-disant malade. Notre jolie Couleuvre est prise au piège, et se terre au fond d'un lit dont elle rêve de sortir ; elle ne peut plus supporter cette grande femme brusque qui lui tend des tisanes en l'accusant d'ingratitude ou d'inconstance. Adrienne feint de s'endormir ; et dès que Mademoiselle est sortie, elle bondit sur ses pieds et écrit une dernière lettre. Sur un tout autre ton.

« Taisez-vous, impertinente. Je ne suis ni ingrate ni inconstante... J'ai tout autre chose à présent dans la tête ; mais, quoi que vous disiez, je pense à vous, et je vous aime par goût... Je n'ai point dormi, dont j'enrage. Les papillons noirs entouraient mon imagination agitée par deux ou trois frayeurs. Aujourd'hui je joue au Palais-Royal, dont je suis si fâchée que la contrainte de ce métier me donne presque du dégoût pour la vie. Adieu, je ne puis rien vous dire de plus agréable pour aujourd'hui. Passez-moi cette mauvaise humeur, je vous en tiendrai compte en temps et lieu. Bonjour, ménagez bien votre santé, c'est le bien le plus précieux de la vie. J'en connais le prix pour mon malheur. Faut-il vous le redire encore ? Comptez sur moi ou... Suffit. Adieu. »

Cette fois, malgré les trois mots de tendresse qu'Adrienne lui jette en pâture, la pauvre Mademoiselle comprend le message et disparaît de la vie des amants. Il était temps : Maurice, comme souvent les infidèles, est un jaloux.

Il ne supporte pas d'être séparé d'elle; il l'attend dans les coulisses en surveillant tous les hommes autour de lui, et l'entraîne dès qu'elle est sortie de la scène; sa voiture les emporte, plongés dans leur éternel baiser. C'est l'illusion amoureuse, le bel âge d'or des commencements de l'amour.

Le grand comédien Michel Baron, après une retraite de près de trente années, vient de faire sa rentrée à la Comédie; et comme il avait dans sa jeunesse fait partie de la troupe de Molière, son prestige est éblouissant. Il se trouve que Baron, sous l'influence de son maître, est un ardent partisan du jeu le plus naturel; il était fort connu pour ne jamais déclamer; et il avait l'art de rompre la mesure des vers de telle sorte qu'on ne sentait pas la monotonie des alexandrins. Le jeu d'Adrienne le charma; je pense même qu'il eut vent de la petite révolution qu'elle avait introduite dans l'art de la tragédie, et qu'elle fut la cause de son brusque retour sur les planches. Certes, il avait fort courroucé le feu roi en décidant de se retirer; « Moi vivant, lui avait dit Louis XIV, vous ne reviendrez pas. » Il fallut donc attendre la mort du feu roi pour revenir; mais le roi mourut en 1715, et Baron ne revint qu'en 1720.

Adrienne prit face à Baron la succession de la Champmeslé, sa partenaire privilégiée dans la première partie de sa carrière. Élégant et sûr de lui, Baron était encore d'une grande beauté; et comme il jouait presque tout avec la Lecouvreur, le comte de Saxe eut bientôt l'occasion de montrer sa jalousie. Adrienne ne chercha pas à lutter ; Zilamire devant son maître est toute soumission, mon enfant.

Puis un matin il doit la quitter un peu tôt ; il a des obligations. La journée se passe sans qu'il en souffre trop ; il la retrouve au théâtre avec un emportement assagi. Un autre jour, elle doit faire une politesse à l'une de ces grandes dames à qui elle aura manqué deux semaines. Maurice attendra bien sagement ; mais le soir venu la colère le rend enragé à l'idée qu'Adrienne aurait pu lui mentir. Cela n'est rien encore. Adrienne se réjouit des jalousies de son cher Arminius. Souvenez-vous encore de Bérénice :

Si Titus est jaloux, Titus est amoureux...

Titus ne tardera pas à revenir à sa nature première, et après quelques semaines passionnées s'en va courir les filles. Il n'en sera que plus jaloux. La confiante Adrienne s'en tient à ce signe et, pour calmer son cher enfant, commence à lui écrire.

Rien de plus naturel ; Adrienne écrit à ses amis de nombreux et charmants billets dont certains, vous les voyez ici, nous ont été conservés. C'est fort spontanément qu'elle en fait autant pour Maurice de Saxe, joyeusement, sans réfléchir. Tenez, par exemple, ceci ; écoutez la naïve.

« Bonjour, mon cher comte, je voudrais bien vous voir ce matin, et puisque vous ne partez qu'à onze heures vous pourriez bien venir auparavant et donner rendez-vous à votre chaise aux environs de chez moi... »

Voici la première erreur d'Adrienne : elle prie son amant au lieu d'attendre d'être priée ; elle lui impose l'emploi de sa journée et le moment du rendez-vous, si bien que la rencontre prend l'allure d'un devoir. Mais attendez, ce n'est pas terminé.

« Je suis éveillée à trois heures trois quarts sans avoir pu me rendormir ni me consoler de la léthargie d'hier et de cette insomnie si mal placée. Au moins j'ai pensé à vous, et je me suis relevée pour vous écrire et pour vous prier de me faire la galanterie d'une visite. »

La voilà qui se plaint; c'est toujours avec la sourde fierté des hypocondriaques qu'elle raconte ses malaises nocturnes. En cas pareil, d'Argental l'écoutait avec tendresse et prenait soin de sa maladive amie; Voltaire, qui sur ce point ressemblait à Adrienne comme un frère, ne lui prêtait pas moins d'attention. Adrienne a pris l'habitude d'être une malade écoutée. Mais l'amitié n'est pas l'amour; un homme comme Maurice n'a pas de malaises et déteste, chez les femmes, leurs faiblesses.

La lettre n'est pas achevée; avec la même ardeur, Adrienne poursuit ses requêtes.

« Aurez-vous la bonté de vous ressouvenir des rossignols du petit peintre ? Il me semble que vous les oubliâtes hier. »

Je ne sais ce qu'étaient ces rossignols, si elle les lui offrit, ou si elle lui demande au contraire une toile qu'ils auraient vue ensemble. Menus présents de tendresse, perles quotidiennes de la vie conjugale, vous voici convoqués par la trop amoureuse Adrienne... Croyez-vous sincèrement, mon amie, que mon aïeul était homme à se laisser attacher par des babioles décoratives ? Certes non. Maurice de Saxe eut un jour des mots terribles pour les femmes; un jour que la Pompadour lui demandait pourquoi il ne se remariait point, il répondit : « Une femme n'est pas un meuble propre à un soldat. »

Voilà tout.

Je ne sais si le comte de Saxe fit avancer sa chaise plus tôt que prévu ce jour-là; mais si d'aventure il obéit aux objurgations de sa maîtresse, il dut être fort irrité par son encombrante tendresse. Encore cette lettre touchante date-t-elle du commencement de leurs amours... Je vous laisse juge de la suite.

Adrienne cependant n'est point sotte ; elle sait que ce grand diable d'homme ne ressemble pas aux autres. Quelque temps plus tard elle le lui écrit, en des termes qui ne laissent aucun doute sur ses pressentiments : « Nous sentons bien différemment tous deux, vous ne comptez pas assez sur moi, et j'ai grand-peur de compter trop sur vous. Cependant je sens bien qu'il n'y aura plus moyen de s'en dédire, et que je suis plus à vous qu'une autre qui y serait davantage. »

Pauvres mots sans défense... Oh, il l'aime, voilà qui est certain. Tout ce qu'il eut d'amour fut pour elle ; mais Adrienne n'était qu'une femme, un charmant meuble de boudoir. Là fut son seul péché.

Bientôt le comte de Saxe défraya la chronique en séduisant la princesse de Conti.

C'était toujours en 1720, l'année même où il enleva le cœur d'Adrienne Lecouvreur. On apprend un matin qu'il s'est cogné la jambe dans un escalier ; il boite. Mais la rumeur prétend que le prince de Conti l'aurait surpris dans la chambre de son épouse, et qu'il aurait blessé Maurice d'un coup d'épée. Bientôt tout Paris penche pour cette version de la jambe boiteuse du beau comte.

Adrienne le sut-elle ? Certainement, car la rumeur s'empresse de voler là où elle frappe au cœur. Pour Maurice, c'était sans importance ; l'amour qu'il éprouvait pour la comédienne ne relevait pas de l'éternelle chasse aux femmes qu'il mena toute sa vie. Il est déjà assez étrange de le voir s'attacher à l'une d'elles. Dans la vie du comte de Saxe, c'est Adrienne qui n'est pas à sa place, et c'est cela même dont elle finit par mourir.

Le moment béni des premières tendresses s'acheva donc en moins d'un an, mon enfant. Adrienne commence à vivre dans l'angoisse de brefs bonheurs volés à la vie. Son paradis a changé de lieu; ce n'est plus la rue Visconti, où elle attend vainement l'amant infidèle pendant de longues nuits. C'est le pavillon de chasse du comte de Saxe à Dammartin : la campagne l'entoure, et le chant des oiseaux éveille les amants au petit matin. Là il est seul avec elle, au cœur d'une forêt mystique d'où sont absents tous leurs théâtres : pour elle, la Comédie, pour lui, la guerre des soldats, et celle des alcôves. A Dammartin Maurice n'emmène aucune de ses passades; Adrienne règne en souveraine.

Pour retourner à Dammartin, elle est prête à renoncer au théâtre, et ne cesse de le lui dire. Autre maladresse, ma chère petite : le comte de Saxe se soucie fort peu d'avoir une femme au foyer, et n'aimerait point la Lecouvreur sans les splendeurs du théâtre et les ors de ses costumes. Les deux amants s'appliquent l'un et l'autre à édifier deux monuments : mais tandis que celui de Maurice porte sur son fronton le nom de « Gloire », celui d'Adrienne est tout entier voué au seul « Amour ».

C'est l'époque où la Lecouvreur prend le rôle-titre de Psyché. Le caractère de l'indiscrète fille éprise du dieu Amour, et qui par curiosité le perdra, lui sied à merveille. Il est interdit de regarder l'amour en face, mademoiselle; telle est la leçon de la fable. A mesure que Maurice lui échappe, Adrienne tombe amoureuse de l'Amour.

Mais en grec, Psyché signifie « âme », mon enfant.

Les Anciens la représentaient avec deux petites ailes de libellule, s'échappant du corps après la mort. Telle est Adrienne en effet : l'image de l'âme sensible et douloureuse. Et si l'on peut comparer le beau comte de Saxe au dieu Éros, ce n'est point par hasard : car il pille les cœurs sans vergogne, et sans âme. La princesse de Conti n'était que la première d'une longue série de pillages. Nous allons tantôt voir Maurice-Arminius pourchasser les reines des neiges.

Voyez, le ciel se met à l'unisson, et voici les premiers flocons qui nous pressent de rentrer. Tant mieux ! J'aime assez voir la terre se couvrir de blancheur lorsque je suis à l'intérieur, enveloppée d'un châle devant la cheminée. Aidez-moi à quitter ce triste poirier ; je vous conterai la neigeuse Courlande dès que nous serons installées.

VII

Les boues de Courlande

Sur cette gravure conventionnelle, Maurice de Saxe apparaît dans sa gloire finale de maréchal de France, cousin en titre du roi.
Le plus célèbre guerrier de son temps répondit à madame de Pompadour qui lui demandait pourquoi il n'était pas marié :
« Une femme n'est pas un meuble propre à un soldat. »
(Gravure d'après Rigaud. Cl. ND-Viollet.)

Ainsi, ma chère enfant, vous avez du sang allemand, vous aussi! Votre mère fut enlevée à son pays par un soldat français de passage...
La vie est vraiment étrange; elle rapproche sans crier gare la vieille femme que je suis et votre belle jeunesse dans le même héritage. Et la même Allemagne fit de votre mère une Française et de mon grand-père saxon un héros du royaume de France... Allons, décidément, mon cher Musset n'avait pas tort, quand il voulait, juste avant nos amours, philosopher sous les marronniers de l'Europe moderne. L'Europe moderne, c'est vous, c'est moi, mademoiselle; ce sont nos sangs croisés par les amours soldates et ce je-ne-sais-quoi de furieux qui nous poussa l'une et l'autre, vous vers le théâtre et moi vers la littérature, toutes deux vers l'art.

J'ai laissé nos tourtereaux à la fin de leur bonheur, quand il commence à s'effriter sous les coups des infidélités du Saxon. C'est alors qu'Adrienne s'engouffre dans un fol amour, d'autant plus absolu qu'il est sans espoir; ce n'est pas la première fois. Mais cette fois, elle ne désarmera pas. Un long combat commence entre son amour et sa vie.

Maurice de Saxe, pour une lointaine couronne, s'apprête à la quitter.

La couronne, ma chère, est de neige fondue, et notre héros va se retrouver dans la boue.

Pendant ce temps-là le royaume se remet péniblement de la faillite du « système ». M. Law de Lauriston, après avoir mis l'État en péril, s'est enfui sans demander son reste ; il échoua à Venise où il mourut, mademoiselle ; j'y ai vu sa pierre tombale, une petite dalle de marbre blanc dans l'église San Moïse. A Paris, quand la fureur est retombée, on le chansonne ; un méchant poète nommé Jacques Vergier écrit sur son compte une satire de *Mithridate* dans laquelle le Régent, sur son lit de mort, se confesse à son ministre des Finances :

J'ai désolé la France autant que je l'ai pu
Ennemi des Français et de leur opulence
J'ai renversé les lois et détruit la finance...

Le poète paya cher son insolence ; bientôt il fut assassiné dans la rue du Bout-du-Monde par la bande du fameux bandit Cartouche.

Car avec la faillite venaient les brigands, compagnons du désordre et de la peste, chevaliers au service d'une justice sommaire : les pauvres contre les riches. Les diligences sont attaquées par des hommes masqués de bleu ; on rançonne, on pille, on tue. Jusqu'au jour où Cartouche est pris et rompu tout vif en place de Grève, beau spectacle pour les Parisiens ravis, et qui en annonce d'autres plus sérieux. Le goût de l'époque est cruel, mademoiselle Sarah. On aime regarder un supplice, une tragédie, ou la Belle Tourneuse avec ses épées au coin des yeux.

Au moment que le royaume est au plus mal, l'enfant roi a l'heureuse idée de tomber justement malade. Le peuple se rassemble autour de lui, on oublie les griefs. Quand il guérit, c'est un interminable défilé au palais des Tuileries où il est installé; pour commencer les harengères viennent chanter et danser; puis les Comédiens du Roi donnent la comédie gratis et achèvent la représentation par un feu d'artifice. Les ouvriers du Palais-Royal donnent une fête en son honneur; le lendemain ce sont les perruquiers et les tailleurs du Languedoc, qui montrent à Sa Petite Majesté leur « danse du cheval » : ils ont des grelots attachés aux jambes, arborent des rubans bleus et rouges, et portent des plumets blancs. L'un d'eux, engoncé dans un appareillage de bois et de tissu, fait le cheval-jupon, à qui l'on présente de l'avoine dans un tambour de basque, et le petit roi s'amuse. La Cour respire.

On va marier cet enfant avec l'infante d'Espagne. Le roi n'a que douze ans; et savez-vous l'âge de la fiancée ? Elle n'a que trois ans et demi; c'est une petite poupée dont la Cour raffole et qui agace son promis par son incessant pépiement. Mais enfin sa présence signifie l'avenir de la dynastie, et le lourd chariot du royaume s'est remis en marche tant bien que mal. Nous sommes en 1723. Comme s'il devait expier le libertinage du royaume, le Régent meurt brusquement, foudroyé par une attaque.

Quand on ouvre son corps pour l'embaumer, on sort le cœur que l'on met à part sur une table; un chien danois qui passait par là s'en empare et le dévore. Voilà qui sied bien à cet homme libre et excessif, qui vécut et mourut violemment, et qui gouverna bien le pays en dépit qu'on en ait.

L'amoureuse Adrienne est lasse de ses rôles, et celui qu'elle tient dans la vie commence à l'occuper au détriment de la scène.

Elle a déjà été Fulvie, Zoraïde, Pélopée, Éricie, Léonide, Callisthène, Monime, Chimène, toutes ces héroïnes se brouillent et s'enfuient ; le théâtre lui dévore la vie. Depuis 1721 elle n'a plus qu'une seule rivale en la personne de la Duclos ; la Desmarets a quitté la Comédie en abandonnant à notre Adrienne tout son répertoire. Mais de plus jeunes persécutrices se dévoilent ; et les intrigues du puissant clan Quinault, protecteur de la Duclos, ne désemparent pas.

Adrienne s'en défend mal, et devient capricieuse. Par exemple, elle décide de ne plus jouer avec une certaine Mlle Aubert. Que lui a fait la demoiselle ? Un croche-pied en coulisses ? Une méchante pointe dans les couloirs ? A-t-elle marché sur ses voiles, lui a-t-elle mangé une réplique ? Toujours est-il qu'Adrienne écrit au régisseur.

« Je supplie la compagnie de ne point compter sur moi pour jeudi dans *Britannicus* si Mlle Aubert y joue Agrippine. Si l'on peut engager Mlle Dangeville à avoir la bonté de jouer Junie, on me fera grand plaisir, mais rien ne me pourra déterminer à changer la résolution que j'ai prise de ne point jouer avec Mlle Aubert. »

Voilà qui est clair, mon enfant. Adrienne ne veut pas être Junie face à une si redoutable Agrippine ; le plus fort est qu'on lui obéit. L'on a raison sans doute, car ni la demoiselle Aubert ni la Dangeville ne sont demeurées dans l'histoire ; il est vrai qu'elles ne firent sans doute pas d'autres scandales que les petits drames quotidiens de la Comédie.

Comme la Duclos vieillit, Adrienne occupe le devant de la scène ; c'est elle qui tient l'emploi de première actrice de son temps. On la redoute ; on la dit puissante, d'autant que ses amours avec le comte de Saxe font illusion ; et l'on sait que les salons l'apprécient. Bientôt on la chansonne à son tour. Un certain Philippe Poisson, fort mauvais comédien, écrit une comédie assez hargneuse contre celle qu'il appelle l'Actrice nouvelle.

C'est Adrienne Lecouvreur en pimbêche, dans le rôle épouvantable d'une intrigante au cœur sec. On l'y voit sans arrêt qui

Se mêle du barreau, de la Cour, de la guerre
Et rien n'est fait, je crois, que par son ministère
Qu'un emploi soit vacant elle le fait avoir
Par elle celui-là devient introducteur
Celui-ci secrétaire et l'autre, ambassadeur.

On la dépeint encore, ceci touche au vrai, en affamée de romans, éprise de sentiment. Tenez, par exemple :

De fables, de romans sa chambre est toute pleine

Mon Dieu, mon enfant, que ce vers est mauvais ! Mais enfin continuons :

Sans cesse elle s'habille en princesse romaine
Jusqu'à son jeu muet on voit qu'elle a de l'âme
... Venez la voir en foule, elle aime le grand monde...

Etc.

Voyez-vous les deux clans ? D'un côté, celui d'Adrienne, soutenue par Voltaire, Du Marsais, bientôt par Fontenelle et Piron, partisans du jeu naturel et d'une expression sentimentale ; de l'autre, l'arrière-garde qui défend encore la tradition de la déclamation Champmeslé, un art ostentatoire et chantant. L'on devine que pour le clan Quinault ni l'âme, ni le roman, ni les princesses romaines n'étaient recommandables ; le cynisme, la société et le libertinage, voilà leurs lois. La Duclos fit tant et si bien que *L'Actrice nouvelle* fut envoyée sans nom d'auteur à la Comédie, où elle fut lue par Quinault l'aîné qui contrefit les gestes d'Adrienne, et ses accents, tordant comiquement ses mains et roulant des yeux qu'il levait vers le ciel en faisant mine de se pâmer... Et, malgré la présence de Baron, les jaloux Comédiens acceptèrent la pièce, mademoiselle!

Adrienne avait cependant assez d'influence pour empêcher la création de la satire, qui fut néanmoins imprimée et vendue sous le manteau. Eut-elle une vague pensée pour la cour de l'hôtel du Gué, et pour ses débuts dans *Polyeucte* ? Songea-t-elle avec remords qu'à son tour elle faisait interdire une pièce de théâtre ? Je ne sais, mon enfant; il est vrai que les deux situations ne se peuvent comparer; sans cette mauvaise action, on n'aurait pas retenu le nom de Philippe Poisson.

Une autre fois, un médiocre auteur dont il ne reste plus dans les archives que quelques tragédies oubliées, l'abbé Nadal, louangea fort « mademoiselle » Duclos et railla « la » Lecouvreur; celle-ci mettait, disait-il, « le goût de la déclamation *au rang des modes* et les *mines* à la place des *grâces* ».

Que voulez-vous, ma chère enfant! Les mots parlent d'eux-mêmes; la « grâce » épaisse de la Duclos n'est pas étrangère à l'embonpoint graisseux de ses décolletés, et les « mines » d'Adrienne ne sont pas loin de la « miniature »... La première était grande et forte, la seconde petite et maigre; l'une incarnait le passé, l'autre l'avenir. Marie-Anne Duclos était libertine et Adrienne Lecouvreur, fidèle comme un chien à son maître. Tout les opposait. Prudemment, la Comédie les traita sur un pied d'égalité : à compter de 1723, les deux rivales bénéficient des mêmes parts « en considération de *l'exactitude* qu'elles ont à remplir leurs devoirs dans la troupe, et des *dépenses extraordinaires* qu'elles sont obligées de faire ».

Pour l'exactitude d'Adrienne, nous savons de quoi il retourne, elle fut d'une constante négligence ; quant aux dépenses, c'est là que la rivalité des femmes s'exprime avec la plus grande clarté. La Duclos et la Lecouvreur firent assaut de toilettes et de bijoux.

Tant mieux pour Maurice de Saxe ! Vous verrez tout à l'heure qu'il n'eut qu'à se féliciter de l'extravagance des parures d'Adrienne. Mais je ne veux pas anticiper, ma chère petite. Pour l'heure je vous dépeins une femme qui n'a plus la tête à son théâtre, et qui se débat au milieu de basses et exténuantes intrigues. C'est à peu près vers cette époque qu'elle créa le rôle d'Elisabeth d'Angleterre dans *Le Comte d'Essex* ; avec une grande audace elle y fit paraître la Reine vierge en robe de cour et cordon bleu de la Jarretière. Baron malgré son âge jouait le jeune favori ; ce fut un grand succès.

Et pendant que je vous conte les mésaventures d'Adrienne à la Comédie, que fait le comte de Saxe ?

Il continue ce qu'il a commencé, ma chère ; il papillonne de femme en femme sans avoir l'impression qu'il est infidèle. Adrienne a pris dans sa vie la place centrale ; on dirait une épouse morganatique sans cérémonie secrète ; ils s'aiment, c'est désormais entendu. Pour Maurice, l'affaire est classée ; Adrienne est devenue son habitude favorite.

Mais Adrienne, mon Dieu ! Adrienne qui n'a plus de goût pour la scène s'apprête maintenant à jouer la tragédie dans sa propre vie. Pauvre rôle, mon enfant, plus difficile que le théâtre, et plus cruel... A force de supporter sans mot dire les passades de son amant, elle souffre trop, et son corps la trahit. Elle connaît ses premières vraies langueurs, et les prémisses du mal qui devait lui gangrener les entrailles la clouent au lit de la plus humiliante façon. Rien n'est plus loin du théâtre : sur scène, les grandes héroïnes ne sont pas malades; c'est avec noblesse qu'elles se pâment, et leurs malaises sont de beaux soupirs. Adrienne alitée souffre le martyre.

Le comte entre dans sa chambre avec cet air qu'il a toujours de vouloir dévorer le monde; il jette son chapeau à terre et s'installe dans un fauteuil. Sa maîtresse, une main sur le front, respire difficilement; son visage n'a pas de couleur, et ses lèvres, si rouges d'ordinaire, sont exsangues.

« Eh bien m'amie! Comment allez-vous donc aujourd'hui ? »

Le butor! Comme s'il ne la voyait pas tout affaiblie!

« Ah, mon cher comte, je vais bien mal. Je n'ai point trop dormi cette nuit, et mon estomac me fait affreusement souffrir...

– Mon Dieu m'amie, pour moi je suis fort enrhumé. Et ne suis-je pas ici, venu tout exprès pour vous voir ? Venez, nous irons au Palais-Royal où nous verrons les masques, ce sera fort gai; il ne faut point rester confinée dans cette chambre aux rideaux tirés. Vous a-t-on bien saignée au moins ? Oui ? Alors tout va bien. Venez...

– Je suis trop laide aujourd'hui, je n'ai plus figure humaine, j'en suis sûre. Ne me regardez pas ainsi...

– Je n'avais pas remarqué cela. Non, vous ne l'êtes point, m'amie; il vous faut des joues rouges et de l'air vif pour les fouetter un peu, voilà tout...

– Cruel! Vous n'avez rien remarqué! Est-ce là de l'amour ? Ah, vous ne m'aimez plus. L'avez-vous jamais fait ? »

Le comte regarde distraitement autour de lui, et cherche un moyen pour s'échapper. Il ramasse son chapeau; aussitôt Adrienne s'émeut.

« Vous voulez déjà me quitter...

– Mon Dieu m'amie, je vois bien que je vous dérange ; et puisque vous n'êtes pas trop vaillante il me faut vous laisser. »

Et il plante là sa malheureuse amante.

Maurice de Saxe est un jeune homme plein de santé ; cette femme qui se met au lit pour un rien l'exaspère avec ses défaillances répétées. Une femme, une fois qu'on l'a eue, que d'ennuis ! Que de tracasseries ! Pour s'en consoler il vole au lit d'une autre avec laquelle il oubliera ce jour-là son encombrante maîtresse.

Dès que Maurice a passé la porte, elle lui écrit. La passion qu'elle ne peut montrer dans ses bras, Adrienne l'exprime violemment dans ses lettres. Il y a loin de la passive créature qui se laissa abandonner par François-Joseph de Klinglin, à cette douce furie qui sait se battre désormais ; et puisqu'elle a su se montrer ferme avec Mlle Aubert, elle saura faire de même avec le volage.

« Je ne vaudrai rien, écrit-elle, sans cette façon d'aimer que je veux, que j'exige, que je mérite et dont je sais que vous êtes capable... Vous en trouverez cent autres plus agréables, mais vous n'en trouverez point de plus convenable aux conditions dont je ne saurais jamais me départir... On ne vous a pas assez bien aimé jusqu'à présent, vos victoires ont été plus complètes par le nombre que par leur espèce. Je veux vous faire connaître tout ce qui a pu vous manquer, et de combien les sentiments sont encore au-dessus des plaisirs ordinaires, ou du moins ce qu'ils y peuvent ajouter, car je ne prétends point les dénigrer ni en supprimer la plus petite partie. »

Voyez comme elle s'est aguerrie ! Ce sont des « je veux », des « j'exige », « je mérite »... C'est une femme enfin, et qui défend son bien. Quant à ce qu'Adrienne demande au comte de Saxe, je doute, mon enfant, qu'il ait pu le lui donner avec assez de constance. Car je ne le crois pas capable de ces sentiments qu'elle recherche ; il est plutôt, comme elle le pressent, homme de « plaisirs ordinaires » ; je ne sache pas qu'il se soit élevé jusqu'au point où elle le prétendait hisser, sauf dans de rares moments de désespoir pendant lesquels il savait ne pouvoir compter que sur sa fidèle amie.

Mais il se peut que je sois injuste après tout ; s'il parlait un peu mieux le français, mon aïeul ne pouvait toujours pas s'exprimer aisément, et sa langue embarrassée faisait de lui un écolier. En face d'Adrienne il se comportait comme un enfant ; il la brutalisait et la respectait tout à la fois, alternant avec elle coups de griffes et tendres caresses sans pouvoir répondre vraiment à l'absolu de la passion. On dirait le dialogue de la Belle et de la Bête, ma chère enfant. Sauf à dire que dans notre histoire la Bête ne se tenait pas trop souvent aux pieds de la Belle ; la Bête préférait trouver chez ses pareilles les plaisirs tant méprisés, et se délivrer de la lourde grandeur des beaux sentiments de la Belle.

Cependant peu à peu Adrienne impose son rôle ; et Maurice la craint. Une ou deux fois il tente d'ajuster ses réponses à ce qu'elle veut de lui. Hélas ! Le résultat n'est pas probant. Écoutez bien ; c'est l'une des rares lettres qui me restent parmi celles que Maurice de Saxe écrivit à Adrienne Lecouvreur.

« La belle simplicité est la plus sûre compagne de la dignité. L'on aime un peu trop à rire en France ; il est vrai que cela est agréable, et que les choses sérieuses demandent un grand fond pour ne pas s'ennuyer. De là je conclus que ce n'est que par misère que l'on a adopté le plaisant. Mais où vais-je me fourrer avec mes réflexions ? Pardonnez-moi cette écartade, ce n'est pas cependant du grec pour vous qui avez du goût, de la délicatesse, du fin, de l'agréable, et tout ce que l'on peut avoir pour être adorée et révérée, mais je crains de décider devant vous... »

Ah ! que j'aime la santé de mon insupportable aïeul ! Il prend avec la langue française des libertés de soldat et la bouscule comme s'il la couchait sur une table... L'on sent comme il s'applique à faire le bel esprit ; mais c'est pour lui, comme il le dit lui-même, « du grec », et l'« écartade » lui vient sous la plume au lieu de l'« incartade » du beau parleur.

Vous le voyez, ma chère petite, tous deux ont leurs faiblesses. La souffrante Adrienne se voit de plus en plus trompée, et doit se résigner aux « plaisirs ordinaires » de son jeune amant ; en échange elle acquiert un rôle d'éducatrice qui ne lui sera pas contesté. Maurice déteste les malaises de sa maîtresse mais il voit qu'elle seule lui peut enseigner les manières, le langage et la diplomatie. Ce rustre se laisse lisser le poil ; et pour le polir Adrienne vaut mieux, décidément, qu'une fille à soldats.

« Si vous me quittez, semble-t-elle lui dire, vous ne serez jamais qu'un sauvage. Et comment alors serez-vous roi ? »

Car Maurice s'est mis dans la tête de porter la couronne.

Pas un instant à cet âge il n'imaginait le destin qu'il eut pour finir, celui du plus glorieux guerrier d'un pays qui n'était pas le sien ; s'il dut s'en contenter, ce fut à grand regret. Non, ce qu'il voulait, c'était régner comme son père. Bâtard, lui ? La belle affaire ! Il avait dans les veines assez de sang royal pour trouver un trône. Mon aïeul était un homme traversé de visions fulgurantes, un fantasque, un rêveur qui eût pu réussir, n'était son goût des femmes justement, qui le perdit. Toujours est-il que, bercé de royales illusions, le voilà qui commence à parler de s'en aller conquérir son royaume.

La tendre Adrienne frémit. L'épreuve est inévitable : la comédienne ne peut ignorer cette fois que le mariage est hors d'atteinte. Moins qu'un autre encore, le comte de Saxe ne saurait épouser une simple comédienne. A ce renoncement il faut qu'elle se résigne; mais doit-elle pour autant le perdre tout à fait ? Non, si elle fait siennes ses rêveries. Non, si elle accepte de demeurer dans l'ombre en maîtresse du futur souverain. Pour accepter ce destin, il faut de la grandeur, et Adrienne n'en manque pas. Voici ce qu'elle écrit pendant qu'il est en voyage à Dresde en compagnie d'un émissaire venu de Saxe.

« Je crains horriblement votre séjour où vous êtes, je crains que cet ambassadeur que je ne connais pas assez pour en juger, en feignant d'applaudir à votre goût pour moi, ne cherche à le saper par de sûres voies. Au nom de Dieu, ne vous laissez point séduire; s'il y a quelque démarche funeste pour moi que vous soyez obligé de faire ou par devoir ou par intérêt, laissez à mon amour le mérite de vous y engager, et ne faites rien dont je me puisse plaindre. »

Voyez-vous ce que pourrait être cette démarche funeste ? Limpide obligation; pour accéder à un trône, Maurice n'avait en main qu'un seul moyen : celui du mariage. Adrienne y consent, sous condition que son bien-aimé reçoive sa nouvelle épouse de sa main. C'est à ce prix, croit-elle, qu'elle gardera l'amour du comte de Saxe.

Mais il est plus facile de songer à se marier que de

trouver une promise, et le voyage de Dresde est le premier d'une longue série de quêtes nuptiales qui vont séparer les tourtereaux.

Au moment du départ de Maurice de Saxe, la Cour s'apprête enfin à célébrer les noces du petit roi. Mais l'on a changé la fiancée ; pour le mariage, le roi aurait dû attendre que la fillette espagnole fût pubère, et l'on a craint qu'il ne se satisfasse avec de mauvaises habitudes. Tel est en tout cas le prétexte qu'on a pris pour rompre l'alliance projetée et renvoyer l'infante dans son pays.

La nouvelle promise est polonaise, tout à fait gracieuse, mais plus âgée que son royal fiancé : fille de Stanislas Leszczyński, roi en exil, elle s'appelle Marie. Le mariage doit avoir lieu à Fontainebleau, où la confusion est telle et les préparatifs si chaotiques que Voltaire parle d'un « tumulte épouvantable ».

Et que fait là Voltaire ? Il accompagne la Comédie, car à l'occasion de ces festivités nuptiales on va présenter devant le couple royal sa nouvelle pièce. Ce n'est que son ancienne *Artémire* qui avait si fort réjoui les mauvais plaisants de la fête des Rois, et qu'il a refaite un peu. Comme la fiancée du roi, Artémire a changé de nom : elle s'appelle désormais Mariamne, et c'est encore Adrienne à qui échoit le rôle.

Adrienne ne se sent pas tranquille ; Maurice est à Dresde, où elle n'a plus prise sur lui ; et c'est le père de Maurice, le roi Auguste, qui a chassé Stanislas Leszczyński de Pologne en le privant de sa couronne. Enfin, pour comble de malheur il y a dans sa chambre des chauves-souris qui l'effraient, et ressemblent à un mauvais présage. Et puis, mon enfant, cette Artémire, fût-elle transformée en Mariamne, lui rappelle de sombres souvenirs.

Le soir où l'on joue *Mariamne*, les lampions sont soufflés par le vent... Mais malgré la tempête l'on parvient à tirer le feu d'artifice. La jeune reine verse quelques larmes à la fin de la tragédie; Voltaire et la Lecouvreur triomphent de concert. Justement Maurice revient de Dresde, les mains vides, et les frayeurs d'Adrienne s'apaisent; les deux amants se retrouvent dans le paradis de Dammartin.

C'est pendant ce bref et parfait moment de bonheur dans les bras d'Adrienne que le comte de Saxe lui parle pour la première fois de la Courlande.

La Courlande! Ce nom m'a toujours fait rêver, mon enfant. On imagine un oiseau haut perché sur de lentes pattes, des steppes neigeuses, des lacs gelés, et d'infinies étendues de bouleaux au feuillage jaune. Mais pour Adrienne la Courlande est aussi loin que la Chine, et en partant pour cette terre hanséatique c'est presque comme si son amant la quittait pour toujours... Reviendra-t-il ?

A la cour de Courlande, le duc régnant est assez près de la mort pour que l'on veuille élire un nouveau souverain. La duchesse douairière exerce la régence à la place du souverain défaillant dont elle est la tante; elle est aussi la veuve de Frédéric-Guillaume de Courlande dont elle n'a pas eu d'enfants. Pour douairière qu'elle soit, Anna Ivanovna n'a que trente ans; c'est une belle et blonde femme un peu rougeaude, mais sa taille est fort majestueuse et elle a d'assez beaux yeux, sombres comme la tourbe de son pays. Avant l'arrivée de Maurice, rien ne signale qu'elle ait fait montre d'un puissant tempérament amoureux.

Mais ce diable de colosse aux yeux clairs n'a qu'à paraître, mon enfant. Il n'a guère de chances d'être élu;

son seul atout réside dans la filiation commune entre les Courlandais et les Saxons ; tous descendent en effet, dit-on, des chevaliers Teutoniques. Cependant sur son chemin Maurice lève de bien curieuses troupes : c'est une véritable armée de femmes.

D'abord, ce sont la comtesse de Frise et la comtesse Orzelska, ses sœurs ; mais aussi celles de Riga et de Varsovie, la maréchale Bielinski, la comtesse Pociey... Et, au milieu de ces dames amoureuses, Anna Ivanovna, reine des abeilles, attend fébrilement l'élection de son royal bourdon.

Car il lui a promis de l'épouser, et l'ardente douairière est prise d'une soudaine fièvre de printemps. Ce beau colonel l'a enflammée au premier regard, quand il a baisé ses grosses mains pataudes en levant sur elle un regard enjôleur. Quant à Maurice, nous savons ce qu'il pensait du mariage.

Pas un instant, j'en suis sûre, il ne songea qu'il allait trahir Adrienne.

Il l'a rangée dans le secret de son cœur à une place qu'elle est seule à tenir. Lointaine, elle resplendit de qualités qu'il ne trouve pas dans le rude climat de Mitau ; aucune des comtesses qui l'entourent n'a le beau et délicat langage d'Adrienne, aucune n'en a la distinction, la pureté, et il y a loin des fines mains de la comédienne aux lourdes pattes de la douairière régente. Enfin, pour la séduction du cœur, Adrienne est irremplaçable.

Et c'est là, dans la froide Courlande, qu'il trouve enfin les mots pour le lui dire, ces mots qu'elle attendait en vain depuis si longtemps.

« Rien n'égale la tendresse et l'estime que je conçois de plus en plus pour vous, lui écrit-il, et tout ce qui peut assurer une véritable passion. Votre lettre du quinze passé élève mon âme jusqu'au troisième ciel. Où trouver quelqu'un dans le monde qui joint à une figure aimable de rares talents, une vive et sincère tendresse, et les qualités d'une charmante maîtresse aux mérites les plus solides ? Où trouverais-je, dis-je, quelqu'un qui sache aimer comme vous faites, qui soit constante, fidèle ? »

Voilà du bel amour, mon enfant, et un vrai langage d'époux. Le curieux est qu'il le trouve au moment qu'il vient proposer le mariage à une autre.

Contre toute attente, le bâtard du roi de Pologne est élu duc souverain de Courlande.

Mais l'affaire est loin d'être achevée. La tsarine s'en mêle. Ce n'est qu'une simple Livonienne illettrée que Pierre le Grand épousa sur le tard ; après la mort du tsar, elle a abandonné le pouvoir à son favori Menchikov. Et c'est lui qu'elle envoie en Courlande briguer à son tour la couronne élective. Il n'arrive pas seul ; il vient avec une armée de douze mille hommes. Pour comble de malchance, mon enfant, le père de Maurice, Auguste Le Fort, se voit contraint, sous la pression de ses sujets, de déclarer proscrit son propre fils ; la tête du comte de Saxe est mise à prix !

Mon aïeul avait certes des défauts, mais il ne manquait pas de courage. Il écrivit au roi Auguste son père cette lettre admirable :

« Sire, je suis dans la plus vive douleur de me voir obligé de désobéir à Votre Majesté, mais je ne suis plus à moi-même, et ne puis rien faire sans le consentement des États de Courlande. J'appelle de cette situation au cœur de Votre Majesté. S'il ne me condamne pas, je m'en remettrai avec plaisir à la fortune du sort qu'elle me destine. »

Le nouveau souverain convoque une diète qui

confirme son élection. Mais il est prisonnier dans son royaume, entre le chat russe et les meutes polonaises de son père. Et il est pauvre : le comte de Saxe n'a ni argent ni armée.

Pourtant il va se battre, c'est décidé.

« Eh bien, mon cher comte, écrit-il à un ami, me voilà proscrit, ma tête mise à prix ! Dieu me fasse miséricorde si je suis pris ! Je crois que l'on ne me fera pas plus de quartiers qu'à un loup... On veut donc que je prenne les armes ? Soit ! Je les prends ; mais tant que je pourrai tenir mon épée dans mes mains je m'en servirai pour détruire. C'est ici, mon cher comte, qu'il faut vaincre ou mourir. Je commencerai, n'eussé-je que cent hommes, et quand ils seront tués, j'en chercherai d'autres, et cela tant que je respirerai... »

Cent hommes, ce n'est rien. Pensez-vous qu'il les trouvera en Courlande ? Point du tout. Il faut payer les soldats, et Maurice est démuni. Ses belles amies des villes de la Hanse lui envoient bien un peu d'argent, mais ce n'est pas suffisant.

Alors Maurice se décide à en demander aux deux femmes qui gouvernent sa vie : sa mère et sa maîtresse.

Aurore de Kœnigsmark, abbesse de Quedlimbourg, vend les biens qui lui restent, fourrures, bijoux, vaisselle, meubles, toute sa fortune disparaît dans l'armée de son fils. Quant à Adrienne...

Il y a loin de la Courlande à Paris, mademoiselle. Adrienne n'y vit que pour les lettres de Maurice. Avez-vous déjà attendu une lettre ? C'est une chose bien douce et bien horrible ; chaque seconde est une torture, le cœur est à l'affût, le laquais qui passe dans les coulisses tient peut-être une lettre à la main... Mais non, il vient allumer la chandelle. Il fait nuit, si tôt ? Mon

Dieu, on ne s'en est pas aperçu. L'obscurité accroît l'angoisse; le galop d'un cheval au loin fait palpiter le sang, un oiseau qui cogne à la fenêtre fait sursauter... Et les lettres de Maurice n'arrivent pas.

Un soir qu'elle se prépare à entrer en scène pour y jouer l'éternelle Agnès de ses triomphes – et bien qu'elle n'en ait plus l'âge, ma chère enfant – du fond des coulisses arrive tout essoufflé un homme en gris qui lui fait signe. Le moment est mal choisi; cependant l'homme lui fourre dans la main un papier.

Sur scène, pendant que le barbon la querelle, elle s'écarte un peu et regarde : c'est une lettre de Maurice, cela vient de Courlande. Agnès, dans *L'École des femmes*, peut lire dans un coin de la scène un billet qu'elle cache, et cela convient à son caractère de petite fourbe amoureuse... Adrienne, tout en improvisant un nouveau jeu de scène, déplie le papier et découvre la situation de Maurice.

Il est perdu, il n'a pas d'armée, plus d'argent, sa tête est mise à prix, il lui dit adieu pour toujours...

Adrienne continue à jouer machinalement, très pâle. Soudain le vertige la prend; elle porte la main à sa poitrine, et s'affaisse. Le parterre murmure; il faudra baisser le rideau. Mlle Lecouvreur est souffrante.

L'émotion avait été trop forte. A grand-peine elle monte dans sa chaise et retourne chez elle, les entrailles enflammées. Le médecin qui vient la saigner hoche la tête; ce malaise est sévère, et il faut à la malade le plus complet repos. Mais à peine est-il parti qu'Adrienne se relève et marche toute la nuit, pliée en deux, l'esprit agité et le corps en feu.

Maurice ne demande rien, il ne se plaint pas; il raconte. A l'aube, Adrienne a pris ses résolutions. Elle fait prévenir d'Argental. Le jour se lève; comme il est lent à venir! Là-bas, dans les neiges de Courlande, Maurice se bat, l'épée à la main, peut-être même est-il en train de succomber, le sourire aux lèvres, est-ce qu'il ne sourit pas en toute circonstance?

Quand d'Argental arrive, il trouve son amie en cheveux, allongée sur le lit; son mouchoir est rouge de sang.

« Mon Dieu, mon amie, mais qu'avez-vous?

– Ce n'est rien, je me suis mordu les lèvres un peu fort. Je ne vous ai pas fait venir pour vous parler de moi, cher comte. Courez vite vendre les bijoux qui sont là, tenez, dans le tiroir de la coiffeuse.

– Tous?

– Oui, tous. Et aussi les plats d'argent, et toute la vaisselle. Il faut que l'argent soit parti pour la Courlande dès ce soir.

– Ah! le comte, n'est-ce pas? »

D'un geste doux elle fait oui avec la tête.

« Mais ce mouchoir, et le sang sur vos lèvres? »

Du même geste entêté elle fait signe qu'elle ne se soignera pas, et que c'est sans importance.

Charles-Auguste pousse un long soupir et ne discute plus; il va vendre les bijoux, trouve l'homme de confiance qui portera l'argent à Maurice, et revient le soir rue Visconti rendre compte de sa mission. Alors seulement Adrienne accepte un peu de bouillon, et s'endort. D'Argental reste près du lit; elle est toute blanche dans les draps froissés, où quelques gouttes de sang ont laissé des marques brunes. Et dans son sommeil elle sourit.

Le lendemain on la dit à l'agonie. Le choc a été trop violent, et la peur, trop puissante. Sa vie est touchée jusqu'à l'âme.

L'homme du comte d'Argental creva sous lui plusieurs chevaux, avant d'arriver aux portes du château de la douairière de Courlande.

Trop tard. L'argent ne peut plus servir à rien. Maurice n'est plus seulement menacé par les Polonais et les Russes; il est prisonnier d'Anna Ivanovna. En attendant le mariage qui le sauvera des armées ennemies, le beau comte ne peut plus sortir du château de sa fiancée. Il faut qu'il s'exécute, qu'il épouse, ou qu'il périsse.

La régente l'ennuie. Pour se distraire le duc Électeur de Courlande retourne à son jeu favori. Et pendant que l'Europe entière juge ses aventures « des plus scabreuses, et des plus mal digérées », il découvre parmi les servantes de la régente douairière une jeune paysanne aux joues rouges et à l'œil gai. La diplomatie de l'époque ne prit pas les entreprises du comte de Saxe au sérieux; elle avait raison. Car alors même qu'Anna Ivanovna reste son seul appui, il fait le beau avec l'une de ses servantes.

Une nuit qu'il neige énormément, Maurice s'amuse à transporter sur son dos la petite paysanne, pour ne laisser qu'une seule empreinte sur le sol blanc. Elle étouffe ses rires dans le noir, il lui fait signe de se taire, ils n'ont plus que quelques mètres à faire avant de parvenir au château... Soudain surgit une vieille qui lève une lanterne.

Maurice recule, effaré. Que vient faire là, dans la neige silencieuse, cette sorcière sortie d'un conte pour enfants? Il veut éteindre la lanterne, avance le pied... Et, glissant sur le sol gelé, il tombe sur la vieille dans la boue; la jeune fille qu'il avait sur le dos dégringole avec un fracas épouvantable. Les voici tous les trois empêtrés les uns dans les autres... Les fenêtres du château s'entrouvrent, s'allument. Les gardes accourent et découvrent le duc Électeur de Courlande assis par terre entre deux femmes aux jupes retroussées : une vieille femme morte de frayeur et qui jure avoir vu le diable, et l'autre, la jeunesse, qui, les poings sur les yeux, pleurniche bruyamment.

De sa fenêtre la douairière régente a tout vu ; elle referme le battant d'un coup sec. Le lendemain le mariage est à l'eau. Quelque temps plus tard, mon enfant, Anna Ivanovna devenait tsarine de toutes les Russies... Eût-il été plus sage, mon aïeul serait devenu tsar sans effort ; Adrienne aurait souffert le martyre mais elle ne serait peut-être pas morte empoisonnée, et peut-être serais-je née sous les bulbes d'or du Kremlin.

Pendant que Maurice fait des folies, notre Adrienne se languit de lui. Elle reçoit de tendres lettres, où il l'appelle « mon cher enfant », où il fait le serment de l'adorer toujours. Mais elle s'inquiète ; les salons bruissent des malheurs du comte de Saxe, et du piège où la Courlande l'a fait tomber.

On dit qu'il est perdu, qu'il ne s'échappera pas de la boue où il s'est enfoncé, que la régente douairière le tient, et que de toute façon les soldats de Menchikov n'auront pas de pitié pour ce petit comte engagé à la légère dans la conquête d'un royaume qui n'est pas fait pour lui. On dit aussi qu'il est fort maladroit et bien piètre politique, qu'on l'en avait prévenu et qu'il n'a rien voulu entendre.

« Toute cette affaire ressemble parfaitement à un roman, écrit-elle à d'Argental, et je meurs de crainte d'approcher de la catastrophe. Voilà la perspective où je suis dans un temps où l'on me témoigne plus d'affection et de confiance que jamais... » Mais une nuit, pendant qu'elle lui écrit l'une de ces lettres vibrantes où les mots s'ajoutent aux mots sans combler l'angoisse et le désir, ô mon cher comte, que n'êtes-vous ici, que ne pouvez vous lire dans mon âme, mon cœur est tout à vous... il se fait brusquement un grand bruit à la porte.

Un laquais ahuri de sommeil ouvre la porte, il est en chemise et il bâille, et juste derrière lui apparaît, tout crotté, Maurice qui bouscule l'importun, ferme la porte et ouvre les bras.

Il est revenu ! Il s'est échappé ! Il est à Paris... Maurice a prétexté une visite qu'il voulait rendre à sa mère, il a franchi les lignes ennemies en cachette, et le voici, plus fatigué peut-être qu'il ne le fut jamais. Il contemple, émerveillé, la grâce raffinée de cette femme qu'il écoute parler avec enchantement. Pas une des princesses des neiges ne lui arrive à la cheville... Ah ! si le ciel l'avait seulement faite reine !

Le lui dit-il ? Sans doute ; le nocturne babil des amants permet de tout dire avant le bienheureux sommeil. Adrienne ne lui en dit pas moins ; oui, elle sacrifiera sa royauté de théâtre pour vivre son amour, et tous deux accéderont enfin au bonheur tant désiré... Maurice est trop las pour la contredire, mon enfant ; mais nous savons bien vous et moi qu'il n'a pas ce rêve au fond du cœur, et qu'il se soucie peu d'être heureux. La gloire, voilà ce qu'il désire. Il lui ferme la bouche d'un baiser, voilà tout.

Lorsque revient le jour c'est une autre chanson.

Maurice n'est pas revenu simplement pour revoir sa maîtresse. Il est venu, désespéré, demander l'aide du royaume de France, et tenter de lever une armée dans son pays d'adoption. Mais on ne l'aidera pas ; l'affaire est trop lointaine et trop périlleuse. Le comte de Saxe volette de démarche en démarche sans le moindre résultat ; la France se soucie fort peu de prêter main-forte à ce jeune homme assez fou pour s'être engagé aussi légèrement. On l'éconduit poliment en tâchant de lui faire comprendre qu'on ne lui fait aucun crédit.

Enfin, épuisé, il cesse d'espérer, et repart en Courlande où l'attend son devoir : car il y est souverain élu, avec, pour principale ennemie désormais, la régente Anna Ivanovna, qui le hait. Pure bravade que de s'aller mettre dans la gueule du loup; mais c'est bien de lui.

Quand le duc Électeur arrive en Courlande, ma chère enfant, c'est pour apprendre que Menchikov est de retour avec son armée, plus décidé que jamais à assiéger l'intrus. Privé du château de la régente, privé même du soutien paternel, le comte de Saxe est traqué. La fin de l'épopée de Courlande approche; mon aïeul n'a plus pour lui que son panache. Mais pour cela, vous imaginez bien qu'il n'en est jamais dépourvu.

« Ma situation est de plus en plus gaillarde, s'écrie-t-il, mais je m'en fous et vas toujours le même train... »

C'est en vain qu'il est de nouveau élu, pour la troisième fois, par la diète hâtivement réunie. Menchikov ne le lâche pas. Le comte, qui n'a plus d'autre issue, se voit contraint d'aller se réfugier dans la petite île d'Usmaïs, qu'il appellera Fort-Maurice mais que tout le monde nommera l'île des Proscrits. Adrienne reçoit une lettre qui parle de vivres pour trois mois, et de poudre en suffisance, et de préparatifs de bataille; vous pensez, mademoiselle, comme elle reçut le coup. De la poudre, un fort, des vivres... Maurice est bel et bien assiégé.

Son armée comporte douze officiers, dont un seul Français; cent hommes d'infanterie, une centaine de dragons et quelques domestiques. Il croit encore que « ses Courlandais », comme il les nomme, seront fermes comme roches et mourront avec lui... Il se trompe; il est perdu.

Enfin, dans un éclair de lucidité, et pour épargner la vie de ses soldats, le comte de Saxe commande à ses officiers d'aller traiter avec l'armée de Menchikov. Puis il se sauve à cheval, la nuit, et nage avec sa monture jusqu'à l'autre rive. L'honneur du soldat sera sauf : des cosaques l'attendent, il croise le fer, et leur échappe de justesse avec la cassette qui renferme son diplôme de duc Électeur.

C'est tout ce qui resta de l'aventure de Courlande, mon enfant; un papier roulé dans une cassette. Bientôt la diète ne tarda pas à annuler les trois élections qui l'avaient fait roi.

« Et le comte de Saxe, écrivit-il plus tard, se retira en France parce que le temps de tirer l'épée était passé. »

Quel échec cuisant, ma chère enfant!

La rage au cœur, humilié, il ne renonce pas. Il parcourt l'Europe sans rime ni raison, toujours à la recherche d'une héritière qu'il pourrait épouser. Et s'arrête à Breslau pour recommencer ses intrigues. Puis de Breslau il passe en Hollande; là, on lui rapporte que la princesse Élisabeth, sœur du tsar, se serait éprise de lui sans le connaître. Il balance, il hésite, on ne voit que trop bien qu'il ne sait plus que penser.

Pour finir la simple idée de régner sur des sujets russes l'accable, et ses souvenirs sont trop rudes; il refuse... Et la même couronne lui échappe derechef, ma chère enfant, car après Anna Ivanovna, Élisabeth à son tour deviendra tsarine de Russie!

C'en est fini des princesses; désormais ses prétentions sont rabaissées à de riches alliances d'où ne peut venir aucune royauté, mais qui à tout le moins lui assureraient la fortune. On lui propose encore la fille de Menchikov, décidément peu rancunier, puis une noble veuve assez légère qui fit rompre le cadavre de son mari pour le transporter plus aisément... Rien de tout ceci n'est sérieux, et ces mésaventures le discréditent. A Paris, de bonnes âmes s'emploient à broyer le cœur d'Adrienne en lui racontant les projets de son amant. « On dit que le comte de Saxe a refusé une princesse russe qui s'était fort entichée de lui, et qu'il court désormais épouser la veuve du comte de Flemming... »

Alors l'imprudente lui écrit une lettre de vérité, mon enfant, une lettre de raison où se mêlent les craintes qu'elle a pour lui et la peur d'être délaissée. Il ne fallait pas, mon enfant; il faut se méfier d'un loup blessé.

« Non, mon cher comte, plus j'y songe, et moins je m'accoutume à ma situation. Non, je ne puis souffrir l'idée de vous voir revenir et de vous reperdre : que gagnerez-vous avec vos barbares ? Ils vous tromperont sûrement parce qu'ils n'ont point d'intérêt de vous servir réellement. Vous vous perdrez et moi aussi, c'est malgré moi que je vous éloigne de ce chemin que vous êtes obstiné à suivre...

« Je ne suis pas une maîtresse ni une amie comme une autre, mais je ne vois plus qu'un abîme de maux. Vous ne réussirez point, et le public qui ne juge communément que par le succès donnera aux vrais sentiments d'honneur qui vous déterminent le nom d'obstination et d'entêtement... »

Quand il reçut la lettre, le comte de Saxe froissa furieusement le papier, puis il se mit dans une colère froide qui le fit maudir Adrienne. « Vous ne réussirez point. » Est-ce que l'on écrit cela à un jeune homme vaincu et qui veut devenir roi ?

Puis il défroisse le papier et le relit lentement. « Vous ne réussirez point. » Ce soir-là Adrienne aura scellé son destin d'amoureuse; le comte de Saxe ne lui pardonnera pas.

Il ne revient pas encore ; sa mère se meurt de chagrin au fond de son abbaye.

Quand il y court, c'est pour se recueillir sur la pierre tombale fraîchement gravée : Aurore de Kœnigsmark n'a pas eu la force d'attendre son fils déchu.

Il repart pour Berlin auprès de son père, s'arrête à Dantzig, c'est la course folle d'un poulain échappé. Puis finalement, n'ayant trouvé aucune princesse qu'il pût épouser, n'ayant rencontré sur sa route aucun royaume, ayant tout perdu, même son honneur, l'ancien duc souverain de Courlande se décide à revenir en France où il sait qu'on l'attend.

Adrienne fiévreusement se prépare ; il y a plus d'un an que les amants ne se sont revus.

Comme une jeune fille, elle remet la robe de mousseline qu'elle portait le soir de leur rencontre, sort la cape d'hiver et le manchon de velours bleu. Hélas ! Elle a tant maigri que la robe flotte autour d'elle ; il faudra la serrer avec un large ruban.

En arrivant au théâtre elle pose sur la table un bouquet de fleurs séchées, en tous points semblable à celui qu'un inconnu avait déposé là ce fameux soir.

Adrienne va jouer Cornélie dans *La Mort de Pompée* ; le costume qu'elle porte, nous le connaissons par le portrait de Coypel, la drape dans un velours gris d'eau. Et quand elle fait son entrée dans le deuxième acte, alors qu'elle devrait lever les yeux au ciel en tenant sur son sein l'urne funéraire de son époux assassiné, Adrienne ne peut s'empêcher de regarder à la dérobée le premier rang du parterre.

Maurice est à Paris cependant, une lettre de lui en a prévenu Adrienne... Mais il n'est pas au premier rang à sa place habituelle ; il n'est pas là. Cornélie sera bien émouvante, et versera d'autres larmes que celles de son rôle.

Tranquillement assis dans la loge de la comédienne, le comte de Saxe attendait la Lecouvreur en fumant la pipe.

Elle entre d'un pas lent, le dos voûté. Il est là.

Saisis, ils se dévisagent. Chacun d'eux voit que l'autre a vieilli, terriblement. Maurice a maintenant des plis autour de la bouche, ses cheveux noirs portent quelques fils blancs; il a l'air courroucé, et son regard est dur. Adrienne est si maigre qu'on la dirait transparente; au coin de ses paupières rougies par les pleurs apparaissent de fines rides en patte-d'oie; le fard blanc sur son visage ruisselle de gouttes de sueur; et le velours gris d'eau lui donne un air funèbre. On dirait qu'elle porte le deuil de la Courlande. Quel âge a-t-elle donc maintenant?

Le comte mettra un long moment à se souvenir qu'elle vient de passer sa trente-cinquième année. Adrienne voit qu'il la regarde sans souffler mot; ses yeux s'élargissent, elle porte un mouchoir à sa bouche comme si elle voulait se cacher, et se retourne brusquement en sanglotant.

Maurice avance de deux pas.

« Vous avez maigri, m'amie », lui dit-il simplement.

Puis il pose ses larges mains de Saxon sur les pitoyables épaules, et la force à revenir dans ses bras.

Il la serrera longtemps en silence. Elle ne lui fera aucun reproche; il ne lui dira rien de ses intrigues. Comme au premier soir il l'habillera de mousseline; mais de menue qu'elle était, Adrienne est devenue sèche et osseuse. Maurice se tait, mais ses gestes sont rudes; Adrienne, triste et muette, se laisse faire passivement. Quand ils sortent du théâtre, il faut qu'il la soutienne;

mais il ne la portera pas jusqu'à la rue Visconti. Une voiture les attend qui les fera sortir de Paris.

Les voici de retour au pavillon de Dammartin; comme le temps a passé, mon enfant...

Au petit jour, alors qu'elle était toujours éveillée avant lui, goûtant le plaisir de le regarder assoupi, elle dort, d'un profond et mortel sommeil.

Mais Maurice de Saxe, lui, ne dort pas. Il rêve. Au fond de la cassette qu'il a rapportée de ses voyages, il n'y avait pas que son diplôme de duc successeur des États de Courlande, mademoiselle. S'y trouvait aussi, on ne sait comment, un portrait de la princesse de Conti; le comte de Saxe, sans doute, l'avait emporté par mégarde dans ses bagages avec le portrait d'Adrienne. Et Maurice rêve à toutes ces grandes dames de la Cour de France, qui attendent comme Adrienne le retour de leur Adonis.

Toutes ces duchesses au cœur sec... Maurice sourit. On dirait des sortes d'oiseaux méchants, dont la petite tête couronnée vous fixe d'un œil vif et rapace. L'heure du libertinage n'est toujours point passée dans le royaume de France; et le comte de Saxe y a sa place toute prête.

Et pendant qu'Adrienne continue de dormir comme si elle refusait de s'éveiller, Maurice, tout en regardant le jour se lever, songe à la première de ces femmes brillantes dont il sera le passager vainqueur.

Adrienne n'a plus que deux ans à vivre. Les duchesses, dont elle s'est jusque-là à peu près protégée, vont faire leur entrée dans sa pauvre vie.

Regardez par le carreau, ma chère enfant : le dernier rayon du soleil en hiver est toujours le plus beau. Il prélude au bref crépuscule, si rapidement tombé qu'on n'a pas le temps de comprendre que le jour est déjà mort. Je vais demander qu'on allume les lampes, et qu'on prépare le souper.

Dans le récit que je vous fais de la vie d'Adrienne, le plus cruel reste à raconter.

VIII

« Connais donc Phèdre et toute sa fureur »

Ce croquis montre Adrienne Lecouvreur
dans le rôle de Phèdre, tragiquement vieillie,
plus proche d'une comédienne
comme le sera Rachel que de ses contemporaines.
C'est pendant deux représentations de Phèdre,
et grâce à ce rôle, qu'Adrienne Lecouvreur
se vengera en public, d'abord de son amant,
puis de la duchesse de Bouillon, sa rivale.
(Bibliothèque de la Comédie-Française, Paris.
Cl. Comédie-Française.)

VOICI venus les temps de la douleur, mademoiselle. Certes, depuis deux jours que vous m'écoutez sagement, vous m'avez souvent entendu évoquer la tristesse de notre héroïne ; mais ce n'était rien encore. Tant que le comte de Saxe vagabondait jusqu'en Courlande, Adrienne Lecouvreur n'avait pas atteint le vrai malheur, celui qui épuise l'âme et la consume entièrement.

Vous avez vu Adrienne enfant subir les coups et les caresses de son effroyable père, vous avez suivi avec moi le chemin des délaissements amoureux, la mort tragique de Nemours et la naissance de ses deux filles ; nous avons, il est vrai, commencé de connaître avec elle les premières trahisons du comte de Saxe. Mais le bonheur dont elle rêvera toujours lui fait par instants l'aumône de sa présence ; si elle donne de la tendresse, elle en reçoit aussi parfois, et sa vie connaît des échappées de joie. Cependant la vraie tragédie qui l'habite depuis son enfance n'est pas encore accomplie ; son amour pour Maurice de Saxe n'a connu que de pauvres rivales sans danger, qui ne la mettaient pas en cause. Avec Françoise de Lorraine, duchesse de Bouillon, commence le véritable calvaire.

Les belles dames de la Cour ne sont pas aussi sottes

que la tendre Adrienne. Loin de vouloir éduquer le comte de Saxe, elles le cajolent. C'est qu'il y a du piquant à conquérir ce conquérant manqué; dans les salons parisiens, Maurice garde un peu de la gloire que lui apporta sa couronne éphémère, et les ombres neigeuses de la lointaine Courlande lui font un manteau de roi. Les duchesses et les marquises se soucient assez peu de l'échec de ses intrigues, et si les hommes le jugent mauvais politique, les femmes s'en moquent. Et puis, le barbare grossier qu'il était en arrivant en France s'est transformé en un sauvage élégant sans perdre tout à fait la rusticité saxonne qui lui donne un charme exotique un peu lourd. Adrienne, en polissant son Saxon, l'a rendu propre aux duchesses : il est assez courtois pour plaire, et encore assez primitif pour séduire.

Obstinément attachée à son rêve quasi conjugal, Adrienne persiste à tenir à Maurice un discours raisonnable qu'il n'écoute pas. Tout ce qu'elle lui dit est vrai. Qu'il est irréprochable en matière de courage, mais que ses intrigues perpétuelles lui font tort; qu'il ne sera pas roi; qu'il lui manquera toujours l'argent pour lever une armée, qu'ayant déjà vendu tous ses bijoux elle ne peut plus recommencer; enfin que le bonheur vaut mieux que la gloire, et qu'elle souffre de sa légèreté... Voilà ce qu'elle lui répète à l'envi, et voilà sa sottise, mon enfant.

Car au lieu de dire au comte de Saxe qu'il ne réussira point à devenir roi, les duchesses l'accablent des lauriers qu'il a perdus en route. Le futur soldat de Fontenoy est accueilli comme s'il avait pour de bon conquis la couronne de Courlande; on oublie qu'elle est tombée.

Mon aïeul sur ce chapitre demeura fort sourcilleux : il entendait qu'on le traitât comme un souverain en exil. Les belles dames qui le guettent auront vite compris qu'en l'entourant de flatteries elles trouveront le chemin de sa couche. Et qui sait ? Peut-être après tout qu'un jour ce sauvageon bâti en force trouvera par hasard une couronne égarée.

Le souverain déchu des États de Courlande est l'ornement des soupers et des fêtes ; l'on y joue toujours avec autant de frénésie, l'on s'y gaspille en futilités amoureuses. L'affaire de la jeune servante tombée dans la boue fait rire ; on trouve la fable charmante, et Maurice héroïque. On convie le Saxon à sa toilette ; et l'on cause avec lui pendant que l'on est dans son bain, toute couverte de mousse ; l'on n'en sort que pour tomber dans ses bras. Le comte de Saxe se livre sans retenue à la folie des femmes. Et c'est ainsi qu'un jour il croise sur son chemin la duchesse de Bouillon.

Était-elle laide, était-elle belle ? Fut-elle un monstre de perversité ou une enfant trop passionnée et juste un peu légère ? J'avoue que je n'en sais rien, ma chère enfant. Il en va de Mme de Bouillon comme de la pièce que Diderot écrivit pour le théâtre, *Est-il bon, est-il méchant ?*. Pour les uns elle est noiraude et sèche, avec de la cruauté dans l'œil ; pour les autres elle a la taille d'une reine. Tenez, voici ce qu'en disait un petit abbé de cour : « Très belle, plus grande que petite, ni grasse ni maigre ; le visage ovale, rond par le bas ; le front grand ; de grands yeux noirs, ainsi que les sourcils ; les cheveux bruns, la bouche fort relevée et les lèvres très vermeilles ; une grande mouche près de l'œil droit... »

Qu'en faut-il conclure ? Et que ne dit-on pas des grandes femmes au teint sombre et au regard noir ! La duchesse de Bouillon devait être une beauté active et puissante, de celles qui s'emparent de la vie comme d'une proie.

Il est cependant un point sur lequel tout le monde s'accorde, c'est qu'elle ne s'embarrassait pas de préjugés. Mlle Aïssé jugeait Mme de Bouillon « capricieuse, violente, emportée, excessivement galante; ses goûts s'étendent, disait-elle encore, depuis le prince jusqu'aux comédiennes ». Il est vrai que la belle Aïssé appartenait au clan d'Adrienne; pour autant, je le crois, la réputation libertine de la dame n'est plus à démontrer. La duchesse était simplement de son temps, mon enfant; et elle avait le tort d'avoir les cheveux noirs.

A dix-huit ans, on l'avait mariée à un La Tour d'Auvergne, vieillard fort débauché. Quand elle rencontra Maurice de Saxe, Françoise de Lorraine était mariée depuis trois ans; elle avait vingt et un ans. Adrienne en avait trente-six, mon enfant; la balance n'était pas égale entre les deux femmes.

Sitôt qu'elle trouve un moment pour lui parler en tête à tête, Françoise de Lorraine aborde Maurice avec un air grave.

« Sire, permettez à votre humble servante de vous féliciter pour votre vaillance; l'on m'a dit que vous vous étiez battu seul contre huit mille hommes, et que vous avez su leur échapper...

– *Mein Gott!* L'avez-vous cru pour tout de bon? Mais, madame, sans doute savez-vous que je ne suis plus roi; je ne l'ai été qu'une misérable année. Vous me faites trop d'honneur en me donnant un titre auquel à la vérité je n'ai plus droit...

– Votre Majesté se moque; et la couronne posée sur une tête y demeure jusqu'à la mort, Sire. Comment appelle-t-on à la Cour le beau-père du roi de France, Stanislas Leszczyński? Lui refuse-t-on le beau titre de roi pour la raison qu'il se trouve en exil?

– Ma foi! C'est juste; je ne saurai vous contredire, madame. Vous me voyez touché de vos bontés...

– Ah! Ce ne sont pas des bontés, Sire, ce sont des affinités. Comme vous, je descends d'un roi; dans nos veines coule un vrai sang bleu, et puisque mes aïeux venaient du sol enneigé où vous manquâtes de perdre la vie, nous sommes peut-être cousins, Sire...

– C'est trop, madame, pour un si petit souverain... Suis-je digne de vos beaux yeux? Accepterez-vous pour cousin un malheureux exilé qui n'a plus que sa vie à vous offrir?

– Sire, je le sens bien, au milieu de ces gens de pauvre noblesse, vous régnez déjà par la naissance; nul ne peut vous être comparé, et l'on voit sur votre front les promesses d'un destin d'exception... »

Bref, Françoise de Lorraine parvient à lui faire croire qu'ils sont tous deux hors du commun, comme deux cygnes majestueux dans un étang peuplé de simples canards. La flagornerie vous paraît énorme? Certes; mais la vanité de mon aïeul ne l'est pas moins.

Maurice ne se contente pas de céder, mademoiselle, il se précipite. Cette grande femme aux cheveux noirs lui rappelle l'emportement sauvage de sa mère Aurore; trop ardente duchesse, trop prompte à panser les blessures de l'orgueil... Maurice ne lui résiste pas. Ce n'est pas une passade comme les autres. La vitalité de sa nouvelle conquête le possède entièrement. Point de ces tendresses et de ces réveils charmants qui font tout le bonheur d'Adrienne; ce sont de violentes caresses, des amours animales où la fureur règne en maîtresse. Et voilà Maurice amoureux.

Dans les commencements il y trouve un vrai plaisir, et laisse la duchesse prendre sur ses sens un véritable empire. D'elle il accepte tout, les rendez-vous les plus impromptus, les nuits les plus imprévues, les baisers les plus fous et qui se voient le lendemain, laissant au cou des plaies d'amour. C'est à peine si les nouveaux amants se cachent en public; la duchesse de Bouillon a vaincu le beau guerrier de la Lecouvreur, dira-t-on.

Maurice laisse faire. Adrienne pleurera ? Bah, il a l'habitude ! Il sait comment la consoler, et puis Françoise de Lorraine est irrésistible. Pas un instant le comte de Saxe n'imagine la tragédie qui va se déchaîner.

Car Adrienne connaît cette nouvelle aventure comme elle a su toutes les autres; et Adrienne prend peur. C'est que cette fois la rivale est duchesse, et cela est insupportable. J'ai raconté dans *Consuelo* comment la pauvre fille qui mendiait dans les rues du ghetto de Venise, devenue comtesse de Rudolstadt, gardait toute sa fierté de zingara. Adrienne possède cette fierté des pauvres, mon enfant, plus forte que l'orgueil des nobles. Tolérer que le comte de Saxe aille avec des servantes ou des filles de joie, voilà qui est encore acceptable; mais l'abandonner à l'une de ces femmes qui ne se sont donné que la peine de naître, c'est impossible. Et la brune duchesse éveille en Adrienne une petite fille têtue qui fait front.

C'est le comte de Saxe encore qui commettra la première faute. A quoi pensait-il donc en inventant de les faire souper ensemble ? Je ne sais, mon enfant. Si mon aïeul n'était pas un ange, il n'était cependant pas cynique; l'aurait-il été pour de bon qu'Adrienne ne l'aurait pas aimé d'un si grand amour. En revanche, je crois que sa cuisante aventure de Courlande lui avait un peu tourné la tête. Toujours est-il qu'il lui prend cette imprudente fantaisie; voilà les deux rivales réunies dans le pavillon de chasse du duc de Bouillon.

Vous ne savez pas encore, mademoiselle, ce que fait la beauté d'une femme à une autre plus âgée qu'elle, et qui soudain, la regardant, se passe la main sur la joue; il n'y a peut-être pas de rides, et la peau sous la poudre est souple encore... Mais c'en est fait d'une imperceptible et glorieuse fraîcheur qui ne reviendra jamais plus. Adrienne voit l'éclat de la duchesse, et comprend qu'elle est perdue; et si elle n'a pas attendu ce jour pour vérifier la pâleur de son teint, le poids des ans soudain l'accable. Contre cette jeune femme vive et violente elle ne peut rien.

Françoise de Lorraine regarde la comédienne; pas une de ses rides ne lui échappe, pas un des plis du cou, pas une tache de vieillesse sous le fard rose, pas un défaut. Elle sourit brillamment à sa rivale qu'elle couvre de compliments; il ne sera pas difficile de séparer les amants. Et secouant ses belles épaules nues elle fait assaut de grâces.

Quand au héros de la fête, il se laisse adorer avec ravissement; entre la blonde de son cœur et la brune de ses entrailles Maurice est au comble de l'excitation. Il n'est pas impossible qu'il ait savouré sa vengeance, mademoiselle; voyez donc la pauvre Lecouvreur qui l'a si fort convaincu qu'il ne serait jamais roi... Elle se voit opposer une couronne ducale.

Adrienne demeure sans voix; sa rebelle colère ne sait pas s'exprimer. Habituée des salons, la célèbre actrice connaît assez l'art de feindre pour dissimuler la violence de ses sentiments; mais de confuses images agitent sa mémoire, où reviennent les fureurs jalouses d'Hermione dans *Andromaque*. Elle ne laisse rien paraître; mais un laquais ramassera sous la table un mouchoir fort déchiré.

Ce n'est point encore assez; Maurice n'aura de cesse que de voir sa maîtresse en courroux. Et puisque le pavillon du duc de Bouillon n'a pas suffi, il fera plus; il invitera les deux femmes dans son propre pavillon de Dammartin.

Dammartin ! Imaginez la douleur d'Adrienne. Dammartin, paradis des matins clairs, lieu sacré de toutes leurs retrouvailles, retraite où elle rêve de finir avec lui ses jours... Rien ne saurait être plus sacrilège ; une autre femme à Dammartin, une rivale, en sa présence à elle, c'est un crime, et il est affreux.

Cependant elle ne refuse pas ; Adrienne nourrit le secret espoir qu'une fois en la place, le cruel comprendra les souffrances dont il est la cause. Il lui suffirait de regarder les carreaux aux fenêtres, et le rideau qu'ils écartaient ensemble au matin ; il suffirait que sa main tremblât en ouvrant la porte, il suffirait d'un seul geste de lui...

Maurice n'est pas méchant ; et sa main tremble en effet. Eût-il été roué, mon aïeul aurait sans doute tenté de les séduire toutes deux à la fois. Le comte de Saxe, pour un plaisir, était capable de tout ; et je ne doute pas que l'idée lui ait traversé l'esprit. Je crois bien aussi, mon enfant, que pareille fantaisie dut traverser celui de la duchesse.

Françoise de Lorraine était assez folle en effet pour vouloir séduire Adrienne sous les yeux de leur amant commun. Je l'imagine, dévorant du regard sa rivale aux cheveux nacrés, et découvrant à la lueur intime des bougies des charmes inattendus à la roseur fanée d'Adrienne ; déjà la main de la duchesse s'empare de la sienne et la baise au poignet...

Mais Adrienne retire sa main et la crispe. On ne fait pas plus dur que ce petit poing-là.

Maurice a trop bu pour avoir des remords ; il rit comme un fou. Contrefaisant la tragédie, il se lève et porte un toast à ses maîtresses : qu'elles décident de son sort ! Qu'elles choisissent à sa place ! Qu'elles se l'attribuent, ce guerrier magnifique dont elles sont si fort éprises... L'ancien souverain de Courlande obéira.

« N'est-ce pas, m'amie, dit-il à la malheureuse Adrienne, que je suis assez bon tragique pour effacer Baron ? Et ne voilà-t-il pas un choix digne du vieux Corneille ? Pour la guerre, cela me regarde ; mais pour les amours je n'en suis plus, et c'est à vous, mesdames, de vous disputer l'étalon. Et de ce théâtre-là je ne veux pas perdre un seul coup de dent. »

La tête basse, Adrienne ne répond pas ; Françoise de Lorraine à ses côtés lui lève le menton de force et lui pose un baiser sur les lèvres.

« Allons, mademoiselle, il faut en passer par où notre maître le veut... »

Mais Adrienne renverse sa chaise avec violence ; elle s'enfuit dans la pièce voisine et se bouche les oreilles avec les mains. Elle ne veut plus rien voir, ni rien entendre ; enfermée dans son cabinet, elle n'en sortira pas de la nuit.

Adrienne s'est endormie tout habillée sur un fauteuil. Le miroir lui renvoie au petit matin une défaite image ; ses boucles emmêlées, ses rubans chiffonnés font d'elle une souillon, et les cernes sous ses yeux n'ont jamais été si mauves. Il fait grand jour, et le soleil est vif ; elle est seule.

En traversant la salle où s'était tenu le souper, elle n'évitera pas le désordre qu'a laissé le sabbat des amants ; ils sont déjà partis, mais sur la nappe froissée traîne une jarretière oubliée, et un lacet reste encore sur le sol, que Françoise de Lorraine aura abandonné à dessein. En conviant la duchesse de Bouillon dans son pavillon de Dammartin, en jouant cette scène qu'il trouve drôle et qui pour Adrienne est terrible, le comte de Saxe a brisé le cristal de leurs songes.

Va-t-elle enfin se rebeller ?

Oui, mon amie ; mais pas comme vous le pensez. D'abord quelque chose en elle se retire ; la couleuvre en elle reflue, et la pousse à s'enfuir. Mais la scène fut si méchante que la fuite ne suffit pas.

D'autres, pareillement humiliées et trahies, courent au carmel et se font nonnes ; c'est d'ailleurs ce que fit à cette époque la jeune Mlle Gautier qui, pour un chagrin d'amour, quitta la Comédie pour s'ensevelir chez les carmélites de Lyon. Adrienne n'est pas femme de religion, elle est d'amour et de théâtre ; c'est par le théâtre, et par lui seul, qu'elle se défendra contre la violence qu'on lui fait.

En cette année 1729 qui précède sa triste mort, Mlle Lecouvreur répète le rôle de Phèdre.

L'alchimie se fait sans qu'elle y songe, mon enfant. Les temps sont passés des vaillances de Pauline ou des pleurs de la reine de Palestine. Voici venue l'heure de l'amour interdit ; voici l'âge où elle trouvera les cris de la maturité impuissante à séduire le trop jeune Hippolyte. Le comte de Saxe, son cher Arminius, en l'offrant en pâture à sa jeune rivale, lui fait don de la colère qui lui manquait.

Voyez ce rapide croquis : le négligé a tout envahi, et le costume est à l'antique. Adrienne sous ses voiles montre un visage si sombre qu'il en est presque grimaçant ; sa grâce a fait place à l'expression la plus nue de la passion contrariée. Cette Phèdre-là ne saurait séduire Hippolyte ; trop sauvage, elle lui fait peur ; et la force de la malédiction du soleil son divin ancêtre la rend laide.

Le soir où la Lecouvreur prend son rôle, le comte de Saxe se rend au théâtre selon ses vieilles habitudes. La duchesse y sera aussi, cachée au fond d'une loge, ce sera plaisant.

De la nuit de Dammartin il n'a gardé que le souvenir d'une farce assez gaie ; il faisait bon voir danser la duchesse et la comédienne au gré de ses désirs. Et dans ses fantaisies Maurice imagine que la brune est Colombine tandis que l'autre est Zerbinette, et qu'ils ont joué tous les trois une sorte de comédie de foire dont il est le héros ; cela lui plaît.

Selon la coutume qu'ils ont établie ensemble, le comte se rend dans la loge d'Adrienne pour la saluer avant qu'elle n'entre en scène.

Les joues en feu, les poings sur la bouche, enveloppée dans un long voile rouge, l'actrice admirable chuchote des essaims de mots.

Cruel-connais-donc-Phèdre... Et-toute-sa-fureur,
Cruel !... Connais-donc-Phèdre-et-toute-sa-fureur...

Où M. Du Marsais a-t-il dit qu'il fallait marquer l'accent ?

Elle lève les yeux, voit Maurice, et s'arrête.

« Cruel », jette-t-elle à la face du comte comme on lance un caillou, et elle sort en courant. Adrienne ne lui a pas souri ! Stupéfait, Maurice l'entend crier le long du couloir qui conduit aux coulisses : « ... connais donc Phèdre et toute sa fureur ! »

Serait-il possible qu'elle lui échappe enfin ?

Appuyée sur le bras de sa confidente, Phèdre s'avance en chancelant jusqu'à la rampe de bougies.

Il est là, le parjure, au premier rang ; il est là, et il la regarde avec un étrange sourire.

Je ne me soutiens plus, ma force m'abandonne...

Sitôt qu'elle a commencé de parler, le parterre

s'émeut : comme la Lecouvreur est belle en voiles pourpres! Le comte de Saxe se contente d'écouter vaguement en dodelinant de la tête; pour un peu, il s'assoupirait. Combien de soirées aura-t-il passées ainsi à l'entendre!

Rien n'échappe à un acteur quand il est sur la scène, vous le savez mieux que moi, mon enfant. L'œil d'Adrienne n'est jamais plus éveillé que lorsqu'elle joue la tragédie; l'ennui poli de son amant, elle le voit aussitôt. Attends, mon amour, attends encore un peu...

L'action avance; Adrienne est poignante.

Comme à son ordinaire, ronchonne le comte en ouvrant à demi les paupières.

On en vient à la scène où Phèdre, à l'incitation de sa suivante Œnone, s'apprête à déclarer son incestueux amour au tendre, au sauvage, au farouche Hippolyte.

Le regard d'Adrienne s'attache passionnément au visage de son amant; une tache pâle dans l'obscurité. Cela l'hypnotise, mon enfant. Il faut, entendez-vous mon enfant, il faut se venger de Maurice. Que ce soit maintenant, tout de suite, en public. Et soudain elle sait ce qu'elle va faire.

Phèdre s'est déclarée. Trop peu, ou trop mal; son beau-fils Hippolyte fait mine de ne pas entendre, et cherche à prendre la fuite. *Je vais...*

Ah! cruel, tu m'as trop entendue, s'écrie Phèdre.

Ce n'est pas un cri, mademoiselle, c'est un rugissement. Au parterre on se lève : ce n'est plus la voix de Lecouvreur, ce ne sont plus les plaintes qu'on lui connaît... Quelle est cette manière nouvelle de prendre une voix cassée et de parler en bête?

Le comte aussi s'est levé. La réplique n'est plus dans le ton, et c'est à lui que l'on s'adresse.

D'un geste furieux l'actrice s'empare de l'épée

qu'Hippolyte porte au côté. Ce geste est dans le texte, vous le savez, ma chère enfant ; mais ce qui ne l'est pas, c'est de prendre l'épée comme le fait Adrienne. Car, tenant l'épée par la pointe, elle tend la garde vers le premier rang du parterre, et enchaîne.

Voilà mon cœur. C'est là que ta main doit frapper.
Frappe. Ou si tu me crois indigne de tes coups
Si ta haine m'envie un supplice si doux
Ou si d'un sang trop vil ta main serait trempée
A défaut de ta main prête-moi ton épée.
Donne...

Et sur ce dernier mot qu'elle crie avec un « han » vulgaire, Adrienne jette de toutes ses forces l'épée d'Hippolyte sur Maurice de Saxe. Il s'en faut de peu qu'il ne la reçoive en pleine poitrine.

Hors d'haleine, en sueur, Adrienne contemple son amant. Ses partenaires sont muets de stupeur ; Hippolyte pris de panique se réfugie au fond de la scène, et la malheureuse Œnone balbutie une réplique qui jamais n'aura mieux convenu sur la scène d'un théâtre.

Que faites-vous, madame ! Justes dieux !
Mais on vient. Évitez des témoins odieux ;
Venez, rentrez, fuyez une honte certaine...

Et elle tire Adrienne par le bras.

Mais l'actrice se dégage brutalement. Elle n'en a pas fini avec l'infidèle. Lentement, elle remonte son long voile rouge qui traînait à terre, et le drape autour de son visage. Rien ne la fera bouger ; Adrienne est devenue statue.

Les spectateurs se sont levés, les uns après les autres. On ne chuchote plus, on s'écrie : « Que se passe-t-il ? Qu'est-il arrivé ? La Lecouvreur a voulu tuer le comte de Saxe ! Il est blessé... Non, il est déjà mort ! Cette fille est folle !... Taisez-vous, elle est sublime... »

Debout au milieu du parterre, Maurice regarde naître une Adrienne inconnue. Adrienne, sa tendre et plaintive Adrienne, est-ce encore elle, cette bouche ouverte sur un hurlement muet, ces mains qui s'ouvrent et se ferment convulsivement, cette sombre beauté ?

On crie au scandale ; quelques voix commencent à crier qu'il faut appeler la garde... Alors, montant sur sa chaise, le comte de Saxe se retourne vers le parterre, souverain, et sourit au public avec un grand salut. Puis il se rassied, fort inquiet. Adrienne consentira-t-elle à sortir ?

Enfin elle pousse un léger soupir, et se laisse entraîner par sa confidente éperdue. D'une voix étranglée le pauvre Hippolyte enchaîne :

Théramène, fuyons. Ma surprise est extrême...

C'en est trop. Du parterre s'élève une clameur. On baissera le rideau. Mlle Lecouvreur, c'est certain, aura droit à une amende.

Mais la salle réclame Adrienne, et l'acclame, debout. On ne sait pas si l'audience applaudit la prouesse de l'actrice ou l'exploit de l'amoureuse ; quel qu'il soit, le spectacle enthousiasme, et les spectateurs sont nombreux à pleurer. Le comte de Saxe s'est tranquillement levé, et se dirige vers la loge.

L'éclatante Françoise de Lorraine s'y trouve déjà, au milieu d'une foule qui veut en savoir davantage. Car la pièce n'est pas finie, mon enfant ; on veut voir la duchesse ensemble avec la comédienne.

Mme de Bouillon embrasse sa rivale avec de grands compliments. Le moyen de faire autrement ? A la Cour, la duchesse est plus forte ; mais au théâtre elle ne règne pas. Adrienne remercie avec un doux sourire ; elle est redevenue comme elle fut toujours, une tendre et soumise créature. Il n'y a plus rien à voir; le scandale est passé.

Mais quand la duchesse s'en va, Maurice entend trois mots qu'elle lui chuchote à l'oreille : « Je la tuerai. »

A-t-il rêvé ? Lui qui n'a jamais peur, il frissonne. Est-ce un serment, ou n'est-ce que le dépit ?

A-t-elle vraiment dit qu'elle tuerait Adrienne ?

Non, cela ne sera pas, non. Tout le vieil amour lui revient au cœur, et Maurice retourne à sa chère Adrienne.

La duchesse est devenue dangereuse. Une comédienne n'est pas une égale; à peine si c'est quelqu'un, mon enfant. Que cela, une fille publique, soit la rivale en titre d'une Françoise de Lorraine, qu'un amour si noble et si brûlant soit en balance avec une vieille liaison, c'est insupportable; c'est un crime de lèse-majesté. Oui, la duchesse a décidé qu'Adrienne devait mourir.

Pour l'épisode que je vais vous conter, mon enfant, vous aurez du mal à me croire, et vous soupçonnerez que je fais du roman. Il se peut que chemin faisant j'aie jusqu'ici ajouté quelques paroles qui furent peut-être prononcées, mais dont il ne reste aucune trace, sinon dans les nuages. Par exemple, quant à l'affaire qui va suivre, elle relève de la police; tous les faits en ont été dûment consignés dans des rapports que l'on peut trouver si l'on veut. Et si je prends cette précaution, petite, c'est que les moyens de la duchesse de Bouillon sont si extravagants qu'on les dirait sortis d'un roman de mon ami Alexandre Dumas.

Il n'est pas impossible que la duchesse ait été d'abord éprise de romans.

Un mois après le scandale de *Phèdre*, à la foire Saint-Germain, un jeune page du nom de Périgord, et qui appartenait à la maison de Bouillon, traînait devant les bateleurs et les échoppes, allant de l'une à l'autre en désœuvré. Il avisa soudain un étrange personnage.

C'était un tout petit abbé en habit fort propre, et qui, assis sur une botte de paille, dessinait les figures grotesques des baladins et des masques. Le jeune homme se mit de côté, lorgna les croquis par-dessus l'épaule de l'abbé, et lui trouva du talent. Quand il eut fini son travail, l'abbé se leva en époussetant les fétus accrochés à ses vêtements, et le page vit qu'il était bossu.

Il revint le lendemain. L'abbé était toujours là ; le page l'aborda, et le conduisit dans un café où ils burent des liqueurs jusque tard dans la nuit. Périgord s'était pris de pitié pour le pauvre homme, disait-il ; il avait parlé de lui à sa maîtresse, une bien grande dame, au cœur bien compatissant, et elle avait accepté qu'on lui présentât cet artiste méconnu pour qu'il fasse son portrait. Ébloui, l'abbé suivit le page.

C'est ainsi que l'abbé Bouret entra au service de la duchesse de Bouillon.

Françoise de Lorraine avait trouvé l'idée charmante ; en apprenant la bosse de l'abbé, elle avait éclaté de rire. Comme ce serait bien de vivre en infante, entourée de bossus et de nains... Elle décida de poser en Diane chasseresse, une main sur une colonne, drapée dans une tunique en peau de bête qui évoquerait à merveille la chaste déesse de la lune. L'abbé enchanta la duchesse, qui le trouva plein d'esprit, quoiqu'un peu miteux. Bien qu'il fût fils de trésorier, il n'était pas très élégant. Elle l'habilla de frais, lui acheta une perruque, le gâta ; bref, elle fut exquise ; en un rien de temps, l'abbé fut amoureux.

Il l'entourait de mille attentions, l'adorait en silence comme une inaccessible divinité; pendant les séances de pose, il venait arranger un pli sur la tunique et s'attardait près de la gorge sans oser un geste. Immobile, Françoise de Lorraine feignait de ne rien voir; plus elle était impassible, plus elle assurait sur lui son empire. Un jour il effleura sa peau, et frémit; la duchesse ne bougea pas.

« Mon petit abbé, murmura-t-elle, vos mains sont trop douces pour être celles d'un honnête homme. »

L'abbé Bouret n'avait que dix-neuf ans et il était bossu; il ne put croire à ce miracle.

Bientôt il lui jura qu'elle pouvait demander sa vie quand elle le voudrait; et comme autrefois les troubadours avec les lointaines princesses, il réclama avec passion une épreuve, pour démontrer son amour.

Il vint à la duchesse une chimère.

Puis l'idée l'obséda. Un jour, comme en se jouant, la belle duchesse demanda à l'abbé, c'était là pure fantaisie de sa part, de se rapprocher de la Lecouvreur. Rien n'est plus libre d'accès que la loge d'une comédienne après la représentation; ce ne serait pas difficile, il suffisait de simuler l'admiration. C'était un simple caprice. N'était-ce pas là ce qu'il cherchait?

Le scandale de l'épée était public; l'abbé crut qu'on voulait l'utiliser pour une réconciliation, plaignit l'orgueilleuse duchesse, affirma qu'il raffolait du théâtre et se rendit à la Comédie.

Adrienne ne prêta aucune attention au petit bossu qui l'attendait chaque soir avec un bouquet de violettes. Il la regardait avec adoration et répétait toujours les mêmes mots : « Vous êtes la plus grande, mademoiselle, incomparable, votre talent... » C'était un peu pauvre, voyez-vous ; Adrienne remerciait froidement avec un petit signe de tête.

Puis un soir elle aperçut la bosse, qu'il exhibait avec une grâce touchante, et sans affectation. Adrienne s'émut, et s'assit pour l'écouter ; il raconta l'accident qui l'avait fait bossu, inventa mille fables, et demeura longtemps. L'abbé Bouret était au comble de la joie. Le lendemain il put dire à sa duchesse qu'il était arrivé à ses fins.

C'est là que l'attendait Françoise de Lorraine. Pendant la séance de pose, elle s'effondra soudain en sanglotant. Puis, d'une voix à peine audible, elle avoua ses secrets à son petit abbé. Oui, elle aimait le comte ; oui, Adrienne avait su reconquérir son amant. Violemment troublé, l'abbé s'entendit demander de l'aide, et obéit sans réfléchir.

Oh, ce n'était pas méchant.

« Il faut que vous me fassiez un plaisir qui est de rendre une lettre que je vais vous dicter pour la demoiselle Lecouvreur. Je doute que cet innocent moyen réussisse, l'abbé ; mais je veux l'essayer. »

Tout ce qu'on lui demandait, c'était d'écrire à Adrienne une fausse lettre, signée d'un soi-disant prince du sang, qui se déclarait fort amoureux, et qui lui suggérait de quitter le comte de Saxe au plus tôt. L'abbé s'exécuta sans mot dire ; la duchesse s'empara de la lettre. Elle tenait son homme ; c'était tout ce qu'il lui fallait.

Le jour suivant, profitant de l'émotion de la veille, elle lui fit jurer une éternelle obéissance ; le petit bossu devait accomplir sans chercher à comprendre tout ce qu'on lui demanderait. D'un baiser furtif, la duchesse remercia son nouvel esclave : l'abbé pâma de bonheur. Il reçut sans tarder un billet qui lui commandait de se trouver à onze heures du soir au Palais-Royal ; deux masques, l'un blanc, l'autre « moitié bleu, moitié noir », lui donneraient les instructions nécessaires.

Et voici l'abbé Bouret errant sous les colonnades, à la recherche de ses deux masques. Les capes noires passaient autour de lui comme des chauves-souris ; il y en avait trop, et puis manquait le masque blanc. Enfin il aperçut deux ombres immobiles, l'une blanche, l'autre noire, et qui semblaient attendre.

On l'entraîna dans l'obscurité.

« Est-ce vous, l'abbé ? Voici une boîte. Vous en ferez cadeau à Mlle Lecouvreur. De votre part, s'il vous plaît. »

Et on lui mit dans la main un paquet.

« Ce n'est rien, l'abbé, presque rien. Tout juste un philtre amoureux, une bagatelle sans conséquence... », fit le masque blanc à son oreille.

Dès qu'il trouva de la lumière, l'abbé ouvrit le paquet. Il n'y avait là que des roses rouges. Les masques avaient disparu.

L'abbé était amoureux, mais il n'était pas fou. Qu'avait-on besoin de lui pour porter des fleurs à une comédienne, et n'était-il pas plus simple de les faire tenir par le premier laquais venu ? Au demeurant les roses fanaient à vue d'œil ; il les jeta dans le caniveau.

Il restait encore une séance de pose avant d'achever le portrait.

Diane la chasseresse demanda à l'abbé s'il avait obéi.

« Je n'en ai rien fait encore, madame, bredouilla le bossu. Il me faut trouver l'occasion, le moment... Mais je vous jure... »

La duchesse sentit qu'il hésitait, et joua son va-tout. Elle quitta sa colonne à l'antique, défit sa tunique de déesse et embrassa fougueusement le malheureux abbé pour achever de lui tourner la tête. Le pauvre homme la perdit en effet et sombra dans l'ivresse.

A la sortie de l'hôtel de Bouillon, trois hommes l'attendaient. Il reconnut les masques de la veille. Ils lui proposèrent de l'argent, pourvu qu'il gardât le secret.

« Ce sera aisé, fit l'abbé, s'il n'y a point de mauvaise action à faire.

– Non, l'abbé, non. Vous savez bien la personne dont Mme la duchesse a parlé ; il ne s'agit que de pouvoir lui donner des pastilles qui lui feront avoir de l'indifférence pour le comte de Saxe et du goût pour une autre personne.

– S'il n'y a que cela, il n'y a pas de difficulté. »

On lui promit six mille livres comptant et une pension viagère. Et on lui demanda de retourner voir Mme la duchesse au plus vite.

Françoise de Lorraine était encore dans le désordre où l'avait laissé le jeune homme. Il la trouva tout en larmes, répétant à chaque instant le nom du comte de Saxe entre deux sanglots. L'abbé se précipita.

« Vous savez ce que ces messieurs vous ont dit à l'instant. C'est une fille de rien, mon ami ; il faut l'exécuter, c'est même rendre un service à l'État. D'ailleurs, ajouta-t-elle en le regardant droit dans les yeux, vous pouvez être sûr de la récompense. »

Le jeune homme frissonna, mais la duchesse était si belle qu'il promit tout ce qu'elle voulait.

Le soir venu, quand il fut seul, et qu'il réfléchit à l'affaire, l'horreur du risque qu'il allait encourir lui apparut tout entière. Françoise de Lorraine avait mal calculé ; en se donnant à lui, elle l'avait à la fois comblé et dégrisé.

Adrienne reçut rue Visconti une lettre anonyme. Le billet se trouvait aussi dans les papiers de mon aïeul; écoutez bien ce mystère.

« Mademoiselle,

« Vous serez surprise qu'une personne que vous ne connaissez point vous écrive pour vous prier de vous trouver demain lundi à cinq heures et demie du soir sur la grande terrasse du Luxembourg, où vous trouverez une personne qui vous instruira plus amplement; vous la reconnaîtrez à ce signe : un abbé qui frappera trois coups sur son chapeau en vous abordant. »

Surprise, Adrienne le fut en effet. Elle faillit jeter le billet, mais d'Argental, qui la vit froncer les sourcils, le prit au vol et le lut soigneusement.

« Qu'est ceci encore ? Et de quoi veut-on vous instruire ?

– Oh, c'est quelque coup des Quinault, qui veulent me rendre ridicule, sans doute... Rassurez-vous, je n'irai pas.

– Peut-être avez-vous raison, mon amie. Mais je n'aime pas cet abbé-là, et je préférerais l'entendre, puisqu'il prétend savoir des secrets. »

Maurice entra sur ces entrefaites, et entendit que l'on parlait d'abbé. Depuis longtemps il avait remarqué le jeune bossu qui tournait autour d'Adrienne, et à qui il trouvait l'air inquiet et confus d'un coupable en puissance. Il dressa l'oreille.

A son tour il lut le billet et demeura songeur. La duchesse était derrière l'abbé. Elle avait dit : « Je la tuerai. »

« Nous irons tous ensemble, m'amie. Vous trouverez l'homme; je gage que c'est votre petit bossu du théâtre. Nous serons deux dans l'ombre, et ainsi nous saurons de quoi ce mystère est fait. Cela ne se discute plus; et je le veux. »

Le lendemain lundi, à l'heure dite, Mlle Lecouvreur se promenait sur la terrasse du Luxembourg, là où sont les grands marronniers sous lesquels Minou l'avait chastement embrassée.

Le bossu y était aussi; il s'approcha, et frappa trois petits coups sur son chapeau, qu'il ôta gauchement avant de prendre cavalièrement le bras de la comédienne pour un entretien qui pouvait sembler tout à fait galant.

« Mademoiselle, je suis bien malheureux. Je me crois obligé de vous donner avis qu'on veut vous empoisonner.

– Ah, monsieur, que me dites-vous ? Est-ce que cela vient de la Comédie ?

– Non, mademoiselle.

– De l'Opéra, sans doute ?

– Non, mademoiselle. Le coup vient de plus haut.

– Cela vient donc de l'hôtel de Bouillon ! »

Et Adrienne se leva d'un coup. Elle remercia l'abbé; il n'avait qu'à continuer de feindre; qu'il vienne rue Visconti, chez elle, elle lui dicterait sa conduite.

Le comte de Saxe ne fut pas surpris : il s'attendait à quelque tentative de ce genre. Pour d'Argental ce fut un coup terrible; Adrienne n'avait rien dit de la soirée au pavillon de chasse de Mgr de Bouillon, encore moins de la terrible nuit au pavillon de Dammartin. Et si la liaison que Maurice avait entretenue avec Françoise de Lorraine n'avait rien d'un secret, Charles-Auguste découvrit l'ampleur de la menace avec effroi : de la maison de Bouillon l'on pouvait en effet tout craindre.

L'abbé vint en effet, et fut beaucoup questionné; mais il n'avait rien en main pour prouver qu'il disait vrai. Le comte de Saxe poussa l'interrogatoire et harcela le malheureux Bouret; les pressentiments de mon aïeul ne l'avaient donc point trompé, et Françoise de Lorraine, dont Maurice avait été si fort amoureux, était une meurtrière. Mais pour en avoir le cœur net, il fallait attendre du nouveau.

Deux jours plus tard, c'était le 28 juillet 1729, l'abbé s'apprêtait à sortir de chez lui, et les masques l'attendaient pour une affaire plus sérieuse.

« Trouvez-vous demain au bout de la terrasse des Tuileries, lui dirent-ils, à trois heures, du côté des Feuillants; vous rencontrerez un petit chemin garni d'ifs taillés en ronds et en carré; dans le second if vous trouverez un petit paquet. Ce sont des pastilles que vous offrirez à la demoiselle Lecouvreur lorsque vous en trouverez l'occasion.

– Mais si cela la faisait mourir?

– Quand cela arriverait, vous n'avez rien à craindre; nous vous tiendrons prête une chaise de poste pour vous faire passer dans les pays étrangers. »

Bouret ne souffla mot, fit mine d'acquiescer, et aussitôt qu'ils eurent disparu courut chez Adrienne. Mon aïeul lui tenait compagnie; depuis les révélations de l'abbé il ne la quittait plus. Le comte de Saxe commanda à l'abbé d'aller prendre les pastilles; il l'accompagnerait pour vérifier sa bonne foi. Et les voilà partis pour le jardin des Tuileries, vers la terrasse des Feuillants.

Non loin de là était l'allée aux ifs. Au second, ils s'arrêtèrent : l'abbé regarda si on pouvait le voir, puis plongea la main dans les branches de l'arbre et en retira une boîte. Les pastilles étaient à l'intérieur, enveloppées de papier blanc.

Maurice en porta une à son nez, et manqua défaillir.

Les huissiers de police administrèrent l'une des trois

pastilles à un chien qui mourut aussitôt dans d'affreuses convulsions.

Ni le comte de Saxe ni Adrienne ne s'attendaient que l'on poursuive le malheureux Bouret; mais en dépit de leurs protestations, l'abbé fut facilement arrêté, à cause de sa bosse; et on l'emprisonna à Saint-Lazare. Il se défendit comme un beau diable en accusant formellement la duchesse de Bouillon de tentative d'assassinat sur la personne de Mlle Adrienne Lecouvreur.

C'est ici, mon enfant, que la vie d'Adrienne devient une affaire d'État.

Le duc de Bouillon appartenait à la plus grande noblesse du royaume; n'était-ce pas un Bouillon qui, coiffé d'un plumet noir, avait lancé du haut du balcon de Versailles la solennelle incantation : « Le roi est mort, vive le roi ! » au moment de la mort du grand Louis XIV ? Le commissaire chargé de l'enquête sent aussitôt le danger; accuser une des grandes dames de la Cour, c'est s'exposer au pire des scandales. Même le feu roi n'y avait pas cédé; et s'il avait exilé la Montespan après que l'affaire des poisons eut été découverte, c'était pour étouffer les rumeurs. De plus, il n'était pas exclu que le duc actuel se soit mis de la partie : il était notoirement l'amant de la Duclos, et la Duclos haïssait Adrienne. Le risque était grand que le ministre punît sans pitié l'imprudent qui prêterait foi aux aveux de l'abbé Bouret.

Le commissaire chargé de l'enquête décida d'imiter le feu roi, et d'étouffer l'incident au plus vite; le jeune abbé aurait inventé l'histoire de toutes pièces, et rien ne prouvait qu'il n'eût pas placé lui-même les pastilles dans l'if de l'allée des Tuileries. Il confie les pastilles, pour analyse, à un certain Geoffroy, membre de l'Académie des sciences; un second chien tarde un peu à mourir; on décide que le résultat est douteux!

« Je ne sais pas même, si tout laid et tout contrefait qu'il est, il ne serait pas devenu amoureux de la demoiselle qui est la principale intéressée dans cette affaire », écrit-il après le premier interrogatoire de l'abbé.

Et le commissaire, qui s'appelait Camuset, commence à faire pression sur l'abbé pour qu'il renonce à ses accusations. Le pauvre jeune homme ne se dédit pas; et Adrienne, prise de pitié pour celui qu'elle nomme son sauveur, écrit lettre sur lettre au lieutenant de police pour demander qu'on le libère; elle lui fait porter dans sa cellule de quoi améliorer son sort, des livres, des chemises, et une bouteille d'eau de la reine de Hongrie...

Quelques mois plus tard, comme son père était trésorier des finances, on libéra l'abbé, et l'on décida que l'affaire était close. Du moins pour la justice, qui avait sur ce point suivi exactement les ordres du ministre Maurepas.

C'est vous dire, mon enfant, jusqu'où pouvait remonter le scandale.

Mais la rumeur ne l'entendait pas ainsi. Paris se mit à frémir : la duchesse de Bouillon avait tenté d'assassiner la Lecouvreur; cette trop galante aristocrate se croyait tout permis; on était revenu à la pire époque du règne précédent, l'on s'en croyait délivré, mais non, les nobles étaient toujours aussi corrompus, et on le voyait bien à ces excès... La Comédie ne désemplissait pas; on ne venait plus voir la célèbre actrice, on allait contempler avec compassion la victime d'un affreux complot.

Françoise de Lorraine ne manquait pas de cran; elle choisit d'affronter les accusations en allant, avec ses courtisans, assister à une représentation de *Phèdre*.

Adrienne, à l'entracte, contemplait son visage qui lentement s'émaciait. Ses langueurs ne l'avaient pas quittée; elle était constamment malade; et si elle avait retrouvé Maurice de Saxe, ce n'était plus le même homme.

Certes, il veillait sur elle avec un soin jaloux, il lui avait mille fois demandé son pardon pour l'avoir exposée à la vindicte de la duchesse; chaque jour il venait, avec ponctualité, rendre une longue visite à la rue Visconti... Mais il n'y demeurait pas la nuit; et Adrienne venait d'apprendre qu'il avait une nouvelle maîtresse, une petite de l'Opéra qui s'appelait Mlle Cartou. Ce n'en serait donc jamais fini...

Un laquais ouvrit la porte et annonça que Mme la duchesse de Bouillon mandait la comédienne dans sa loge.

Tant d'audace, mon enfant!

Adrienne répondit dans un souffle qu'elle était en déshabillé, et qu'il serait inconvenant de paraître en pareille tenue. Le laquais insista; alors Adrienne lui répondit d'un trait :

« Allez dire à Mme la duchesse que si je lui pardonne sa présence, d'autres peut-être ne la verront pas d'un bon œil en ma compagnie. Dites-lui cependant que je suis trop pauvre fille pour lui résister, et trop fière pour la redouter. Si elle tient tant à me voir, Mme la duchesse n'aura qu'à se trouver à la sortie de la scène; elle aura le loisir de me dire ce qu'elle veut. Ce sera tout, monsieur. »

Françoise de Lorraine rumina sa colère pendant le dernier acte; mais l'attitude d'Adrienne lui prouvait que le public serait de son côté. L'orgueilleuse se résolut à obéir, et s'en fut attendre la comédienne en coulisses.

Quand elle sort de scène, Adrienne est encore en l'état de Phèdre à l'agonie, épuisée et muette. La tête basse, elle chancelle; mais elle n'a pas besoin de lever les yeux pour sentir que sa rivale est là qui l'attend.

Et elle s'arrête, les yeux toujours baissés; aucune force au monde ne lui fera relever la tête. La duchesse se retourne vers ses petits marquis :

« Nous reviendrons autant de fois qu'il le faudra, mes amis, car je veux regarder Mlle Lecouvreur mourir dans le rôle de Phèdre. N'est-ce pas qu'elle est admirable quand elle meurt ? »

Et elle rit aux éclats.

Adrienne est passée sans un mot. Sa persécutrice n'a donc pas renoncé.

Le soir même elle est prise de grands vomissements. Est-elle empoisonnée pour de bon ?

La duchesse, nous le verrons, avait mille moyens pour accomplir son forfait. Le poison pouvait se glisser sur la peau d'un gant, dans une eau que l'on sert en passant, dans un sorbet, que sais-je... Pour moi, mon enfant, je crois que Françoise de Lorraine commença d'empoisonner Adrienne avec les mots les plus méchants; il n'en fallait pas davantage pour la terrasser. Adrienne se crut perdue, et s'arrêta trois semaines.

Quand elle se relève, c'est encore pour jouer Phèdre, dont le fantôme la harcèle. Adrienne n'en doute pas : la duchesse de Bouillon sera là.

Mais l'actrice l'attend; mieux, elle l'espère. Dans ses grands voiles pourpres elle est plus frêle que jamais; Adrienne est prête à se venger. Le premier acte se passe, et la duchesse n'est pas là.

Enfin, avec un insolent retard, Françoise de Lorraine fait irruption dans sa loge et fait grand bruit en s'installant. Elle a pris soin d'arriver au beau milieu d'une tirade d'Adrienne.

Celle-ci se fige sans tourner la tête. L'actrice qui joue le rôle d'Œnone ose à peine la regarder ; et le souffleur articule vainement la suite de la tragédie.

Il s'agit bien de cela ! La Lecouvreur n'a point de ces trous de mémoire. Lentement elle se cache la face d'une main cependant que l'autre se tend comme pour se protéger contre une menace invisible. Le parterre se tait peu à peu, et le silence finit par être si profond que l'on n'entend plus, du fond de sa loge, que le rire de la duchesse.

Puis même ceci s'arrête.

Quand le souffle de la salle est à l'unisson de son cœur battant, Adrienne, d'un geste brusque, découvre ses yeux étincelants, et s'avance tout près des feux de la rampe, de face. Puis elle pointe un doigt dans la direction de la duchesse de Bouillon, et sans trembler continue sa réplique.

... Je sais mes perfidies,
Œnone, et ne suis point de ces femmes hardies
Qui, goûtant dans le crime une tranquille paix,
Ont su se faire un front qui ne rougit jamais...

Et elle demeure ainsi, le doigt vengeur, gardant la pose.

Un moment de stupeur paralyse le parterre ; quelques têtes se retournent vers Françoise de Lorraine qui s'évente nerveusement. Bientôt tous les yeux sont fixés sur la coupable duchesse ; enfin, de ce mouvement unique qui soude en un instant une salle de théâtre, les spectateurs, se retournant vers Adrienne, se lèvent pour une longue ovation.

Adrienne s'est vengée ; Mme la duchesse de Bouillon a reçu un affront public.

Sur la scène de la Comédie, Phèdre remercie, les bras croisés sur la poitrine, en s'inclinant légèrement. L'ovation tourne au vacarme; la duchesse se fait huer, elle doit quitter le théâtre; la représentation ne pourra continuer qu'après qu'on aura baissé le rideau pour rétablir le calme.

Grâce à Phèdre, Adrienne s'est vengée deux fois. Une première fois en lançant l'épée d'Hippolyte sur le comte de Saxe, une seconde fois en perdant de réputation l'orgueilleuse duchesse à la face du monde.

Mais Phèdre à son tour va se venger d'Adrienne, mon enfant; car notre héroïne est épuisée, et sa vie s'en va en lambeaux. Et lorsqu'à la dernière scène Phèdre vient expirante avouer tous ses crimes à Thésée, c'est en frémissant qu'Adrienne évoque

un poison que Médée apporta dans Athènes.

Un soir qu'ils jouaient ensemble dans le *Venceslas* de Rotrou, Baron blêmit et se trouva mal. C'était au moment précis où il venait de dire des mots prémonitoires :

Si proche du cercueil où je me vois descendre...

On baissa le rideau. Quand il revint à lui, Baron pressa le bras d'Adrienne et lui souffla à l'oreille des mots angoissés : « Ah, mon amie, je me meurs, je le vois bien... » Et il mourut en effet quelques semaines plus tard comme il l'avait prédit.

Adrienne en fut fort affectée. La mort rôdait autour d'elle. Trop de voix sifflaient avec des mots jaloux, trop de paroles évoquaient des complots et des haines. Piron la refuse pour un rôle qu'il veut donner à une autre; Adrienne se sent trahie, défaite, et voit que Phèdre sera son dernier rôle; le vrai a disparu de sa vie.

Elle va mourir, elle le sait.

Quant à la duchesse, elle a résolu d'en finir à jamais avec l'impudente fille qui ose lui tenir tête.

En attendant, le doyen de la Comédie reçoit un ordre signé du lieutenant de police : il va devoir présenter les excuses de la Comédie pour l'offense faite à Mme la duchesse de Bouillon par la comédienne Lecouvreur. Et le surlendemain, alors que le rideau se lève sur la représentation suivante de la tragédie de Racine, les laquais de la maison de Bouillon sont là au grand complet, en livrée de cérémonie pour mieux se faire reconnaître, au dernier rang des spectateurs. Ils siffleront dès l'entrée d'Adrienne, et ne cesseront pas jusqu'à la fin. Si Françoise de Lorraine avait voulu mettre fin aux rumeurs, ce n'était pas la façon la plus adroite.

Mais la duchesse n'était pas habile, ma chère enfant. Trop de passion et trop d'orgueil avaient corrompu sa jeune âme. Elle voulait le comte de Saxe; à n'importe quel prix elle l'aurait.

Adrienne n'a plus que quatre mois à vivre, ma chère enfant. Et nous, nous n'avons plus qu'un soir pour achever le récit.

M. Voltaire va revenir de Londres où il est demeuré trois années en exil après l'affaire du chevalier de Rohan; pour la dernière scène de la tragédie d'Adrienne il ne nous manquait plus que lui.

IX

« Les femmes ont trop de peine à mourir »

Le 14 avril 1849, Rachel crée le rôle titre
dans le drame d'Eugène Scribe et Ernest Legouvé,
Adrienne Lecouvreur. *La grande tragédienne,*
après avoir beaucoup reculé devant le rôle, fut si émue
pendant le dernier acte au moment de l'agonie
qu'elle crut y voir une prémonition de sa propre mort.
En effet, Rachel mourut au même âge qu'Adrienne Lecouvreur.
(Rachel en costume de Roxane, dans *Bajazet* de Racine.
Bibliothèque de la Comédie-Française, Paris. Cl. Comédie-Française.)

QUELQUES heures, ma chère enfant, il me faut quelques heures encore pour vous dépeindre les quatre derniers mois de la vie d'Adrienne. La nuit s'achèvera; vous rejoindrez Paris. Vous vous arracherez à ce glorieux destin d'une comédienne comme vous, dont la vie fut au théâtre, qui le prouva plus que jamais au moment de son agonie, et vous irez comme elle faire votre métier en répétant bien votre rôle.

Je vous sais trop obsédée par votre propre mort pour oublier celle de notre amie. Mais je ne voudrais pas que dans votre mémoire ne demeurent que de sombres images; je vous ai montré une femme qui, après s'être longtemps soumise, tint tête avec front, et sut se battre. Du moment qu'elle avait humilié sa rivale à partir de la scène, Adrienne avait vaincu la vie commune pour s'élever à la légende.

Ce n'est plus simplement une comédienne qui se meurt, mon enfant; c'est une héroïne qui écrit sa propre fin, et qui la vit les yeux ouverts jusqu'à son dernier souffle. C'est pourquoi je vous peindrai une mort éblouie; seul fut pitoyable son lamentable enterrement. L'âme et le cœur étaient déjà glorieusement enfuis, et ce furent ses amis qui souffrirent.

Je ne sais si vous avez remarqué que nous n'avons guère aperçu le comte de Saxe au cours des derniers affrontements que connut Adrienne avec la duchesse de Bouillon. Oui, pendant que sa maîtresse humiliait publiquement Françoise de Lorraine, que fait donc le beau, l'adorable Maurice ?

Certes, il a rompu avec la dangereuse créature qui menace la vie d'Adrienne. Mais, je vous l'ai déjà dit, s'il respecte son amie, il est clair qu'il ne l'aime plus que d'une bonne et affectueuse tendresse. Pour les plaisirs ordinaires il se contente de la demoiselle de l'Opéra ; tout au plus, pour plaire à sa vieille maîtresse, cesse-t-il à peu près de courir de femme en femme. Son esprit est fort occupé à construire une sorte de galère sans rames et sans voiles, dont il espère faire approuver le projet par l'Académie des sciences. Cette invention lui prend un temps infini ; c'est une lubie dont se moquent Voltaire et d'Argental, une passade de plus dont il ne démord pas. Et cependant qu'Adrienne dépérit horriblement, le comte de Saxe s'emploie à l'oublier.

Toutes ces langueurs le lassent ; un frais duvet sur une joue ferme, une belle jeunesse, voilà ce qu'il lui faut pour le guérir de la duchesse. Adrienne l'a tant habitué à ses malaises qu'il n'y prête même plus attention. Qu'on lui offre un nouveau rôle, et on la verra de nouveau gaillarde comme devant ! J'ai trouvé dans une lettre qu'il lui écrivit à l'époque une autre raison à ce délaissement.

Après la scène publique où elle offensa si gravement Françoise de Lorraine, Adrienne s'était retirée à la campagne quelques jours. Quand elle en revient, voilà le billet qu'elle reçoit, et dont je vous fais juge.

« Vous voilà donc revenue de la campagne, et en bonne santé, c'est-à-dire engraissée et embellie, autrement point de santé. Soit, j'en suis même bien aise, quoique je craigne un peu plus les infidélités quand vous êtes leste et fringante... »

Qu'en pensez-vous? Ne voilà-t-il pas la cruauté la plus enjouée, l'indifférence la plus légère?

Si je ne connaissais pas le reste de la vie de mon aïeul, j'imaginerais que par bonté il la trompe, et qu'il feint de la trouver belle alors même qu'il la sent condamnée... Mais non, point du tout; car le comte ne montra un véritable dévouement à notre chère Adrienne que lorsqu'il fut perdu en Courlande, ma chère enfant, et qu'il eut grand besoin d'elle... Je vois que vous hochez la tête; vous êtes trop indulgente, ou trop jeune encore, ma petite. Eh bien, pour vous convaincre, je vais vous lire les dernières lettres qu'elle lui écrivit.

Et vous verrez si elle emploie le même ton.

« Si vous avez résolu de rompre avec moi, et que vous ayez pour cela des raisons personnelles, tous mes efforts seraient vains. Votre conduite n'est pas naturelle, et mes torts ne sont pas assez grands pour mériter le traitement que vous me faites. Je n'y sais que pleurer et me taire. Après tout ce que je vous ai écrit depuis hier, je ne risquerai plus de prières inutiles. Je juge par votre billet que vous avez des raisons particulières pour exercer sur moi votre cruauté. Adieu, jouissez-en bien à votre aise... »

Mais c'est qu'il ne rompt pas, mon enfant! Il le désire de tout son cœur, il le voudrait à toute force, et cependant il n'ose. Les rumeurs parisiennes ne l'épargneraient pas; au demeurant Voltaire et d'Argental, à qui l'état désespéré de la santé d'Adrienne commence à apparaître en pleine clarté, ne se font pas faute de l'en avertir. Maurice au fond de lui ne croit pas au sérieux du mal qui la ronge ; et s'il a toujours peur des entreprises de la duchesse de Bouillon, il pense qu'Adrienne est une malade imaginaire, et que le théâtre lui donne des accès de langueur qui font partie de ses rôles. Si elle avait vécu, Adrienne, à n'en pas douter, aurait été quittée.

Au vrai, la duchesse de Bouillon n'aurait eu qu'à attendre pour voir disparaître sa rivale ; elle n'aura pas grand effort à faire pour souffler cette chandelle vacillante, et je comprends que l'on doute encore qu'elle ait été coupable. La lettre que j'ai commencé de vous lire n'est pas terminée, mon enfant ; vous allez voir dans la suite qu'Adrienne est animée d'un violent désir de mourir.

« Je voudrais de tout mon cœur être à l'agonie, pour avoir le plaisir de vous l'apprendre... »

Comment peut-elle écrire ces mots-là à l'homme qui est toute sa vie ? Quel fanatisme, mon enfant, dans cette tragique passion !

« Je ne puis encore vous annoncer qu'un peu de fièvre, car je ne saurais vous mentir. Comme je ne mange ni ne dors, et que je me chagrine tant que je puis, il faut espérer que j'y parviendrai. Je n'ai, Dieu merci, ni consolation ni médecin, et à la façon dont nous pensons tous deux présentement, il est vraisemblable que nous serions bien contents si nous étions débarrassés, vous de moi, et moi de la vie. Je trouve seulement, comme vous, que c'est une chose trop difficile et que les femmes ont trop de peine à mourir. Mais ce que je puis vous promettre au moins, c'est que j'y vais travailler de mon mieux et de tout mon cœur. Vous ferez bien de n'en pas perdre, comme vous disiez, un coup de dent. »

Quand on reçoit chaque jour de pareilles lettres, c'est épouvantable, mon enfant, mais l'on s'y habitue. Mon aïeul lisait tous les matins une lettre de sa maîtresse qui lui prédisait une fin prochaine, et chaque nouvelle épître la lui montrait encore en vie. La jeunesse se protège de la mort, et le comte de Saxe se sentait terriblement jeune; il le demeura jusqu'à sa mort, et ne se priva pas d'un seul de ses « coups de dent ».

Adrienne ? Elle se rétablira. Quoi, encore Adrienne ? Et encore une lettre ?

C'est affreux de ne plus dormir, mon enfant. Adrienne joue le soir; la nuit, le sommeil ne vient pas. Elle est secouée de grands hoquets nerveux, et son corps se vide d'une mauvaise eau corrompue. Le public remarque sa pâleur, sa faiblesse, et retient son souffle. Mlle Aïssé écrit la pitié que lui inspire la Lecouvreur; chacun sent que le dernier acte n'est pas loin. En février 1730, Adrienne est si faible qu'elle reste tout un mois sans jouer.

Quand enfin elle reparaît, l'on pousse un soupir de soulagement. Paris participe plus à l'agonie d'Adrienne Lecouvreur que ne le fait le comte de Saxe; les plus roués s'attendrissent devant le courage de la première et s'indignent de l'indifférence du second. A la veille de sa disparition, Adrienne, déjà soutenue par le public dans son combat contre Mme de Bouillon, est choyée comme une petite fille. Mais l'on rencontre aussi dans l'âme du peuple cette horrible attente, faite de curiosité et d'espoir, et qui guette sur l'image de son idole les prémisses mystérieuses de la mort qui gagne.

Comme l'on pleurera! Comme ce sera doux!

Seuls les deux fidèles, Voltaire et d'Argental, veillent leur amie tendrement.

La duchesse frappa au retour d'Adrienne. La mort devait venir d'un crime, et Françoise de Lorraine voulait en être l'auteur. Ce n'était pas assez qu'Adrienne quittât ce monde comme cela, sans effort; il fallait le poison.

Un soir, après une représentation épuisante, Adrienne trouva dans sa loge un bouquet de violettes où était épinglé un billet : « De la part du comte de Saxe. » C'étaient de courtes violettes un peu pâles, les premières de la saison.

Il y avait beau temps que Maurice n'allait plus à la comédie, et depuis la scène de l'épée il n'avait plus osé paraître. Qui sait ce qu'aurait pu inventer le génie de l'actrice? N'allait-elle pas, à tout moment, l'apostropher encore? Et bien que l'absence de son amant la blessât profondément, Adrienne n'avait pas émis la moindre plainte; au contraire, elle s'était jugée coupable de l'avoir éloigné par ses extravagances.

Le bouquet lui causa une telle émotion qu'elle fit le geste qu'on attendait d'elle.

Un geste simple, mon enfant. Elle porta les fleurs à sa bouche, et les baisa longuement.

C'en était fait. Un baiser, et le crime était consommé.

Mais Adrienne était émue. Il ne l'oubliait donc pas! Il songeait donc encore à elle! En l'assassinant la duchesse de Bouillon offrit à sa rivale un dernier instant de bonheur. La comédienne le reçut avec cette simplicité du cœur qu'elle avait au fond, sans avoir le moindre soupçon. Ce fut un miracle; elle crut son amour enfin revenu.

Puis, quittant pour la dernière fois sa grande robe de scène, elle s'habilla de blanc et piqua, sur son fichu de dentelle, le bouquet du comte de Saxe.

Le bouquet empoisonné de la duchesse de Bouillon.

Maurice s'amusa fort cette nuit-là, et traîna au Palais-Royal où il joua avec entrain. Il ne songea pas davantage à sa maîtresse qu'il n'y songeait chaque nuit; il rentra tard, et se coucha à l'aube.

L'aube, mon enfant. Elle ne va plus tarder. On ne la voit pas encore; mais le froid de la nuit devient un peu plus vif, comme s'il voulait nous mordre avant de disparaître, et les oiseaux, qui mieux que nous savent ces choses-là, commencent à s'éveiller au milieu de la nuit. Ce ne sont plus les cris nocturnes de la chouette et le chant du crapaud, écoutez, vous entendrez bientôt le frémissement des mésanges et l'agitation des merles. Cette nuit, Adrienne Lecouvreur vient d'être empoisonnée.

Il y a tout juste cent quarante ans, mon enfant, qu'elle respirait les fleurs de la duchesse, et je la vois soudain qui se plie avec une douleur au ventre.

Elle mit cinq jours à mourir. Elle se vida de la plus honteuse façon, souillée et misérable sur le lit orné de fleurs peintes. Comprend-elle qu'elle est empoisonnée ?

La douleur qui lui scie le corps, pour violente qu'elle soit, ne la surprend pas; elle en a trop l'habitude. Mais au bout de trois jours, quand la souffrance est passée, elle perd le souffle et suffoque. Elle veut appeler sa camériste; la voix ne répond plus. D'un mouvement brusque elle porte la main à la gorge; elle étouffe.

Le médecin qui la soigne ne devine rien et soupire; le mal qui la ronge a fait en quelques heures de rapides progrès, voilà tout ce qu'il dira. Mais lorsque arrive d'Argental et qu'il entend le souffle rauque, il court chez le comte de Saxe qui dort encore.

« Venez, mon ami, vite, habillez-vous... Adrienne est à l'agonie.

– *Gottverdammt! Wie ärgerlich dieses Weib!* C'est encore une de ces langueurs habituelles; et pourquoi voulez-vous qu'elle meure ?

– L'avez-vous accompagnée à la Comédie hier au soir ? N'avez-vous rien remarqué de suspect ? Aucun flacon, aucun paquet, pas de dragées sur la table ?

– Ma foi, je n'y étais point », avoua piteusement le comte, pestant contre l'importun qui le dérangeait pour un rien.

Quand il pénètre dans la chambre malodorante, Maurice est encore dans l'état qui sépare le sommeil et la veille ; il déteste l'odeur affreuse que masquent mal des parfums répandus partout.

Adrienne ouvre la bouche, mais aucun son ne parvient à en sortir. Comme ma Consuelo frappée d'un mutisme soudain par l'injustice du sort que l'on fait à son époux, Adrienne est privée de voix. Ses lèvres se tordent monstrueusement et de grosses larmes roulent sur son visage. Enfin, après de terribles efforts, en articulant de son mieux, Adrienne réussit à lui dire trois mots.

Ces trois mots, mon enfant, je les entends mieux que lui.

« Violettes... Merci... Amour. »

Maurice demeure interdit, et ne comprend pas les violettes. Du regard, elle désigne le bouquet posé sur l'oreiller, les fleurs dont elle n'a pas voulu se séparer.

Il prend le bouquet ; les violettes sont noircies comme si elles avaient passé par le feu. Ce ne sont pas des fleurs fanées.

Alors, d'une voix inquiète, il interroge Adrienne.

« On vous a envoyé ces fleurs ? »

De la tête, elle fait non avec douleur. Comment peut-il oublier !

« Non ? Mais d'où viennent-elles ? »

Dans un souffle, en fronçant les sourcils, elle essaie de dire encore un mot.

« Vous. »

Le comte de Saxe n'ose comprendre.

« *Wer? Ich?* C'est moi qui vous ai envoyé ces violettes ? »

Elle lui presse la main avec un pauvre sourire de reconnaissance.

« Mais quand ? Où ? Les avez-vous respirées ? »

Elle fait oui de la tête, et continue son sourire.

« Comment saviez-vous qu'elles étaient de moi ? Y avait-il un billet ? Un billet attaché avec les fleurs ? »

La tête d'Adrienne acquiesce avec une angoissante douceur.

Maurice prend le bouquet et le jette violemment sur le sol. Il court vers d'Argental et tombe dans ses bras.

« *Mein Gott! Nie hab' ich diese Blumen gestern abend geschickt! Diese Veilchen sind vergiftet... Adrienne ist verloren! Die Bouillon ist daran schuld!* »

Et le voici qui sanglote à la fin. Il a compris.

Le poison de la duchesse est de ceux qui paralysent lentement les poumons ; c'est à peine si Adrienne peut murmurer des mots sans suite, que personne ne comprendra plus. Elle meurt asphyxiée ; on dirait un chien qui a trop couru, et qui halète continuellement. Le médecin lui donne une potion qui l'engourdit : le souffle s'exténue, et Adrienne flotte insensiblement dans un monde heureux sans plus rien voir de celui où elle a tant souffert.

Tel était son amant quand il lui souriait en lui tendant les bras. Était-ce rue Visconti ? Non, c'est à Dammartin ; le jour naissant qu'elle aimait tant le transforme en une grande ombre, et c'est vers l'ombre qu'elle court, c'est là qu'elle se blottit, heureuse. Le voilà revenu, enfin !

Elle ne voit pas les pleurs qui coulent sur le visage du comte; Maurice est de retour, il l'aime! Elle va guérir.

Elle connaît cette douce ivresse. Lorsqu'elle est à la fin d'une longue tirade, une étrange musique envahit ses oreilles, faite de cloches aiguës et de sons clairs; on dirait, sur le flanc d'une montagne, un lointain troupeau conduit par un invisible berger, et dont les cloches font tinter le ciel à l'infini. On dirait ces verres de cristal remplis d'eau et que l'on fait résonner, légèrement, en les frappant avec de longues baguettes... Cette musique, jamais Adrienne ne l'a entendue autrement qu'à l'intérieur de sa tête quand elle perd le souffle au théâtre.

Tout enfant, elle suspendait sa respiration pour l'écouter. Et voici maintenant cette harmonie qui l'entoure. Est-ce vraiment la mort qui vient? Sans doute, puisque voici Voltaire en pleurs. Sans doute, puisque Maurice lui pose des questions qu'elle ne comprend pas.

Si elle l'aime encore? S'il l'a fait souffrir?

Si elle lui pardonne? Mais que lui pardonner?

Il faut lui dire. Il faut lui parler, il ne saura jamais assez... Mais la musique est trop forte et trop belle, et elle ne lui résiste plus.

Le médecin la sentit s'en aller, et voulut frapper un grand coup; il lui administra de la graine d'ipéca. C'est un violent vomitif, mon enfant; tout ce qu'il obtint furent des nausées qui la secouèrent pendant tout un jour. On a beaucoup dit que l'ipéca fut la vraie cause de la mort d'Adrienne, et que le médecin était un âne; cela n'a pas de sens. Ce qui est sûr, en revanche, c'est qu'à cause de cette graine, Adrienne revint de force dans le monde où l'on souffre.

Quand vint le crépuscule, elle retrouva les sphères enchantées de l'ivresse.

A son chevet, ses amis se sont assoupis. Mais elle délire ; elle les entend comme en plein jour. Leurs voix muettes traversent des nuages de musique, et ce sont des rires heureux, des joies nouvelles, mêlées parfois de sanglots enfantins... Les yeux clos, elle leur sourit. De temps à autre elle pousse une sorte de cri, comme si elle devait soulever un seau trop lourd pour elle. C'est que le rideau se lève, et qu'il faut entrer en scène. Et sa bouche commence à balbutier en silence. Ses rôles.

Au matin, arrive le curé de Saint-Sulpice, avec le grand appareil qui sert aux derniers sacrements.

Le bon Charles-Auguste rappela l'existence du testament qu'elle avait préparé en comédienne avisée ; il évoqua la dotation, et ajouta une bourse de sa main que le prêtre engloutit prestement dans ses poches. Puis l'homme de Dieu toussota, et s'approcha du lit de la malade.

« Mademoiselle, l'heure solennelle est venue de vous présenter devant votre Créateur. Je dois vous demander de confesser vos péchés, qui sont abominables à cause du métier que vous exercez. Au nom de Dieu qui vous regarde, renoncez-vous au théâtre ? »

Est-ce qu'elle l'entendit ? Dès ce moment Adrienne commença de tourner la tête doucement, de droite et de gauche, comme pour un refus, et cela ne cessa pas. Son regard égaré ne voit pas le curé qui veut l'immobiliser et n'y parvient pas ; il saisit sa main, la serre, mais elle ouvre la bouche pour pousser un cri qui ne s'exprime pas.

Le prêtre hoche la tête, et se redresse.

« Mademoiselle Lecouvreur, il faut m'entendre. Je

vous le demande pour la seconde fois, voulez-vous abjurer le théâtre ? L'enfer vous menace, faible créature, vous êtes dans la position de mourir excommuniée comme tous vos pareils. Écoutez la voix de l'Église ! »

Que veut cet homme noir et sévère sous sa chasuble d'or ? Et pourquoi lui parle-t-il de la sorte ? Elle est d'ailleurs, perdue dans les harmonies majestueuses qui la séparent désormais de ce qu'elle aima sur terre. Adrienne secoue la tête au rythme des cloches invisibles, et voit se dessiner, au-dessus du lit, un immense et accueillant sourire. Mais ce regard austère la retient encore attachée...

Alors, elle détache avec effort la main qu'il lui a reprise, et désigne un buste sur la cheminée.

C'est un portrait du comte de Saxe, en marbre noir.

D'une voix entrecoupée elle prononce de confuses paroles :

« Voilà... mon... univers... mon... espoir... et mes... dieux... »

Le curé de Saint-Sulpice se retourne vers d'Argental.

« Que dit-elle ? Elle déraisonne ! Et que sont ces dieux qu'elle adore ? »

Charles-Auguste lève les bras en signe d'impuissance. Et Voltaire de loin jette d'un ton méprisant : « C'est du Corneille, monsieur le prêtre. Et ce dieu qu'elle adore, c'est cette statue que vous voyez. Vous voyez bien qu'elle n'a plus sa raison ; allons, donnez-lui cette absolution, et laissez-la en repos. »

Le curé fait un signe à son cortège, et l'on agite les clochettes vigoureusement.

« Je ne donnerai pas l'absolution, monsieur. Cette fille est perdue ; c'est une mécréante qui mourra sans le secours de l'Église. Ni sacrements ni cimetière. »

Puis il s'en va, suivi par les enfants de chœur, et sous

les imprécations chuchotées de Voltaire indigné par l'assassin de la dernière heure. C'en est fait ; Adrienne, sans le savoir, a refusé la sépulture chrétienne.

Mais elle sourit, inconsciente. De sa bouche parviennent à sortir, brumeuses, des bribes de mots comme autant de mourantes écumes au bord de la mer. Voltaire et d'Argental se rapprochent ; ils tendent l'oreille.

« Seigneur vous pouvez tout... Crédule, je l'aimais... J'ai fait ce que j'ai dû, je ne m'en repens pas... J'allais, Seigneur, pleurer un moment avec lui... »

Elles sont toutes là.

Voilées de blanc, de pourpre et d'or, elles l'assistent de leurs soupirs, Andromaque, Atalide, Iphigénie, Roxane, Junie, Phèdre, Bérénice, et même Colombine avec sa robe écarlate et sa collerette de dentelles... Tendrement mêlées au souffle qui suffoque et s'arrête et reprend encore, elles la secourent, elles l'appellent... Ah, mademoiselle, plus de voix, mon Dieu, elle n'a plus de voix pour le théâtre !

Sa main se tend vers un invisible papier, vers une plume pour écrire, vainement, et retombe. C'est à peine si elle aperçoit les trois hommes effarés, et derrière eux ses domestiques qui pleurent sans retenue.

« Eh bien régnez cruel contentez votre gloire Je ne dispute plus... »

Maurice ! C'est au comte de Saxe qu'elle veut s'adresser. Il faut qu'elle le voie, il le faut, Maurice... Où est-il ?

Et, détournant les yeux du visage tant aimé qu'elle ne reconnaît plus, elle regarde la statue de pierre en fronçant le sourcil. La musique l'approuve et l'entoure, le sourire dans le ciel est heureux, le regard du comte de marbre la fixe dans le vide, et dans ce vide elle se précipite, heureuse, la bouche ouverte pour un dernier baiser...

Pour la dernière fois, adieu, seigneur.

Une servante est tombée à genoux, et le médecin lui ferme les yeux. Effondré contre les montants du lit, le comte de Saxe sanglote en reniflant à grand bruit.

On l'écarte. On essuie le flux de sang sur les lèvres de la morte, et les larmes sur ses joues ; on peigne ses beaux cheveux salis, on lui plie les bras sur la poitrine, on aligne ses pieds sagement, et l'on tente vainement de lui fermer la bouche. Il faudra lui poser une mentonnière. Voltaire se détourne devant le funèbre spectacle ; d'Argental commence à ranger les papiers en pleurant. Quant au comte de Saxe, il est déjà parti.

Non, n'imaginez pas qu'il ait été assez cruel pour ne pas éprouver de douleur. Le beau comte de Saxe court dans les rues de Paris pour étouffer cette peine qui lui est inconnue. Maurice de Saxe pleura Adrienne Lecouvreur comme elle eût aimé qu'il la pleurât, de toutes ses forces, et comme un enfant. Mais mon aïeul n'était pas homme à supporter de demeurer sans mouvement ; il lui fallait de l'espace, de l'air, il lui fallait sentir le froid de ce vif et léger printemps qu'elle ne connaîtrait pas.

Quand il fut au bord de la Seine, il tira de sa poche une lettre d'Adrienne. C'était la dernière ; il ne l'avait point lue.

« Il me faut de la paix, disait-elle, de l'onction, des ménagements ; et tout ce qui peut contribuer au repos d'une âme sensible et douce... Adieu, je suis accablée de la nuit que je viens de passer. Je m'imagine que vous avez été au bal ; je m'imagine encore d'autres choses, et je pense moins à vous en faire des reproches qu'à prendre une bonne et solide résolution de renoncer à l'amour et à vous, mon très cher comte, qui ne m'avez jamais aimée pour moi, et qui me feriez mourir sans m'en savoir gré, même quand vous en seriez fâché. »

Le comte de Saxe replia la lettre et baissa la tête. Tout cela était vrai.

Pendant qu'elle lui écrivait en se mourant d'abandon, il n'avait pas cessé de s'amuser; les imaginations d'Adrienne ne s'étaient point trompées. Et maintenant qu'elle était morte pour de bon, maintenant qu'elle avait prouvé qu'elle ne mentait pas en prophétisant sa fin, Maurice se demandait s'il avait aimé cette femme, comme elle le disait, pour elle-même, et s'il connaîtrait jamais l'amour dont elle lui avait tant parlé.

« Ô mon Dieu, qu'est-ce que nous ? » lui écrivait-elle souvent.

Et le comte de Saxe répète entre ses dents ces mots qu'il n'entendra plus.

Il revint rue Visconti; le corps avait déjà refroidi. Le calme des apprêts funèbres avait effacé le dernier désordre; plus de linges souillés, plus de taches sur le linceul. Les domestiques avaient mis dans ses mains les restes des violettes meurtrières; d'Argental avait ajouté un bouquet de claires primevères et l'on ne voyait plus à la lueur des cierges qu'un petit visage fermé, et les boucles le long du cou.

Maurice demeura près d'elle jusqu'à l'aurore, sans impatience, arrangeant de temps en temps un pli sur le lit, lissant une mèche égarée, chassant une mouche trop hardie qui se posait sur le front de la morte. Puis, quand le matin fut venu, il posa ses lèvres sur la bouche glacée, et dit à sa maîtresse :

« Tu aimes la lumière du jour, n'est-ce pas ? »

Et il ouvrit toutes grandes les persiennes de la chambre.

Adrienne n'était plus qu'un cadavre qui allait devenir une affaire d'État.

Quelques heures plus tard, Voltaire exigeait l'autopsie. Vous savez la suite.

Vous comprenez maintenant pourquoi le ministre Maurepas ordonna que l'on détruisît au plus vite les restes de la comédienne. Trop de preuves accusaient la duchesse de Bouillon ; le scandale eût été trop grand, et la chaux vive était bien assez bonne pour cette fille de théâtre. Il n'empêche, mon enfant : en dérobant, de nuit, le cadavre de la Lecouvreur, en le brûlant ensuite, le ministre démontrait dans toute sa clarté le crime de la duchesse de Bouillon.

Maurepas ne s'attendait pas aux fureurs qui s'ensuivirent, ni aux harangues de Voltaire ; et la mort d'Adrienne, par sa violence, suscita des indignations qui préludaient aux troubles de la Révolution.

Je vous ai déjà dit les vers qu'écrivit à ce sujet Voltaire, et la mortelle hantise qui ne le quitta plus.

Maurice de Saxe ne se maria jamais. Étrangement fidèle à la mémoire d'Adrienne, il prit ses maîtresses parmi les comédiennes ; Mme Favart fut après Adrienne la plus célèbre d'entre elles. Telle fut aussi, parmi les dernières, mon aïeule.

Bien qu'il eût demandé au roi Louis XV la couronne de Tabago, celle de la Corse, et qu'il eût même un temps rêvé d'être roi des Juifs du Brésil et roi de Madagascar, Maurice-Arminius, fils d'Auguste le Fort, gouverneur d'Alsace, ne régna jamais que sur la petite principauté de Chambord, qu'on lui donna en remerciement de ses lauriers de Fontenoy. Il s'y faisait rendre les honneurs par un régiment d'Indiens à peau très noire venus des territoires de Pondichéry.

Il devint fort gros, et finit ses jours maréchal de France ; il eut presque ce qu'il voulut, hormis une couronne, des héritiers légitimes, et une femme qui l'aimât aussi passionnément qu'Adrienne. Mais le voulait-il vraiment ?

Selon toute apparence, il préféra s'en tenir aux plaisirs ordinaires, dont il ne manqua pas un coup de dent. Aux armées, les filles de théâtre l'accompagnaient sur les champs de bataille.

Lors de ses derniers exploits, le comte de Saxe était devenu si énorme qu'il ne pouvait plus se tenir à cheval ; il se fit traîner sur les lieux où l'on se battait dans une petite voiture en osier. Telle est la dernière image que je veux vous laisser de mon égoïste et charmant aïeul, mon enfant : l'illustre guerrier commande une armée depuis une voiture d'enfant, cependant qu'un bataillon de filles l'attend dans une diligence dont le médecin exige qu'elle demeure à l'écart, pour ne pas mettre en péril la santé du glorieux maréchal.

Le jeune roi fut d'abord éperdument fidèle à son épouse polonaise, à qui il fit plusieurs enfants ; puis il tomba dans les bras de la marquise de Pompadour, enfin de jupons en jupons jusqu'à ceux de la du Barry, qui vécut assez vieille pour périr sous le couteau de la guillotine.

L'abbé Bouret retourna à la prison de Saint-Lazare. Puis, comme il s'obstinait dans ses accusations on le transféra à la Bastille. Là, le confesseur de la forteresse, le père de Couvrigny, qu'on avait chargé de l'influencer, n'y réussit pas, et écrivit au lieutenant de police :

« Je l'ai fort prêché sur la noirceur de la calomnie ; il paraît très ferme à soutenir qu'il n'en fait pas contre les autres, mais qu'il n'en peut pas faire aussi contre lui-même, la chose est bien terrible et sérieuse. »

Cependant, quelques mois plus tard, après s'être

beaucoup plaint des mauvais traitements qu'on lui faisait subir, l'abbé Bouret se rétractait, et envoyait au lieutenant de police une lettre où il affirmait qu'il avait tout manigancé pour avoir ses entrées chez la demoiselle Lecouvreur.

Il avait feint un secret à lui découvrir, et avait constaté que la seule crainte de l'actrice résidait en la personne de la duchesse. « Je vous déclare, monseigneur, concluait-il, que madame la duchesse est innocente de tout ce que j'ai dit ; voilà la vérité, monseigneur ; j'ai commis une grande imprudence en lui portant ce prétendu poison qui n'est rien, non plus que le page et les hommes masqués. Monseigneur, je me jette aux genoux de votre miséricorde : pardonnez à un misérable qui n'a pour tout crime que la cervelle brouillée et beaucoup d'imprudence. »

Le chien expirant après avoir mangé la pastille, le malaise du comte de Saxe qui les respira un instant, tout cela n'était plus rien. L'agonie d'Adrienne, le souffle coupé, l'ivresse de l'asphyxie, tout cela n'était rien...

L'abbé Bouret fut libéré l'année suivante, et ne reparut point.

Sept ans plus tard, Françoise de Lorraine connut qu'elle allait mourir. Malgré son crime, elle n'avait pas eu le comte de Saxe.

Sur le lit de parade où les grands du royaume ont coutume de faire leurs adieux au monde, la duchesse de Bouillon fit une confession publique devant toute sa maisonnée. Elle prit soin de jurer devant Dieu et devant les hommes qu'elle n'avait pas empoisonné la demoiselle Lecouvreur, et que le bossu avait tout inventé. Puis, après avoir reçu pieusement les derniers sacrements que l'Église avait refusés à sa rivale, elle rendit sa petite âme noire sans se rétracter.

L'opinion ne lui avait cependant accordé aucun crédit. Mlle Aïssé écrivit que le comte de Saxe n'était plus très pressé de répondre aux emportements de Mme de Bouillon, « qui fut outrée de voir ses charmes méprisés et qui ne mit pas en doute que la Lecouvreur fut l'obstacle qui s'opposait à la passion que le comte devait avoir naturellement pour elle. Pour détruire cet obstacle, elle résolut de se défaire de la comédienne. Elle fit faire des pastilles pour servir à cet horrible dessein, et elle choisit un jeune abbé qu'elle ne connaissait point pour être l'instrument de sa vengeance ». Elle ajoutait même, ignoble détail, qu'Adrienne avait été empoisonnée avec un lavement. La duchesse ne parvint donc pas à paraître innocente, et malgré sa confession, mourut en coupable.

Seul Voltaire eut des doutes, et proclama qu'Adrienne était morte dans ses bras d'une inflammation d'entrailles. « Ce fut moi qui la fis ouvrir, s'écria-t-il. Tout ce que dit Mlle Aïssé sont des bruits populaires qui n'ont aucun fondement. »

On ne peut exclure, ma chère petite, que notre Voltaire se soit fort peu soucié d'une nouvelle querelle avec les grands de la Cour ; après tout, il revenait d'exil, l'affaire du chevalier de Rohan avait été chaude, et le duc de Bouillon pouvait le faire embastiller derechef. En revanche, il ne ménagea pas sa peine pour crier contre l'Église et les curés, et concentra son indignation sur la chaux vive.

D'Argental ne se consola pas de la mort d'Adrienne, et y pensa toujours. La comédienne avait fait de son meilleur ami son légataire universel; c'est lui qui fut chargé de verser des pensions à la sœur d'Adrienne, et à ses filles qu'il maria fort décemment. Le comte d'Argental était un honnête homme.

Quand il eut quatre-vingt-quatre ans, il se mit à ranger de vieux papiers comme il faisait souvent. Ses propres affaires étaient depuis longtemps en ordre; vous avez assez vu le caractère raisonnable du comte d'Argental pour vous imaginer qu'il avait pris méthodiquement toutes ses dispositions. Mais parmi les meubles de Mme de Ferriol, sa mère, restait une cassette qu'il n'avait point ouverte encore.

Il fit sauter la serrure, et parcourut les lettres qui s'y trouvaient. Soudain il reconnut une écriture familière, et qui venait de sa jeunesse.

Peut-être, ajustant ses besicles, met-il quelques secondes à identifier l'auteur; ses mains tremblent, et son vieux cœur palpite. Se pourrait-il qu'Adrienne ait écrit à sa mère et qu'il n'en ait rien su?

C'était précisément la lettre qu'Adrienne Lecouvreur écrivit à Mme de Ferriol soixante années plus tôt.

Moi qui suis à l'âge où l'on peut mourir à tout instant, je sais que, si l'on est vieux, si le corps n'obéit plus tout à fait, le cœur n'a pas vieilli et peut saigner encore. M. le comte d'Argental avait eu ce qu'on appelle une vie de bonheur; son mariage avait été parfait, ses enfants nombreux et beaux. Mais il lui aura toujours manqué ce rien de brise et de vif, et ce goût du désir qu'il avait mis tout entier dans sa passion pour Adrienne.

Et que voit-il dans cette lettre? C'est sur ordre de sa propre mère qu'Adrienne lui a fermé sa porte! Elle parle de quitter le théâtre et de se retirer à la campagne pour empêcher qu'il aille au bout du monde en exil...

Et la petite écriture ne saurait mentir, il le lit de ses propres yeux, « enfin, madame, vous me verrez l'aimer d'amour plutôt que de souffrir qu'il soit à l'avenir tourmenté pour moi et par moi... » C'est donc qu'elle l'aimait !

Et pendant ce temps-là elle lui écrivait qu'elle était excédée de l'amour... Ô cruelle Adrienne, détestable menteuse ! Il aura traversé la vie sans savoir qu'elle pouvait l'aimer... Et le vieil homme accablé se prend à rêver d'une vie entière avec sa bien-aimée. Adrienne qui aimait tant la nature se serait retirée de la Comédie ; ils se seraient discrètement cachés dans une campagne lointaine, et auraient vu ensemble passer le temps au milieu de leurs enfants dans un doux bonheur. Au lieu de cela, par peur de Mme de Ferriol, Adrienne s'est éprise du maréchal de Saxe... C'est trop cruel !

C'est à cette époque que le vieux comte d'Argental fit poser une plaque en souvenir de son amour manqué. Quand vous retournerez à Paris, ma chère petite, allez donc au 115, rue de Grenelle : là, selon Charles-Auguste, la chaux vive avait consumé les restes de sa bien-aimée. Les vers composés par le tendre vieillard y sont toujours gravés.

Ici l'on rend hommage à l'actrice admirable
Par l'esprit, par le cœur également aimable
Un talent vrai, sublime en sa simplicité
L'appelait, par nos vœux, à l'immortalité ;
Mais le sensible effort d'une amitié sincère
Put à peine obtenir ce petit coin de terre
Et le juste tribut du plus pur sentiment
Honore enfin ce lieu méconnu si longtemps.

Ainsi couronna-t-il par un dernier geste ce culte particulier où à la vérité excellait Adrienne, et qu'elle appelait « le chef-d'œuvre de l'amitié ».

Il me reste deux ou trois choses à vous dire, ma chère enfant.

Longtemps après les événements que je viens de vous raconter, et quand tous les protagonistes de l'action eurent quitté ce monde, les Comédiens français, qui n'avaient pas oublié la détestable mort de leur camarade, tentèrent un geste généreux.

C'est en 1797, après la tourmente, qu'ils écrivent une lettre solennelle au ministre de l'Intérieur.

« Des préjugés honteux, disent-ils, le fanatisme et la superstition ont refusé jadis les honneurs de la sépulture à la célèbre Adrienne Lecouvreur. Cette actrice si touchante qui porta la première sur la scène tragique le langage de la nature, le cri de l'âme et l'expression de la vérité, reçut à sa mort, pour prix de ses talents, un outrage dont ses mânes demandent aujourd'hui la réparation au siècle de la philosophie, au peuple régénéré qui ne connaît plus de titre étranger à sa gloire. »

Voyez, ma chère enfant, la langue de l'époque; la nature est prisée, ainsi que le sentiment, et le jeu d'Adrienne trouve la place qui lui est due. Ce n'est pas tout.

« Lorsque nos ennemis orgueilleux plaçaient dans Westminster, près des tombeaux de leurs rois, les tombes de mistress Oldfield et de Garrick, nos ancêtres reléguaient ignominieusement les cendres d'Adrienne Lecouvreur hors de la sépulture accordée à ce qu'on nommait les fidèles, sur les bords de la Seine, dans une terre ignorée où rien n'annonçait aux regards, ne rappelait au souvenir des hommes combien était précieux le dépôt que lui confiait l'amitié gémissante! »

Talma, qui signa l'épître, ne fut sans doute pas pour rien dans cette rhétorique. Mais écoutez la fin; elle est touchante.

« Nous demandons, citoyen ministre, que vous veuilliez bien nous autoriser à rechercher ce qui reste d'une femme célèbre; à rendre sa dépouille aux lieux désignés par la loi pour le dernier asile des citoyens français, et à couvrir la place qu'occupent ces cendres trop longtemps avilies d'une pierre qui désigne au moins à l'ami des Arts, que là repose une artiste qui fit les délices de son siècle et que son siècle abandonna sans pudeur aux lois barbares dictées par le fanatisme et consacrées par de vils préjugés. »

Le ministre félicita les comédiens et promit l'exécution de ce projet; puis il fut destitué, et l'on en resta là.

L'on y est encore, ma chère enfant. Pour moi, si je ne vois guère comment l'on pourrait retrouver les parcelles de terre et de cailloux, emmêlées de racines sauvages et de fleurs des champs, qui sont tout ce qui reste aujourd'hui du corps d'Adrienne Lecouvreur, je souhaiterai plutôt que l'on pose une plaque rue Garancière, à l'hôtel du Gué, dans la vaste cour pavée où Adrienne connut et son premier triomphe et son premier scandale. Oui, je trouverai beau que l'on réunît, pour l'éternité, les souvenirs conjoints d'Adrienne Couvreur et du petit Minou.

C'est aujourd'hui une maison pour l'édition des livres; la famille Plon en a fait l'acquisition au milieu de ce siècle. Vous comprendrez, mon enfant, comment je puis imaginer que l'art d'écrire rende hommage à l'art du théâtre.

Allons, mademoiselle! Voyez-vous cette ligne claire au-dessus des tilleuls ? L'aurore est venue; je vous avais bien dit qu'Adrienne mourrait avant la naissance du jour. Maintenant qu'il est là, il nous faut accomplir nos devoirs : vous, rentrer à Paris, et moi à mon établi. Je vous rejoindrai au théâtre dans quelques jours, et je ne doute pas que vous y serez en tous points digne de notre Adrienne.

Mais avant de me quitter, prenez mon bras, sortons. La rivière n'est pas loin ; nous irons la voir. il y aura de la rosée dans l'herbe, et vous ne craindrez pas de vous mouiller les pieds. Ce sera comme à Dammartin, lorsque Adrienne épiait l'aube pendant que son amant dormait.

Savez-vous ce qu'elle écrivit encore dans cette dernière lettre que mon aïeul lut au bord de la Seine ?

« Je n'aime que pour le plaisir d'aimer. »

Dites-moi, mademoiselle, si l'on peut faire autrement ?

Épilogue

QUELQUES semaines après cette entrevue, George Sand était à Paris pour la création de sa pièce, *L'Autre*, dans laquelle la jeune Sarah Bernhardt tenait le rôle d'Hélène. Ce fut un grand succès ; il fallut rajouter des sièges dans les allées du théâtre et jusque dans la fosse d'orchestre.

Six ans plus tard, en 1876, George Sand mourut à Nohant d'une occlusion intestinale, dans des circonstances voisines des « grands flux de ventre » qui emportèrent aussi Adrienne Lecouvreur.

En 1907, à la surprise générale, Sarah Bernhardt écrivit une longue pièce en cinq actes qu'elle joua au théâtre qui portait son nom et dont le titre était *Adrienne Lecouvreur*. Il y eut treize représentations.

Épilogue

[illegible]

[illegible]

[illegible]

De la véracité des faits

*E*MPORTÉE *par son élan romanesque, George Sand n'a pas toujours respecté la chronologie exacte des événements contenus dans ce récit; on trouvera dans les pages qui suivent les éléments permettant de la rétablir. Et l'on se souviendra que l'auteur de* Consuelo *pouvait, dans ce long roman, traiter Frédéric II de Prusse, Voltaire ainsi que Joseph Haydn en personnages de pure fiction, voire de fantaisie.*

C'est ainsi que George Sand marie Charles-Auguste d'Argental plus tôt qu'il ne le fit véritablement; c'est ainsi qu'elle reprend l'épisode de l'envoi de violettes dont le drame romantique fait état, mais qui n'apparaît pas dans le rapport de police de l'époque. En revanche, tout le reste est véridique.

L'affaire de l'empoisonnement a été consignée dans les rapports de police.

Les lettres d'Adrienne Lecouvreur sont toutes rigoureusement authentiques; celles du comte de Saxe, également.

George Sand pouvait parfaitement en avoir pris connaissance, puisque dès 1735 la correspondance d'Adrienne fut peu ou prou publiée dans différents ouvrages. Néanmoins l'auteur doit à la vérité de mentionner que la correspondance d'Adrienne Lecouvreur avec ses amis fut réunie pour la première fois par un archiviste de la Comédie-Française, George Monval, en 1892, à la librairie Plon, rue Garancière – justement. C'est dans cet excellent livre que l'on trouvera la première notice biographique de la célèbre comédienne, et encore à ce jour, l'une des plus précises.

Il ne serait pas absurde de croire, avec la même fantaisie dont était capable George Sand, que celle-ci pouvait avoir trouvé dans les papiers de son aïeul, illustre figure familiale, les nombreuses lettres d'amour entre le comte de Saxe et Adrienne Lecouvreur, dont Monval se demande à juste titre où elles étaient passées. Elles furent publiées par le marquis d'Argenson, sous le titre Adrienne Le Couvreur et Maurice de Saxe, leurs lettres d'amour, *à Paris, chez Albert Messein en 1926.*

Parmi les plus récents volumes consacrés à Adrienne Lecouvreur, on retiendra, de Pierre Germain, Adrienne Lecouvreur, tragédienne *(Sorlot et Lanore 1983), ouvrage à la documentation exhaustive, et surtout, de Jack Richtman,* Adrienne Lecouvreur, the Actress and the Age *(Prentice Hall, Englewood Cliffs, New Jersey, 1971).*

Pour mieux connaître la vie de Maurice de Saxe, on lira le livre bouillonnant que lui a consacré Gilles Lapouge, Les Folies Kœnigsmarck *(Albin Michel).*

Est-il besoin de préciser que rien ne permet de conclure à un séjour de Sarah Bernhardt auprès de George Sand à Nohant? Oui, sans doute, il le faut;

on n'ira toutefois pas jusqu'à la formule consacrée déniant la parenté entre la fiction et la réalité. Au contraire.

Toute ressemblance avec des faits réels ou des personnages historiques est dûment préméditée.

Chronologie des principaux événements

1672. Naissance de Marie-Anne de Châteauneuf Duclos, actrice et rivale d'Adrienne Lecouvreur à la Comédie-Française.

1673. Naissance de Marc-Antoine Le Grand, premier professeur d'Adrienne.

1676. Naissance de César Chesneau Du Marsais, grammairien, second professeur d'Adrienne.

1692. 5 avril : naissance d'Adrienne Couvreur à Damery, en Champagne.

1694. 21 novembre : naissance de François-Marie Arouet, à Paris.

1696. 28 octobre : naissance de Maurice de Saxe à Gotzlar.

1697. Expulsion des Comédiens italiens.

1700. 20 décembre : naissance de Charles-Auguste d'Argental.

1705. Représentation de *Polyeucte* dans la cour de la rue Férou, puis à l'hôtel du Gué, rue Garancière, puis enfin dans l'Enclos du Temple.

1706. Engagement d'Adrienne au théâtre de Lille. Le jeune Arouet est présenté au grand prieur de Vendôme, au Temple.

1708. Siège de Lille par les troupes du duc de Marlborough. Capitulation du maréchal de Boufflers le 23 octobre.

1710. 3 septembre : baptême à Paris de la première fille d'Adrienne, Élisabeth.

1714. Maurice de Saxe épouse Victoire de Loeben.

1715. Mort de Louis XIV.
Rencontre d'Adrienne avec François-Joseph de Klinglin, à Strasbourg.
1716. Naissance de la seconde fille d'Adrienne, Françoise, à Strasbourg.
M. Law fonde la Banque générale.
1717. Visite de Pierre le Grand à Paris.
27 mars : débuts d'Adrienne à la Comédie-Française, dans l'*Électre* de Crébillon.
2 juin : elle prend le rôle-titre dans *Bérénice* de Racine.
2 octobre : elle prend le rôle d'Atalide dans *Bajazet* de Racine.
Watteau peint *L'Embarquement pour Cythère.*
1718. Réouverture de la Comédie-Italienne à Paris.
La banque de M. Law devient établissement d'État.
1719. Pour cause de maladie, Adrienne ne joue ni en avril, ni en juillet. Le 13 septembre, elle est exemptée de participation aux pensions de la Comédie.
1720. Peste à Marseille.
Effondrement du « système » de M. Law.
Rentrée de Michel Baron à la Comédie après vingt-neuf ans de retraite.
Création et échec d'*Artémire*, de Voltaire.
Rencontre d'Adrienne et de Maurice de Saxe.
Robert Couvreur, par jugement, est interdit de port d'armes.
Adrienne, malade, ne joue ni en avril, ni en juin, ni en juillet.
1721. Mlle Desmarets se retire.
Adrienne ne joue ni en février ni en mars.
Maurice de Saxe, avec l'aide du Régent, achète un régiment.
1721. 22 mars : lettre d'Adrienne à Mme de Ferriol.
1722. Arrivée en France de l'infante d'Espagne, fiancée du jeune roi Louis XV.
1723. 27 septembre : *L'Actrice nouvelle*, pamphlet contre Adrienne Lecouvreur, est acceptée par les Comédiens français.
1724. Création et succès de *Mariamne*, de Voltaire.
1725. Maurice de Saxe part pour la Courlande.
Février : Voltaire est bastonné par les gens du chevalier de Rohan.

21 août-28 novembre : cérémonies du mariage de Louis XV à Fontainebleau.
Décembre : Voltaire, parti en exil à Londres, revient secrètement pour provoquer en duel le chevalier de Rohan.

1726. juin : Adrienne vend tous ses bijoux pour venir en aide au comte de Saxe.

1728. janvier : Maurice de Saxe est à Breslau.
23 octobre : retour du comte de Saxe à Paris.
3 décembre : mort de Robert Couvreur, à Charleville.

1729. Février : l'abbé Bouret rencontre Périgord, page de la duchesse de Bouillon.
Pâques : soirée au pavillon de chasse de Dammartin, en présence d'Adrienne et de Françoise de Lorraine, duchesse de Bouillon.
24 juillet : billet, non signé, de l'abbé Bouret à Adrienne Lecouvreur.
29 juillet : découverte des pastilles empoisonnées dans le jardin des Tuileries.
31 juillet : arrestation de l'abbé Bouret.
18 octobre : pendant une représentation de *Phèdre*, Adrienne jette l'épée d'Hippolyte sur le comte de Saxe.
23 octobre : élargissement de l'abbé Bouret.
10 novembre : Adrienne offense publiquement la duchesse de Bouillon, toujours pendant une représentation de *Phèdre*.

1730. Anna Ivanovna, duchesse douairière de Courlande, devient impératrice de toutes les Russies.
23 janvier : l'abbé Bouret retourne en prison.
15 mars : dernière représentation d'Adrienne, dans le rôle de Jocaste.
20 mars : mort d'Adrienne Lecouvreur. Dans la nuit du 22 au 23 mars, son corps est détruit sur les bords de la Seine, sur ordre de Maurepas.
22 mars : assemblée extraordinaire des Comédiens français, qui décident de faire relâche le 24 mars.
Mai : lettre du père de Couvrigny, confesseur de la Bastille, au lieutenant de police, à propos de l'abbé Bouret.
24 août : lettre de rétractation de l'abbé Bouret.

1731. 3 juin : l'abbé Bouret est remis en liberté.

1735. Publication d'une partie de la correspondance d'Adrienne.

1737. Mort de la duchesse de Bouillon.
1739. D'Argental épouse Mlle du Bouchet.
1750. Mort de Maurice de Saxe, maréchal de France.
1756. Mort de Du Marsais.
1778. 30 mars : apothéose de Voltaire pendant une représentation d'*Irène*.
30 mai : mort de Voltaire.
1788. Mort de Charles-Auguste d'Argental.
1797. 23 avril-8 floréal, an V : lettre des Comédiens au ministre de l'Intérieur, Bénézech.
1814. Profanation de la dépouille de Voltaire.
1849. 14 avril : création du drame d'Eugène Scribe et Ernest Legouvé, *Adrienne Lecouvreur*, au théâtre de la République (Comédie-Française) avec Rachel dans le rôle-titre.

Table des matières

Cet ouvrage a été réalisé par
l'imprimerie Hérissey à Évreux (Eure)
pour le compte des Éditions Robert Laffont
en décembre 1990

Imprimé en France
Dépôt légal : janvier 1990
N° d'édition : 33069 — N° d'impression : 53336